巴菲特
致股东的信

/ 投资原则篇 /

[美] 杰里米·米勒（Jeremy C. Miller） 著 郝旭奇 译

中信出版集团 | 北京

图书在版编目（CIP）数据

巴菲特致股东的信. 投资原则篇/（美）杰里米·米勒著；郝旭奇译. -- 北京：中信出版社，2018.10（2025.5重印）
书名原文：Warren Buffett's Ground Rules
ISBN 978-7-5086-8717-9

Ⅰ. ①巴… Ⅱ. ①杰… ②郝… Ⅲ. ①股份有限公司－企业管理 Ⅳ. ①F276.6

中国版本图书馆CIP数据核字(2018)第044541号

WARREN BUFFETT'S GROUND RULES by Jeremy C. Miller.
Copyright ©2016 by Jeremy C. Miller.
Published by arrangement with Folio Literary Management, LLC and The Grayhawk Agency.
Simplified Chinese translation copyright ©2018 by CITIC Press Corporation
ALL RIGHTS RESERVED
本书仅限中国大陆地区发行销售

巴菲特致股东的信·投资原则篇

著　　者：[美]杰里米·米勒
译　　者：郝旭奇
出版发行：中信出版集团股份有限公司
　　　　　（北京市朝阳区东三环北路27号嘉铭中心　邮编 100020）
承　印　者：北京盛通印刷股份有限公司

开　　本：880mm×1230mm　1/32　印　　张：13.25　字　　数：217千字
版　　次：2018年10月第1版　印　　次：2025年5月第20次印刷
京权图字：01-2016-8785
书　　号：ISBN 978-7-5086-8717-9
定　　价：68.00元

版权所有·侵权必究
如有印刷、装订问题，本公司负责调换。
服务热线：400-600-8099
投稿邮箱：author@citicpub.com

谨以此书纪念我亲爱的朋友兼同事彼得·索尔（Peter Sauer，1976—2012）。彼得，你过早地离我们而去了。你在世时取得了诸多伟大成就，却始终虚怀若谷。

本书引用沃伦·巴菲特致股东的信件的内容已获其允许。

除此之外,巴菲特先生与本书的写作再无任何关联。

换言之,书中的智慧都是他的功劳,书中的错误都是我的纰漏。

为了保持引文叙述的连贯性,省略部分并不总是标明。[1]

目 录

推荐序　先脚踏实地，再仰望星空　但斌 / VII
导言 / XI

基本原则 / XII

第一章　本书用意 / 1

本杰明·格雷厄姆的基本原则 / 4
市场先生 / 7
持有股票犹如坐拥公司 / 8
市场猜想 / 10
可预测的股价回落 / 12
摘自"致股东的信"：投机行为、市场猜想及市场回落 / 13
智慧锦囊 / 17

第二章　复利增值 / 19

复利带来的乐趣 / 24

当今投资者面临的紧要问题 / 27
摘自"致股东的信":复利带来的乐趣 / 31
智慧锦囊 / 36

第三章　市场指数:坐享其成的基本原理 / 37

当今共同基金的更高标准 / 40
多数基金终于折翼 / 43
摘自"致股东的信":被动投资的案例 / 46
智慧锦囊 / 51

第四章　设定标准:无用功与有用功 / 53

宏伟的目标 / 58
时间是最好的检验方法 / 60
摘自"致股东的信":设定标准 / 63
智慧锦囊 / 70

第五章　合伙公司:精妙的体系构造 / 73

巴菲特合伙公司的基石 / 76
巴菲特合伙有限公司成立 / 78
巴菲特合伙有限公司章程 / 80
投资者失利而经理得利之道 / 81
收益不佳情况下的佣金 / 82
有福可同享,有难不同当 / 82

流动性条款 / 83
摘自"致股东的信":1960年关于巴菲特合伙有限公司基金体系的全文 / 86
智慧锦囊 / 90

第六章 低估值型投资 / 93

低估值型股票赢利的原因 / 105
潜在价值法 / 107
新思路 / 111
品质综合法 / 116
你应该做什么? / 119
巴菲特合伙有限公司案例分析:联邦信托公司 / 125
当前的情况 / 128
摘自"致股东的信":低估值型股票 / 128
智慧锦囊 / 136

第七章 合并套利型投资 / 139

合并套利 / 143
平衡绩效 / 146
开始套利行动吧 / 148
巴菲特合伙有限公司案例分析:得州国家石油——1963年年末"致股东的信" / 149
"致股东的信"的经验:套利型投资 / 153
智慧锦囊 / 156

第八章　控股型投资 / 157

巴菲特合伙有限公司案例分析：桑伯恩地图 / 160

控股型投资的经验 / 165

基于资产进行估值 / 172

调整资产价值：向上还是向下？ / 173

经济活动直接影响公司价值 / 176

衣尾效应 / 177

"致股东的信"的经验：控股型投资 / 181

智慧锦囊 / 187

第九章　登普斯特农机公司：资产转型之路 / 189

风车磨坊停下来 / 192

灵活思考 / 194

登普斯特同道中人 / 198

价值：账面价值vs内在价值 / 199

估值现场 / 201

铭记资产负债表 / 202

"致股东的信"的经验：登普斯特农机公司 / 204

致登普斯特农机公司股东的信（未收录于"致股东的信"） / 212

智慧锦囊 / 217

第十章　保守与传统 / 219

为自己考虑 / 224

建　仓 / 225
检验保守性投资 / 228
最佳打算影响下个选择 / 229
"致股东的信"的经验：传统与保守 / 230
智慧锦囊 / 240

第十一章　税收费用 / 243

混淆手段与目的 / 247
永远会怎样？ / 250
避税计划 / 251
"致股东的信"的经验：赋税 / 253
智慧锦囊 / 258

第十二章　规模vs绩效 / 261

"致股东的信"的经验：规模问题 / 269
智慧锦囊 / 273

第十三章　投机还是投资 / 275

与巴菲特合伙有限公司同行 / 279
联合企业 / 281
看绩效基金历程 / 285
迥异的结尾 / 288
情商指数 / 290

"致股东的信"的经验：赌一把还是慢慢来 / 293
智慧锦囊 / 320

第十四章　分之智慧 / 323

比尔·鲁安简介 / 328
有人加入市政债券吗？ / 331
控股股份事宜 / 334
"致股东的信"的智慧：关闭合伙公司 / 336
智慧锦囊 / 356

后记　迈向更高层次 / 357

法人合伙 / 359
快照与电影长片 / 360
审视投资领域 / 363
更高层次的基本原则 / 364

附录一　巴菲特合伙公司历史收益 / 365
附录二　巴菲特合伙基金与著名信托基金及共同基金收益对照 / 367
附录三　红杉资本最初10年收益与标准普尔500指数收益对照 / 368
附录四　登普斯特农机公司 / 369
附录五　巴菲特的最后一封信——免税市政债券的运作模式 / 370
致　　谢 / 389
注　　释 / 391

推荐序

先脚踏实地，再仰望星空

但　斌　深圳东方港湾投资管理股份有限公司董事长

在《时间的玫瑰》一书中，我曾感慨"巴菲特之所以伟大，不在于他在75岁的时候拥有了450亿美元的财富，而在于他年轻的时候想明白了许多事情，然后用一生的岁月来坚守"。

在巴菲特25岁成立合伙公司的前夕，他向自己的投资人提出了投资的"基本原则"，基本原则成为他经营伯克希尔之前运作私募基金的核心投资理念。在合伙公司运作的13年时间里，巴菲特的收益每年超越道琼斯指数，创造了累计1 403%的优秀回报率，平均年复合回报率高达25%，同期道琼斯累计收益率仅为185%。更加让人钦佩的是，在这13年的时间里，有4年指数的收益率都下跌了6.2%～15.6%不等，而巴菲特合伙公司却从未出现过一年亏损。

米勒通过这13年巴菲特致股东的信，讲述了巴菲特在运作基金时所坚持的基本原则，向我们展示了年轻的巴菲特在初出茅庐时，所坚持的投资真理、设计合伙基金结构的想法，以及在此期间三种不同的投资策略，系统地讲述了那些巴菲特在年轻时就想清楚的问题。

巴菲特有句名言："投资有两条原则，第一条原则是保证本金安全永远不要亏损；第二条原则是请谨记第一条。"从年轻的巴菲特致股东的信中，我们能充分感受到他在经营合伙公司的投资管理上所带着的深刻的"保守"意识或风险意识，这一点非常值得我们学习！他曾在信中指出："对以往策略的保守性进行理性估计的方法之一就是在市场下跌时分析收益绩效。"我们看到，在经营基金的13年中，道琼斯指数有4年是下跌的，如果把这4年的收益绩效加在一起，巴菲特合伙基金的累计利润率是69%，而道琼斯指数是−33%，这意味着指数需要再上涨153%才能追得上他的业绩。

伟大的投资家恰恰都是风险控制的大师，除巴菲特以外，霍华德•马克斯所著的《投资中最重要的事》亦指的是风险控制，桥水举世闻名的全天候策略也是风险因子对冲的成果，像本书中提到的著有《股市稳赚》一书的投资大师乔尔•格林布拉特，在1985—1994年所管理的戈坦资本年平均收益达到50%，亦未出现过亏损。

风险控制在投资中，尤其是在股市投资中，之所以重要，缘于其反传统理念的一面。与债券投资中票息和市价之间所昭示的期望收益率不同，股票投资的期望收益非常隐晦，充斥着投资人的主观想象。芒格说："差不多自打我成年后，同龄人中只有大概5%的人能理解激励作用的力量，而我一直是其中之一，可是我却一直低估了这种力量。"股票投资中充满想象力的"期望收益"，对投资人的激励效果十分巨大，以至于人们盯紧着收益，而极少去考虑他们的期望能否实现，将输赢交给了命运女神。所以我们在分析师的报告中，经常看到通篇对投资机会的描述，甚至夸大陈述，而对于风险则是寥寥几语，结果通常是镜花水月、黄粱一梦。这是股票投资最致命的诱惑。

而从年轻的巴菲特的合伙公司的投资中，我们可以窥探到他对投资风险的态度和方法。

（1）理性的估值和期望：师承格雷厄姆，巴菲特在对企业的期望收益（即估值）上显得相当保守和理性，甚至使用清算价值对企业进行估值，与当时市场对于热门股票和股市的追捧和高溢价估值截然不同。

（2）善用安全边际：格雷厄姆的另一重要风控手段——安全边际，也成了巴菲特在合伙公司投资中有力的武器。我们知道，弯道事故的风险会因为车速的不同而不同，错过航班的风险会因为预留时间的不同而不同，投资时候的风险也会因为价格不同而不同。巴菲特在投资中一定会为自己对企业的判断和期望预留一定的"犯错空间"。

（3）集中投资：巴菲特的第三种风控手段是"集中投资"，这与现代金融学所倡导的分散投资显然不同。年轻时候的巴菲特深知分散投资或许可以化解收益波动或暂时亏损的风险,却无法化解因判断失误而发生永久性亏损的风险,同时还会因为股票数量的增加,期望收益被不断稀释。实际上,巴菲特意识到,"如果你真的能找到6家生意不错的公司,那就是你实现投资多元化所需要的数量",他也将自己单个股票的投资上限提高到了40%的比例。

(4)耐心:巴菲特打过一个比方,投资可以把钱亏光,但投资的赢利机会却是源源不断的,与击球手相比,投资者幸运的是可以等待全垒打而不会被三振出局。所以,耐心和无限选择权是他控制风险的又一种优势。

先脚踏实地,再仰望星空。米勒向我们展示了年轻的巴菲特是如何运用这种"保守"投资理念,创造了至今仍受人仰望的基金业绩的。就像芒格常引用的《天路历程》中的一句话所说,"我的剑,留给能挥舞它的人"。这位伟大的投资家留给我们的智慧之光,照亮了中国股市和私募基金不断摸索前行的道路,让我们深受启发。

2018年8月30日

导　言

　　无论我管理着100万美元，还是1 000万美元，这都没有关系，我都会满仓投资。在20世纪50年代时，我曾经实现过最高收益率，完胜道琼斯指数。你们确实该看看那些数字。但是话说回来，我当时的投资微不足道。没有太多钱确实有相当大的好处。我觉得我一年应该能在你们投入的100万美元上为你们赚到50%。不对，是我知道我能。我可以保证这一点。[1]

　　——沃伦·巴菲特，《商业周刊》，1999年

　　1956年，巴菲特在纽约市为他的导师，也是价值投资的奠基人——本杰明·格雷厄姆工作。格雷厄姆决定退休的时候，打算把他管理的格雷厄姆–纽曼合伙公司中的一部分赠予他这位最棒的学生，但是当时25岁的巴菲特选择了返回家乡。没过多久，应四位家庭成员和三位朋友的请求，巴菲特建立了一个新的投资合伙公司——巴菲特联合有限公司[①]。但是，在同意接受他们的支票前，巴菲特要求与他们在奥马哈俱乐部共进晚餐，大家费用平摊。[2]

　　那天晚上，巴菲特给每个人发了几页法律文书，其中包含正式的合伙协议，同时他还告诉大家不要太担心这些文件的内容，

---

① 1962年1月1日，巴菲特把所有的合伙公司放进了一个单个的实体——巴菲特合伙有限公司（BPL）。

他向大家保证不会出现意外。这次把大家召集起来是为了讨论一件在他看来更重要的事：投资基本原则。他已经把这份文件上的一系列原则用复写纸复写了好几遍，并仔细检查了每一个要点。巴菲特坚持拥有完全的自主权。他不打算讨论合伙公司究竟要做什么，基本没有告诉大家他实际持有股份的任何细节。他告诉大家："这些基本原则就是我们的投资哲学，如果大家一致同意，我们就一起走；如果有人不同意，我也理解。"[3]

基本原则

基本原则1：合伙公司绝对不向合伙人做任何收益率保证。按照每月 0.5% 利率提取资金的合伙人就是在提现。如果我们的长期收益率高于每年 6%，合伙人的赢利金额会大于提现金额，合伙人的本金会增加。如果我们的收益率达不到 6%，则每月的利息有一部分或全部是本金的返还。

基本原则2：对于每月提取利息的合伙人而言，某一年我们的业绩没达到 6% 以上，下一年他们得到的利息会减少。

基本原则3：我们在讲每年的收益或亏损时，说的都是市值变化，也就是年末与年初相比，按市值计算的资产变化。在任何一年中，我们所说的合伙公司的年度收益与应税所得额基本无关。

基本原则4：我们这一年是赢利还是亏损并不能衡量出我们做

得好还是不好。评价标准理应是同证券市场的普遍表现相比,我们做得怎么样,可以参考的标准包括道琼斯工业平均指数,以及一流投资公司的表现等。如果我们取得的结果好于这些参考标准,那么我们这一年就干得不错,而不用去管我们是赢利还是亏损;如果我们比市场表现差,朝我们扔番茄也绝无怨言。

基本原则5:虽然我认为5年是一个更加合适的时间段,但是退一步说,我觉得3年绝对是评判投资绩效的最短周期。大体上看,我们的合伙公司在未来某几年的表现会弱于道琼斯指数,这是毫无疑问的。如果在连续三年或更长的时间段里我们的投资绩效表现糟糕,那无论是你们还是我自己都应该考虑一种更好的让资金保值增值的方式。但如果在牛市行情中这三年内引爆了大量投机,那么即便我们的投资回报率弱于市场,也要另当别论了。

基本原则6:我不做预测股市涨跌或经济波动的事。如果你觉得我能预测出来,或者认为不预测就做不了投资,合伙公司就不适合你。

基本原则7:我无法向合伙人承诺业绩,我能做出承诺并保证做到的是:

(1)我们选择投资的依据是价值高低,不是热门与否。

(2)我们在每一笔投资中都追求极大的安全边际并分散投资,力图将永久性资本损失(不是短期账面亏损)的风险降到绝对最小值。

（3）我的妻子、子女和我会把我们的所有净资产都投在合伙公司里。[4]

那天晚上，受邀到奥马哈俱乐部的人全都签了字，巴菲特收了他们的支票。之后，每当有新合伙人加入，巴菲特会带着他们每个人都仔细地过一遍上述基本原则。然后，每年他会发给每位合伙人一份更新过的文本。

在后面的数年里，巴菲特在一系列信件中向这一小群逐渐壮大的追随者报告他的业绩表现，讲述他的操作。他把这些信件当成教学工具，来巩固和发展基本原则背后的理念，讨论他对未来业绩的期望，对市场环境做出评价。最初，这些信件是每年写一封，但是后来有很多合伙人抱怨"一年一封信总要盼很长时间"，他就开始至少每半年写一封了。

这些"致股东的信"按时间顺序记录了他的投资理念、投资方法，同时及时反映了他在伯克希尔-哈撒韦公司任职前的状况，后来的情况显然更加广为人知。合伙公司时期他在投资方面获得了史无前例的巨大成就，甚至可以和他在伯克希尔的业绩相比肩。虽然他预计每年收益会出现涨涨跌跌，但是他认为获得高于道琼斯指数10%的收益率在3~5年的考察期间里是可以实现的，这也正是他设定的目标。

他的业绩远远好于此。他一直都能超越市场指数，从来没有

导 言

哪一年亏损过。整个投资期间，除去各项费用后，在他的管理下，合伙人的资本实现了将近24%的年复合收益率。这段早年经历中有几年是他投资生涯中收益表现最好的时间。

对各类风格的投资者来说，不论是新手还是业余投资者，抑或是经验丰富的专业人士，巴菲特在信件中的评述都是经久不衰的经验总结，这些经验指引着大家。它们涵盖了一系列长期受用且相当有效的原则和方法，从而避免了当今（或者任何时候）市场上充斥的各类潮流和技术性陷阱。尽管这些经验中确实包含那类符合老练的专业人士胃口的复杂分析，但这些信件也是巴菲特亲自撰写的投资入门手册——信中介绍的方法大多是基础常识，应该适合每个人阅读。

致股东的信及其中的智慧第一次在本书中得以完全引用，其中包含了一些特别基础的原则，比如他在多数人抛售时反而吃进的反向分散化投资策略，他对复利近乎神圣的崇拜，以及他的保守型（与传统型截然不同）决策制定过程。信件中还包括不同类型的投资方法，诸如低估值型、套利型、控股型，这是他的三类首要"运作策略"，这些策略随着时间的推移发展成有趣而重要的方式，我们将对其进行探索。

至关重要的一点是，这些信件具有重大价值，因为它们记录了一位手中最初只有一小笔资金的年轻投资者在成功过程中的思维模式——投资者可以采纳并运用这种思维形式，在自己深入市

XV

场探险的过程中获得长期成功。这些信为以长期价值投资策略为导向的人们提供了强有力的支撑，尤其是在市场动荡时期，当我们容易聚焦于使用数倍杠杆的短期投机行为时，这种长期有效的投资策略更加显得难能可贵。信中展现的稳健性和自律性原则不会受时间影响，这一直都是巴菲特成功的基石。

  如果年轻的巴菲特在今天建立起他的合伙公司，毫无疑问，他会取得同样巨大的成就。事实上，他保证自己仅仅用今天的几百万美元就能获得50%的年收益率，这是不容置疑的。用小笔资金实现这么高的收益率在数年以前可以实现，现在也一样可以，因为他是一个精明的投资者。而且市场依然不能有效调节，对那些不知名的小企业来说更是如此。然而，只要股票继续如此不长记性，由于投资者的恐惧和贪婪导致股价波动，任何一个进取的投资者只要投资思路合理，就有机会获得相当好的收益。

  今天，依然还是有很多人缺乏坚定不移的意志，不能坚守价值投资的原则。在一封又一封信中，巴菲特又回归他那些投资原则不变的本质上来，这些原则里，态度重于智商——即使对最有经验的投资者来说，坚持自己的投资策略而不被潮流吸引也是最难做到的事情之一。每个人都能从巴菲特身上学到他是如何掌控自己的投资心态的。

  本书中每一章都是围绕着致股东的信中的一个观点或者主题展开，以后各章的基本格式都一样，开篇是一段概括性文字，向大家讲述一些背景故事。希望这可以帮助读者理解这些文字的历史背景，同时增强这些内容与当前时代的联系。

而后，文中完整呈现了从致股东的信中摘取的评论性文字。这不仅可以让读者痛饮来自巴菲特笔下的甘泉，还使得本书成为在当下了解其工作成果的有用的参考工具。在每一章的话题下，所有评论汇聚起来往往更具启发性意义。我们可以在许多封信件中看到以各种形式出现的评述，巴菲特在其中重复了某些观点，记录了他的思路历程。如果按时间顺序看这些信件的话，就很难发现这些要点了。

巴菲特从来没有出版过投资方面的教科书，至少从传统的字面意义上来看确实如此。除了他写过的文章和记录下他谈话及演讲的文字，我们能得到的就是他的这些信件了。实际上，这些信件和他从1957年到今天走过的路程是一致的，反映了他完整的投资生涯。"致股东的信"代表了这段路程的第一阶段，我很高兴和大家一同分享这些信件。希望大家享受这一阅读过程，就像我享受将它们重新组合的过程一样。

十分感激巴菲特先生把他的信件托付给我，让我在本书中使用它们。同时再次强调，除此之外，他本人和本书写作过程再无关联。本人希望以巴菲特先生认同的形式呈现这些信件，同时使新入门的投资者和经验丰富的专业人士都可以从中受益。

第一章
本书用意

公司对股权（股票）的报价是一项可供利用的资产，如果你想利用的话。无论这一报价向上还是向下偏离其实际价值，你都可以利用这一差价赚取收益。[1]

——1966年7月12日

想象一下你身处内布拉斯加州奥马哈市的画面：时间是1956年早秋的一个夜晚，猫王刚刚在埃德·沙利文秀上首次亮相，入主白宫的是艾森豪威尔。这天晚上，在内布拉斯加大学奥马哈分校，20多位成年人将要汇聚一堂，出席"投资原则"系列课程的首场讲座。讲师是20多岁的沃伦·巴菲特。实际上，坐在你旁边的正是巴菲特首批合伙人中的7位原始投资者之一——他的姑妈艾丽斯。

从本书自身角度来说，我更愿意将其看作是当年"投资原则"课程的再现，书中借鉴了"致股东的信"（刚好写作于"投资原则"课程教授期间）带给读者的启示。本书作为启蒙读物，通过节选上述信件中关键的约40篇内容，诠释了智慧投资的基本内容。1956—1970年，经营伯克希尔公司之前的巴菲特，资本并不太多，但机遇却是无限的。那时尚处合伙公司发展早期，巴菲特不会嫌哪个公司规模过小，他和大家一样，几乎会投资于各种公司。

20世纪50年代晚期到60年代，巴菲特白天做投资，晚上在夜校讲课，他的姑姑艾丽斯和其他几位最终合伙人会一道听他讲课。在学完戴尔·卡内基的课后，巴菲特克服了在公众面前讲话时的焦虑不安，而在外授课则是为了强化自己的演讲能力。不仅如此，巴菲特还以他的导师本杰明·格雷厄姆为榜样。格雷厄姆除了给他的投资者写信，还在哥伦比亚商学院教授证券分析课程，同时运作自己的投资公司——格雷厄姆–纽曼公司。

本杰明·格雷厄姆的基本原则

开始学习智慧投资基础知识最好的方法就是理解巴菲特指导思想的基本宗旨，即短期来看，市场确实会不时出现混乱，产生非理性的波动；但长期来看，证券的市场定价符合其自身潜在价值。这一思想被格雷厄姆的学生广泛传播。

格雷厄姆这一看似矛盾的思想被当作一种教学理论，贯穿于巴菲特的信件中，因为它明确了投资者所追逐的目标——基于良好的因果逻辑关系推理及与其相匹配的理性合理的商业分析，遴选出潜在回报率最高且相对风险最低的证券，这才是长期投资者的策略。投机者则截然不同，他们要么通过预测其他投资者的买卖行为进行投机而获取收益，要么通过推测油价或利率等基本面的短期波动而获取收益。因而我们说投资者是来做生意的，而投机者是来赌博的。

投资者基本会把短期内股票价格的涨跌看作随机波动，而这种波动大部分是微不足道的。同时，由于这种波动是随机的，没人能系统化地预测这种趋势。观测短期波动与投资根本无关。

然而，从长期来看，市场将趋于理性，并且最大限度地将公司的经济状况反映到其股价上。明白这一点，投资者就会将关注点放在可靠的长期商业分析和稳健的推理上——这正是我们在较长时间后获取超额收益所依靠的力量。

这一重要基本原则由本杰明·格雷厄姆直接提出，作为巴菲特的老师、前任雇主和他心目中的英雄，格雷厄姆实证性地提出了证券分析法。格雷厄姆具有革命精神，因身为华尔街的领军人物而广为人知，他率先将那些看上去类似暗黑艺术的东西变成一项真正的职业。一接触格雷厄姆的想法，巴菲特就着了迷，以至他给自己的儿子（即将就任伯克希尔—哈撒韦公司下一届非执行董事长）取名为霍华德·格雷厄姆·巴菲特。掌握巴菲特从合伙关系开始那几年一直到现在所形成的投资原则，需要对格雷厄姆的一些基本思想和影响拥有透彻的理解。

1950年，巴菲特19岁，提前一年从内布拉斯加大学林肯分校毕业。而后他申请了哈佛商学院，却被告知如果几年后再申请他被录取的可能性更大。被哈佛拒绝成了他经历过的最幸运的事情之一。

因为他随后开始查看其他商学院，看到了哥伦比亚大学的宣传手册。看小册子时，巴菲特发现他最爱的那本《聪明的投资者》一书的作者不但健在，而且还在哥伦比亚大学任教。他立即申请了哥伦比亚大学。几周后（巴菲特是 8 月份申请的），他被哥伦比亚大学录取，没过多久他就成为格雷厄姆门下的得意弟子。大家可以想象这两人之间动态的思维碰撞的情形。格雷厄姆为巴菲特的思想智慧奠基，而巴菲特作为班里唯一一个得到 A+ 的学生，拾起了格雷厄姆正在放下的东西。[2]

毕业后，巴菲特迫切希望在格雷厄姆的投资公司工作，但是，就像他后来的自嘲——尽管他要求义务工作，但是因为自己被"高估"还是没能得到这份工作。[3] 而他没得到这份工作的真正原因很可能是格雷厄姆–纽曼公司是为数不多的一家犹太人掌权的投资公司。巴菲特在其他地方仍然可以找到不错的工作，但是其他那些够格的犹太人如果不被格雷厄姆接收很可能面临失业。[4]

失望之余，巴菲特返回奥马哈，和父亲一起从事证券经纪人的业务，但他一直怀揣着和格雷厄姆共事的想法。连续三年，巴菲特一直给格雷厄姆写信并分享关于股票的看法，他的导师终于缓和了态度，于 1954 年邀请他回到纽约。[5] 在他进入格雷厄姆–纽曼公司后一年，格雷厄姆决定退休，而巴菲特也没在公司留很久。

这时的巴菲特 25 岁，他又一次回到了奥马哈，但是这回他没有再次跟随父亲从事股票经纪人的老本行。这一次，他没有再听从格雷厄姆或是父亲的建议，而是自己开始了合伙投资的事业。

他的合伙投资公司以格雷厄姆已有的组织结构为蓝本，并且主要借鉴了其投资原则。格雷厄姆和巴菲特一直保持着十分密切的关系，直到格雷厄姆于1976年去世。

市场先生

有关短期市场无效性究竟是怎样形成的，格雷厄姆在其"市场先生"的概念中将这一过程具体化，并提出了极具价值的解释。他认为，可以把证券市场看成一位喜怒无常的躁狂抑郁症患者，这位先生每天准备着让投资者买卖自家公司一半的筹码。其举止可能会狂野无理而且难以预料。有时候他会情绪高涨，对自己的前景十分看好，这时候他只在最高价才会把筹码卖给你；而有些时候，他又会因情绪低落而妄自菲薄，此时，对于同一家公司的相同筹码，他会以更低的价格卖给投资者；而在大部分情况下他都处于中立位置。尽管投资者永远不能料到自己交易当天市场行情怎么样，然而可以确定的一点是：不管你今天是否和"市场先生"进行了交易，明天他都会为你带来一系列新的报价。

通过格雷厄姆这种比喻来观察证券市场，我们就明白了为什么在给定的某一天中，股票的市场价格并不能告诉我们该证券的潜在及内在价值。所以我们要想发现一只股票的内在价值，必须独立于市场做出判断，同时只在市场行情顺应我们的意向时才进行买卖操作。巴菲特在"致股东的信"中把这一点解释得很清楚，"永远不要让市场价格的短期波动左右你的判断，那样的话这些原本可以利用的差价反而会让你负债累累"。[6] 如果依赖股票的市场价格来对一家公司估值，你就更容易错失一些在市场低迷时买进、在市场活跃时卖出的机会。你不可能让市场替你思考，投资者明白这些"工作"必须亲力亲为。

持有股票犹如坐拥公司

这里所说的"工作"当然是指评估企业价值。尽管证券的短期价格可能被市场情绪控制，然而长期来看，其价格将趋近于企业的潜在真实价值。或者用格雷厄姆的话来说："短期市场就好比一台投票机，表盘数字时刻波动；长期市场则更像一台体重计。"的确，因为从定义上说，每股股票代表着对整个企业一个单位的所有权。如果我们可以对上市公司进行估价，那么也就能对股票定价。

从数学角度可以肯定的一点是，不管是累计计算还是纵观其整个生命历程，一家上市公司股票的回报率肯定和该公司业务盈利相一致。由于买卖时点的差异，短期内，有些投资者确实会比另一些人获得更好的收益；但是从长期累积的结果来看，这些悟性高或者运气好的投资者获得的超额收益，刚好等于那些悟性差或者运气不好的投资者低于平均收益的差额。因此，那些有能力通过可靠的分析来预测上市公司未来长期收益的投资者,只要稍加注意,不以高价买入该公司的股票,就很可能通过持有股票而获得相同的长期回报率。

这就是投资者进行长期投资的原因。通过巴菲特的解释,我们学会了把精力重点放在公司本身,而不是关注这项稳健的投资短期内什么时候获得回报。如同巴菲特说的:"股票市场的发展过程很大程度上将会决定我们什么时候是正确的;但是我们对一家公司分析的准确程度则决定了我们是否是正确的。换句话说,我们更应该关注将会发生什么,而不是什么时候发生。"[7]

这一观点贯穿于巴菲特"致股东的信"中且一再被强调,所以我在此也重申一下:股票不只是用来交易的一纸文书,还是上市公司所有权的凭证,我们可以对其中的许多公司进行分析和估值。如果企业(股票)的市场价格在任意一段时间内低于其内在价值,市场力量最终将会纠正这种价值低估,因为从长期看,市场是有效的。

"什么时候"这个问题并不是我们需要考虑的,因为这取决于"市场先生",而"他"又不怎么可靠。买进股票时你很难知道什么时候市场行情会走好,也不知道股价何时能反映出其明显应有的价值。然而,当公司意识到自家股票价格偏低时会进行回购操作。大型公司和私募企业会经常关注并发现各种价值被低估的公司。市场参与者一旦意识到上述获利机会,往往会搜寻并买进价值被低估的股票，这一过程恰恰推动了股价上涨从而填补价值缺口。巴菲特让投资者们相信市场最终会给股票合理定价；他让我们重点寻找上市公司股票的合理价格，而不要在意买入时机或者投资何时才会带来回报。

市场猜想

巴菲特强调的另一点是，市场情绪的波动可能是随机的，也就是说这种波动是难以预测的。要想弄清楚市场短期内会发生什么实在困难，所以巴菲特的投资决策中并没有将短期市场波动作为宏观变量（如股票、利率、外汇、大宗商品、国内生产总值）的一部分。"致股东的信"中，到处都是对那些利用短期预测决定股票买卖的人的批评。他很喜欢格雷厄姆的一句话："投机行为既不能说是非法，又不能说是丧失道德，但这种行为并不会为我们带来多大油水（经济回报）。"[8]

直到今天，巴菲特一直坚持这一观点。尽管有太多不确定因素在起作用，依然有许多华尔街的专业人士不停地进行着这类市场预测。只要打开电视，你就会看到这些证券市场专家，大家似乎都听从了凯恩斯的建议："如果你的预测不准，就提高预测频率。"

对于诸如股票、债券、利率、大宗商品等标的物在明天、下个月、下一季度、下一年,甚至数年后走势如何的问题,作为投资者,我们所知道的正确答案就是"我一点儿眉目都没有"。多亏巴菲特的洞察力,我们才没有成为这些蛊惑人心的"专家"观点的受害者,没有把自己的投资组合搅乱,没有在各种凭空猜想中徘徊,也没有因为税费、佣金和随机性而消耗掉可观的收益。以巴菲特的观点,预测行为往往让你更加了解预测者,而非未来。

以下自然是提供给你的一些建议:允许自己接受这种"我一点儿眉目都没有"的思维模式。这样能够避免浪费宝贵的时间和精力,使你站在一家上市公司所有者或者潜在所有者的立场来思考,可能你就能够看透问题所在,并发现该公司引人注目之处。如果大家认为明年美联储至少有65%的可能性会提高利率,那么谁还会卖掉农场呢?

当然,对任何声称自己把未来看得很透彻的人要多加小心。这里我们要记住这一思考过程不可以外包给他人——你必须亲自完成。不管你花钱请来的投资顾问是否愿意为你服务,他们都会为了自己的利益而左右你的想法,这就是人之本性吧。巴菲特在合伙公司阶段以及之后取得的巨大成功,在很大程度上是因为从不假装了解不可知或者未知的东西。他传授的经验鼓舞了其他投资者,使他们为他们自己考虑,而且接受了巴菲特类似不可知论的态度。

11

可预测的股价回落

有一项"不可知"就是什么时候市场会大幅回落,但这却是巴菲特从格雷厄姆和"市场先生"那里学到的一项关键指导原则。我们不知道什么时候市场会不可避免地陷入真正严峻的形势——想要在这种熊市来临前抽身所做的努力往往是徒劳的。巴菲特提醒投资者,在这种情况下,即便是价格很低的股票组合也可能随着市场下跌。他强调说这是持有证券时不可避免的境况,如果你手中持有的证券组合价格下跌50%会使你陷入困境,那么你就得适当远离市场了。

令人欣慰的一点是,这种偶尔发生的市场回落对长期投资者几乎没有影响。在巴菲特提出的策略中,重要的一点就是不要理会下一次的下跌。没人知道市场年年会有什么动作,但在未来的一二十年,我们可能至少经历几次20%~30%的市场回落。这究竟什么时候会发生其实并不重要,重要的是你的起点和终点在哪里——不管中间几年涨涨跌跌的先后顺序如何,你最后得到的结果都是完全一样的。由于整体趋势始终向上,只要你没有因为25%~40%的大幅下跌而在低价卖出股票,那么从长期来看,你就会在股票市场中取得不错的成绩。你大可不必理会反反复复的市场膨胀和市场回落,毕竟这是难以避免的。

不幸的是,那些心态并非如此的人常常成为自己情绪的受害者，他们会在市场已经回落后出于害怕而卖出手中的股票。根据富达投资的一项研究，在公司开户的投资者中，收益最好的是那些忘记自己持有投资组合的人。[9]当大家为市场前景担忧甚至出现悲观情绪时，大部分投资者选择了卖出，而那些不在意市场抛售行为的人（或是那些完全忘记自己的投资的人）收益远远好于大多数投资者。这是个很好的例子：要成为一个成功的投资者，你需要控制自己面对股票突然下跌时情绪化的举动，不要影响自己作为长期企业价值投资者的理性认知能力，毕竟你不能左右市场报价。

格雷厄姆在《聪明的投资者》一书中对此做了绝妙的阐述：

真正的投资者极少会面临被迫卖出股票的情况，他们一般不会在意当前的报价。只有股票价格达到他们想要的价位时，这些投资者才会关注报价并采取行动。因此，那些由于市场毫无缘由的下跌而抽资离场或者过分担忧的投资者，实际上正把其原有的优势变成一种劣势。对于他们来说，可能没有市场报价反而更好，因为他们承受的痛苦煎熬可能会由于他人判断错误而感到心理平衡。[10]

摘自"致股东的信"：投机行为、市场猜想及市场回落

1965年1月18日

我自己的投资哲学一直围绕着一个观点，就是预测其实更多

地揭示了预测者的缺点，而不是揭示未来。

1966年7月12日

我所做的工作并不是预测股票市场的整体趋势，也不是预测某个公司的波动。如果你觉得我能做到这些，或者认为这对一项投资项目至关重要，那么你就不应该继续留在合伙公司了。

当然，这一原则可能饱受诟病，被指责有些模糊不清、复杂晦涩、模棱两可、含糊其词等。尽管如此，我依然相信我们绝大多数合伙人对这一点都十分明确。我们买卖股票的依据，并不是看其他人认为股票市场走向会怎么样（我从来不知道市场会怎么样），而是看这家公司未来会怎么样。股票市场的发展过程很大程度上将会决定我们什么时候是正确的；但是我们对一家公司的分析准确程度则决定了我们是否正确。换句话说，我们更应该关注将会发生什么，而不是什么时候发生。

可以十分确定地说，我们的百货公司业务在12月份的表现将会好于7月份。（请注意，我现在对零售业已经了如指掌。）重点是，今年12月份利润较去年同期的增长率是否会高于我们竞争对手相应的增长率，以及为了未来的那些12月我们需要做哪些准备。而至于我们的合伙业务，我不但不能确定12月份的收益是否会好于7月，而且也不能保证12月份不会有很大的损失。有时候12月份确实会损失惨重。我们的投资根本不会意识到地球绕太阳公

第一章 本书用意

转一圈需要365天。更糟糕的是，这些投资项目也没有意识到你们的天体定位系统（还有国税局）要求我向你们汇报每条运行轨道（地球的，不是我们的）的最终结果。因此，我们不得不舍弃日程表，并设定一项标准来评估我们的进展。显然，在证券界通用的上述标准一般就是道琼斯指数。我们有种强烈的感觉，在未来几年，道琼斯指数的表现会很不错（即便现在是7月份，圣诞节也不远了），如果我们想一直跑赢道琼斯指数就必须采取点措施，做得比"不错"更好才行。这就好比一个零售商拿西尔斯百货（美国零售公司）做参照，看自己的销售额和利润率表现如何。如果每年都超过了这些竞争对手，那么他就离成功不远了。

我重新提出"市场猜想"这部分，就是因为在道琼斯指数从2月份995点的最高点位下跌至5月份的865点后，我接到了一些合伙人的几通电话，他们认为股票市场还会继续下跌。这就让我开始思考两个问题：第一，如果他们在2月份就知道道琼斯指数5月份会下跌到865点，那他们当时怎么没有告诉我；第二，如果他们在2月份不知道后面的3个月会发生什么，那他们5月份又怎么会知道未来发生什么呢？还有三三两两的声音提出，在市场经历这种100多点的下跌后，我们应该卖出手中的股票，等待市场前景变得更加明晰。那我就再提两点：第一，对我来说，市场前景从来都不明确（如果你看透了接下来几个月，或者接下来几个小时市场的走势，请马上电话联系我们）；第二，几乎从来没有人在指数

15

上涨100多点后来电话，跟我说未来市场走势不明确，虽然回想起来，2月份对市场的展望确实不怎么明晰。

不管我们是否要长期投资于一家公司，如果我们所做的决定都仅仅凭猜测或者被情绪牵制，那麻烦就大了。在股票价格低得诱人时，就因为某个占星师认为报价还可能更低（这种预测有时候显然也是对的）我们就不去买进公司的股权（股票）。同样的道理，因为"专家"认为股价会继续上涨，我们就不卖出已经高于其价值的股票。谁会因为某些人对股票市场走势的猜想而想着买进或卖出一家公司呢？公司对股权（股票）的报价是一项可供利用的资产，如果你想利用的话。无论这一报价向上还是向下偏离其实际价值，你都可以利用这一差价赚取收益。永远不要让市场价格的短期波动左右你的判断，那样的话这些原本可以利用的差价反而会让你负债累累。本杰明·格雷厄姆在《聪明的投资者》一书的第二章[11]（"投资者与通货膨胀"）里对这一观点进行了精彩的表述。在我看来，在投资方面，这一章比其他书上写的东西都重要得多。

1968年1月24日

我的导师格雷厄姆过去常说："投机行为既不能说是非法，又不能说是丧失道德，但这种行为并不会为我们带来多大油水（经济回报）。"过去一年，通过投机可能取得了不错的经济回报，但这好比一直吃糖果增肥一样。我们吃的一直都是燕麦片，但是如果吃糖果增肥这种不良的饮食习惯开始成为常态，那么还期望我们的身体一直感到舒适显然是不现实的。

1962年1月24日

我想你可能特别肯定，在未来的10年里，有几年市场整体会上涨20%~25%，有几年会下跌20%~25%，而更多的年份市场指数在涨跌之间来回波动。我不知道最终这几种情况到底会不会出现，但我认为对于长期投资者来说，这些都是无关紧要的。

1965年1月18日

如果你持有的权益（比如巴菲特合伙有限公司）的市场价值下跌了20%~30%，这让你在心理上很不好受，经济状况也感到窘迫，那么你就应该从常规的股票市场投资中退出。用哈里·杜鲁门的话说就是"受不了热气就别进厨房"。当然，在决定进"厨房"之前考虑到可能出现的问题会更可取。

智慧锦囊

通过读巴菲特的评论，了解了本杰明·格雷厄姆的"市场先生"的比喻，我们现在可以消化吸收这些原则，形成我们自己的基本思想，从而考虑市场是如何运作的，以及我们在市场中应该怎样应对。现在把自己想象成一位投资者，我们开始明白，短期的证券价格浮动通常都是由市场心理的波动造成的，但是长达数年的投资周期所产生的收益，取决于我们选择的公司潜在的根本价值以及我们买入时的价格。股票市场的暴跌不可避免，作为投资者，既然我们算不准什么时候会下跌，那不妨坦然接受，把它当成我们进入市场的机会。

我们不会因为市场暴跌而苦恼，因为我们知道，有效的市场报价具有可以利用的价值，有时候别人恐惧时恰好是我们买入的机会。市场暴跌帮助我们在精神上越磨砺越坚韧，从而避免在低价位时卖出股票。

有些投资者过着入不敷出的日子，却仍然一如既往地在交易活跃的市场进行投资，如果他们有巴菲特这种坚忍不拔的意志，遵从巴菲特的投资原则，那么他们应该会取得远高于平均收益率的回报率。实际上，如果在整个投资周期中能够一直坚持贯彻这几项核心思想，那么不想舒舒服服地变成有钱人都难，这很大程度上是因为复利的威力，也就是我们下一章的主题。

第二章
复利增值

如此天马行空的几何级数恰恰阐明了两种不同的价值取向，要么细水长流，要么以不错的收益率让资本产生复利。我的话对于前一种价值取向没有任何特别的帮助。

——1963年1月18日

据说爱因斯坦把复利称作世界第八大奇迹，他还说："洞悉复利者，赢利也；不明复利者，负利也。"[2] 巴菲特通篇运用各种幽默的小故事，向投资者讲述了通过投资手段使财富增值的过程中，复利所具有的其他因素无法匹敌的力量。最好的投资策略就是投资于自始至终都产生复利的项目，无一例外。

最根本的一点是，一个投资项目首先得是一个产生复利的项目。这是一个不断重复投资的过程，其间产生的每一点利息都变成本金附加进去产生利息。这样利滚利，时间一长，产生的利息会逐渐成为投资项目总收益中的主要组成部分。最终收益取决于两个因素：年平均回报率和时间。

复利增长的动力源于其指数式增长的本质；时间越长，复利的威力就越大。然而，确实需要花费很多时间，复利才能形成足够大的规模，从而在投资项目中成为明显的驱动力，许多人因此低估了它的重要性。如果你早点明白这些道理，留出时间，不需要太多其他条件就能成为一个成功的投资者了。不幸的是，许多人目光短浅，抑或急功近利，结果没能很好地利用其中的价值。

举一个例子，一个账户上有 10 万美元，年回报率 10%。5 年后，把利息重复投资的账户上的全部收益比直接存 5 年得到的全部收益要高 7% 左右。看起来没有太大影响。然而，10 年后，重复投资的账户（我们就称作复利账户吧）的收益比那个单利计算的账户收益要高出 30%。下面的结果，从第 15 年开始令人心跳加速[3]——复利账户的表现比单利账户高出了大概 70%。复利以指数级的速度上涨，随着时间每走一步，都会为下一步积蓄力量。20 年后，复利的优势扩大到了 125%，没有什么比这更强大了。如果花掉利息，你的总收益就会被大幅削减；作为投资者，我们要让手中的利息自己增值，成为我们创造财富的基本动力。我们需要的是耐心。

复利的重要性很难被夸大。查理·芒格是巴菲特在合伙企业时的好友，目前任伯克希尔公司的副总裁。他曾经说过，巴菲特把理发花掉的 10 美元看成实际花费了 30 万美元，复利就很好地解释了其中的原因。而实际上巴菲特的估计还是过于保守了。如果 1956 年巴菲特没有花 10 美元理发，而是投资于其合伙公司中，那么今天 10 美元就可以变成 100 万美元（10 美元按 22% 的收益率复利计算 58 年得到）。通过巴菲特的复利思维，我们自然不难理解为什么他生活如此节俭——毕竟他理一次头发确实昂贵。

巴菲特 25 岁左右时，有人说复利的威力会使他变得富有，他确实相信。在合伙企业之前，巴菲特带着 10 万多美元回到奥马哈，他实际上认为自己已经退休了。他打算多读一些书，可能会参加一些大学的课程。他对复利的威力如此深信不疑以至开始担心这些财富会产生潜在的反作用，影响他的家庭。他不想把孩子们都宠坏了，而是希望有办法让孩子们脚踏实地。虽说不管怎么看，避免宠坏孩子的想法大家都能理解，但是请注意，他当时才 20 几岁，不但离家在外工作，还进行着恰到好处的投资。[4]

一些建议很自然地从这种看法中产生：如果你能够量入为出攒下一点钱，同时取得略高于平均收益率的投资回报，你的经济状况就会很不错。但是耐心至关重要。对于复利你不能急于求成，必须随着时间的推移让它自然而然地增长。想想罗纳德·里德的例子，他是佛蒙特州一个加油站的服务员，一直坚持拿出工资里的一小部分投资于股利分红好的优质股票，一辈子下来积累了 800 万美元的净财富值。[5]

巴菲特一直住在现在的房子里，已经数十年了。他的生活方式和投资方法都切合实际而且结果令人满意。他耐心而节俭，这使得他能够把手中的钱最大限度地用于投资，获得复利回报。以上种种做法，加上他凭借自身能力获得的高回报率，使他能够把他所持有的伯克希尔公司的全部股票捐献给盖茨基金会，成为世

23

界上迄今为止最大的一笔慈善捐赠。不仅如此,他还是我心目中最幸福的人之一,他成年后每天的大部分时间都在做自己真心想做的事情。

复利带来的乐趣

跟合伙人讨论起复利的威力时,巴菲特列出了下面这张表,展示了按复利计算10万美元的本金,以4%~16%不等的回报率投资10~30年获得的收益。

	4%	8%	12%	16%
10年	48 024美元	115 892美元	210 584美元	341 143美元
20年	119 111美元	366 094美元	864 627美元	1 846 060美元
30年	224 337美元	906 260美元	2 895 970美元	8 484 940美元

花一分钟时间消化一下这些数字。从表格左上方的数字开始看,一直到右下方,你会发现投资周期越长,投资回报就越丰厚;投资回报率越高,收益就越高。如果把这两个因素结合起来,最后的收益就十分显眼:按16%的复利计算的话,10万美元在30年后会变成850多万美元!

巴菲特在"致股东的信"中提到了三个有趣的故事——关于哥伦布、蒙娜丽莎的画像,还有曼哈顿的印第安人,本章最后介绍了故事的详细内容。他用这些故事向我们强调了两点:第一,复利对时间变化的敏感程度和对收益率的敏感程度相当；第二，通过一个长期投资项目来看，收益率上看似微不足道的改变实际上会累积起来，产生巨大影响。

克里斯托弗·哥伦布的故事强调了巴菲特的观点：一旦说起复利，那么时间无疑是站在你这边的。正如你所见，如果西班牙女王伊莎贝拉没有花费3万美元用来支持哥伦布的航行，而是投资于其他一个年复利收益率仅仅4%的项目，那么到1963年，这笔资金将增长到2万亿美元（到现在相当于7.3万亿美元）。巴菲特打趣说："如果不考虑发现新大陆所带来的精神价值，那么不得不说，就算是殖民侵占盛行，这件事从整体来看也抵不上一个IBM（国际商业机器公司）。"[6] 时间跨度长带来的好处就是，即使用较少的初始资本投资于收益率不高的项目，最后的回报也将非常可观。

花点时间再回过头来看一下复利收益表格，这次重点关注一下收益率为8%的那一列的数字。10年期的复利带来的收益是115 892美元，当时间翻倍到20年时，收益却是10年期的3倍；而把复利计算期间延长到30年期时，收益几乎是10年期的9倍。

在第二个故事中，巴菲特讲述的是法国国王法兰西斯一世，他为那幅画作《蒙娜丽莎》支付了2万美元。巴菲特按照一个较高的收益率和较长的投资周期，就此进行了大胆推算，结果令人感到不可思议。如果那2万美元用于投资在年复利收益率为6%的项目上，那么到 1964 年，这笔资金会增长到 1 000 万亿美元，将近当时美国国债的 3 000 倍。巴菲特的妻子就是一位美术爱好者，曾经还开过一家画廊，巴菲特曾经说过："我相信这样一算，在家里再说起买进任何算得上投资的画作，基本都没什么好争论的了。"[7] 而他本可以对妻子把话说得更直接一点。

毫无疑问，投资时间越长，增长率越高，如果允许经历足够长的时间，就会产生令人咋舌的收益项目。这就解释了为什么巴菲特总是尽量避免他的合伙人将收益放到过远的未来，进行过度推算。拿 1963 年的一个例子来说，他曾说：

你们中的一些人可能有点沮丧，因为我没有把表格上方的 22.3% 算进去……当然了，这个收益率是税前的数字，你们得自己去直接纳税，而不是由我们的合伙企业来缴纳。即便抛开这一因素，这样算下来，也证明了以非常高的收益率复利计算所带来的不可思议的结果——即使投入的初始资本并不多……[8]

举一个离我们的时代更近的例子。得益于巴菲特的管理，伯克希尔公司的股票在过去的 50 年中，能够保持以每年 21.6% 的收益率呈现复利增长。1965 年，这只股票大概是 18 美元，而当我写这本书时（2015 年），每股价值已经达到了惊人的 218 000 美元。如今伯克希尔公司的总市值是 3 590 亿美元。如果伯克希尔公司的股票每年能够以相同的利率复利增长的话，那么到 2065 年，每股的价值就会达到 38 亿美元，而公司的市值将会超过 6 000 万亿美元，远远高于全世界所有上市公司价值之和。

正如你所见，保持持续的高利率增长会越来越不易实现。投资项目的规模越大，其增长就越困难。这就是庞大数字运作的规律，从"致股东的信"开始写直到今天，巴菲特对这一点看得很清楚。如今的伯克希尔公司已经过于庞大，要想比一般的公司以更快的速度成长已经不太可能了。

当今投资者面临的紧要问题

巴菲特估计，从长期来看，市场整体将会以 5%~8% 的年平均收益率呈现出复利增长模式。回过头来看，自 1950 年以来，标准普尔 500 指数实际上实现了略高于 7% 的复合年均增长率（CAGR），而以每 10 年为一周期度量，其平均收益率为 6.8%。如果加上税前股利分红，那么这一收益率就接近 10%。这些出人意料的高收益率很大程度上得益于银行利率的意外下跌（政府债券收益越低，股票就会变得越值钱，其他也一样）。如今，债券收益率几乎接近于零，未来的 20~30 年，估计股票市场实现 5%~6% 的年收益率就显得合情合理了。如果我们能取得这样的收益率，复利的威力也同样不可小觑，只不过为投资的本金蓄积足够动力需要更长的时间罢了。

我说的 5%~6% 仅仅是一个设想，你也可以自己来估计。在 1969 年 10 月一封"致股东的信"中，巴菲特极其详细地描述了他的思考过程。当时他正准备解散自己的合伙企业，这些合伙人不久就要变成独立的投资者，他们要考虑应该拿出手中多大比例的资本投资于股票，以及达到什么样的收益率比较合适。以下是信中的一部分，对这些合伙人应该有所帮助：

把手中所有股票看作一个整体，按 3% 来自股利分红，6% 来自价值增加来算，10 年投资周期下来的期望收益率恐怕不会高于 9%。我怀疑美国的 GNP（国民生产总值）年增长率是否能高于 6%（我不相信企业利润的增长率会明显高于 GNP 的增长率）如果收益乘数不变（在上述诸多假设下，加上目前的利率水平，理论上不会变），美国的股份制企业合起来算的话，其复合年均增长率应该也不会超过 6%。在这个典型的股票案例中（对于前文提到过的纳税人来说[①]），来自股利的税后收益率为 1.75%，来自资本利得的税后收益率为 4.75%，合计后总的税后收益率为 6.5%。假设税后利润再低一些的话，股利分红和资本利得合起来的税前收益率更接近 4%~5%。总的来说，这一估计更接近历史数据，而且我相

---

① 假设边际税率为 40%。

信，未来的资本利得税很可能会比过去更高。[9]

在投资周期内，不管股票市场表现如何、最终结果怎样，巴菲特在其复利三部曲系列故事的末篇中，向大家再三强调，即使是很小的缩减——复合利率的微小变动——在较长时间后都会导致结果的巨大差异。在其中一个有趣的故事里，巴菲特指出，向印第安人支付的用来买曼哈顿岛的24美元到1965年价值1 250亿美元，推回去计算复合利率大概是6.12%。但他的重点却是下面这段话：

对于那些投资新手来说，这个数据听起来会让人感觉米纽伊特总督做的这笔交易赚大了。但是，印第安人只需要能够取得每年6.5%的投资收益率（其部落的共同基金代理人本应该给出这个承诺），就可以轻松笑到最后。按照6.5%的投资收益率，他们卖出曼哈顿岛收到的24美元，经过338年到现在[①]会累计增值到42 105 772 800美元（约420亿美元），而且只要他们努力争取每年多赚上半个百分点，让年收益率达到7%，338年后的现在那24美元就能增值到2 050亿美元。[10]

这个故事给了我们一个有力的提醒：费用、税费以及其他形

---

① 这里的"现在"指1965年。——编者注

式的支出缩减都会积累起来，产生巨大的累积效应。尽管在某个单独的年份看，每年1%~2%的支出似乎微不足道（而你也明白理财产品就是这样销售的），复利的威力会把这些看似微小的东西变成现实中异常巨大的东西。想一下，一个中年投资者在未来的20~30年里存钱到"401（k）退休计划"（美国的一种退休金制度）的账户里，收益率分别是5%和7%，看结果会有多么巨大的差异：每年相差2%的收益率在30年后会使二者收益相差一半。巴菲特讲述的曼哈顿印第安人的故事把这一切解释得再明白不过了——复合利率中小数点后的每一位确实至关重要！

费用和税费（更别说收益不佳的情况了）一直以来都成为大部分美国人进行长期投资获利的阻碍因素。实际上，截至2011年的前20年间，美国的个人投资者实现的年平均收益率一直都接近2%。以美元实际价值看（扣除通货膨胀因素后），购买力其实下降了。这和市场指数实现的7.8%的收益率相比简直是种耻辱。[11] 巴菲特等人数十年来一直为大家敲响警钟，但是情况依然不容乐观。

投资者要把目光放长远，把手中的股票看作是对公司一部分所有权的凭证；不要因为市场的动荡而担惊受怕，同时竭尽所能避免手续费和税费的支出；要凭借可以实现的最高的收益率和最长的时间，利用好长期复利指数性增长的特点——这是你作为投资者的基本工具。

摘自"致股东的信":复利带来的乐趣

1963年1月18日

哥伦布

我从不怎么可靠的小道消息了解到,伊莎贝拉女王起先同意为哥伦布的航行资助大概3万美元。这笔钱看起来起码算是一笔较为成功的风险投资。如果不考虑发现新大陆所带来的精神价值,那么不得不说,就算是殖民侵占盛行,这件事从整体来看也抵不上一个IBM。十分粗略地估计,把这3万美元按照4%的复合年收益率进行投资,到1962年就能增长到大约2 000 000 000 000美元,也就是2万亿美元。历史上为曼哈顿的印第安人辩护的学者可能会在类似的计算中寻找到支撑其观点的证据。如此天马行空的几何级数恰恰阐明了两种不同的价值取向,要么细水长流,要么以不错的收益率让资本产生复利。我的话对于前一种价值取向没有任何特别的帮助。

……收益率上相对微小的变动积累一些年后,会累积成庞大的数字,这常常让人惊诧不已。这就解释了为什么即使我们一直在追求更多,但是只要取得比道琼斯指数高几点的回报率,我们就会觉得取得了很大的成功。在未来的十几二十年后,这小小的"几点"可能意味着一大笔收入。

1964年1月18日

蒙娜丽莎

现在到了我们这篇文章激动人心的部分了。去年,为了解释清楚复利的重要性,我批判了女王伊莎贝拉和她的理财顾问。你们可能会想起来,作为发现新大陆的代价,他们陷入了一个复合利率明显过低的骗局。

鉴于复利这个话题牵涉的范围非常广,我就试着把这个话题转向艺术界,借此引入一门小课程。1540年,法国国王法兰西斯一世为列奥纳多·达·芬奇的画作《蒙娜丽莎》支付了相当于4 000埃居的价格。以防有些人不清楚欧洲货币单位,4 000埃居换算过来大概是2万美元。

如果法兰西斯国王当时脚踏实地,他(和他的诸多理事)能够寻找到一项税后收益率有6%的投资,那么这份资产现在的价值将会超过1 000 000 000 000 000美元,也就是1 000万亿美元,或者说比当前美国国债的3 000倍还要多,而这都是来自6%的收益率。我相信这样一算,在家里再说起买进任何算得上投资的画作,基本都没什么好争论的了。

然而,正如我在去年指出的那样,这里还需要提出其他一些精神上的东西。其中之一就是活得长久的智慧。另一个重要影响因素就是复合利率上相对较小的变动引发的重大变化。

下表展示的是10万美元的本金按不同复合利率计算得到的收益。

	4%	8%	12%	16%
10年	48 024美元	115 892美元	210 584美元	341 143美元
20年	119 111美元	366 094美元	864 627美元	1 846 060美元
30年	224 337美元	906 260美元	2 895 970美元	8 484 940美元

很显然,哪怕只是收益率上很小的百分比变动,都会在项目的复利(投资)累加过程中产生巨大影响。另外明显的一点是,随着时间的推移,这种影响力会迅速增强。如果在一段关键的时间过后,巴菲特合伙企业能够取得比主流投资企业仅仅高一点点的边际收益,那么公司的使命就算圆满完成了。

1965年1月18日

曼哈顿岛的印第安人

文中一部分叙述了当前的投资经历,有些索然无味,我们年度"致股东的信"的早期读者对此表示了不满,他们更渴望读到可以刺激大脑的东西,但这只能通过深入研究近百年的投资策略才能领略到。所以,就看下面一部分吧。

前两次偏离正题剖析投资错误时,我们就信中讲述的传说故事给出了财务方面的专业看法,同时我们还发现,伊莎贝拉女王(资助哥伦布的航行)和法兰西斯一世(《蒙娜丽莎》的原始购买者)众所周知的明智投资结果被证明是愚蠢的行为。这些历史人物的辩护者们早已为我们列出了一堆事实进行解释,其实都不过是感情用事。而在我们列出的复利收益表面前，一切解释都显得苍白无力。

尽管如此，还是有一种质疑比较合理，让我们很烦恼。有人指责说，信件里面这种消极的论调纯粹是用来批评历史上理财能力薄弱的人的，给了人人称赞的历史事件一个下马威。他们向我们提出挑战，问我们有没有投资能力高超的案例，使得当事人的光辉业绩世代流传，值得后来者学习的？

当然，有一个故事比较突出。这是一个关于1626年曼哈顿岛的印第安人把这座小岛卖给臭名昭著、挥霍无度的荷属美洲新尼德兰省总督彼得·米纽伊特的传奇故事。印第安人在交易中体现出来的精明，将会永远铭刻在历史上。我了解到，印第安人从这笔交易中净落到手的钱约合24美元。付出金钱的米纽伊特得到了曼哈顿岛上22.3平方英里（57.8平方公里）的所有土地，约合621 688 320平方英尺。按照可比土地销售的价格基础进行估算，我们不难做出一个相当准确的估计，现在每平方英尺土地价格估计为20美元，因此可以合理推算整个曼哈顿岛的土地现在总价值为12 433 766 400美元（约1250亿美元）。对于那些投资新手来说，这个数据听起来会让人感觉米纽伊特总督做的这笔交易赚大了。但是，印第安人只需要能够取得每年6.5%的投资收益率（其部落的共同基金代理人本应该给出这个承诺的），就可以轻松笑到最后。按照6.5%的投资收益率，他们卖出曼哈顿岛收到的24美元，经过338年到现在会累计增值到42 105 772 800美元（约420亿美元），而且只要他们努力争取每年多赚上半个百分点，让年收益率达到7%，338年后的现在就能增值到2 050亿美元。

故事就到此为止吧。

你们大家可能有一些人是从短期投资的角度来看待自己的投资方案的。为了方便起见，我们列出下面的常用表格，它列明了10万美元的资金按照不同收益率所取得的复利收益。

	4%	8%	12%	16%
10年	48 024美元	115 892美元	210 584美元	341 143美元
20年	119 111美元	366 094美元	864 627美元	1 846 060美元
30年	224 337美元	906 260美元	2 895 970美元	8 484 940美元

从这张表格中可以看出，下列三个因素对资金增长有好处：

1.投资周期长（用金融学上晦涩难懂的学术性词语来说就是玛士撒拉[①]方法）。

2.复合收益率高。

3.上述两点的综合（作者强烈推荐这一点）。

大家都会注意到，即便是获得相对较小的年收益率，最终获得的回报也会非常丰厚。这也解释了为什么虽然我们很期望取得远高于平均投资收益的结果，而实际上，我们又把比平均收益率高出的哪怕每一个百分点都看得格外重要。[12]

---

① 玛士撒拉是《圣经》中以诺之子，据传享年969岁。——译者注

智 慧 锦 囊

巴菲特和其他人一样，都明白复利的威力。他以幽默风趣又朴实自然的方式讲述了几个故事，从这些宝贵的案例中我们了解到，无论是平均收益率上细微的变动，还是复利项目投资周期的长短变化，都会对成本和收益造成巨大影响。

除了格雷厄姆的经验——股票代表的是公司，而市场是为我们服务而非给我们提醒的，我们现在又有了一句箴言："应当基于最有可能达到的税后净复合利率和最小的风险来进行投资决策。"[13] 每个人都有能力进行这样的思考和投资，做到这两点的人，和其他许多想着赢在当下的投资者比起来，会取得明显的更高的边际收益。

我们接下来进行探索的是一个很大的问题：考虑到你的兴趣和能力，你是按照巴菲特指引的那样试着选出一些股票，还是按照自己的方式定期定投，以和工资挂钩这样一种低成本的方式，用一生的时间来慢慢增加你在一家美国企业的权益份额并取得成功呢？其他什么都不用做，只是利用定期定投的方式坐享其成确实是非常诱人的选择，经过多年的利滚利，很可能取得出人意料的好结果。对于大多数人来说，这应该就是最好的选择。

… 第三章

市场指数:

坐享其成的基本原理

战胜道琼斯指数没那么容易,别说跑赢,美国大多数基金连跟上大盘指数都很难。[1]

——1962年1月24日

我们在第二章曾详细地谈到，巴菲特告诉过合伙人，在非常长的一段时期内（20~30年），他对市场期望的平均复合年收益率大概在5%~7%。如果按较高的收益率7%来看，这就意味着大概每过10年左右市场指数就会差不多翻一番。如今，投资者只要以较低的成本持有一只指数基金，就可以实现对整个市场的所有权。这是当前最好的策略之一，也是一种"不劳而获"的方法。暂且不说它自身运作得特别好的情况，这种方法的主要优点是：它成本低廉，操作起来很容易。当然，你根本不需要花一大笔钱给别人，让他告诉你是买入、观望，还是教你理解复利的威力。

1975年，约翰·博格尔（世界第二大基金管理公司先锋集团创始人）创立了先锋集团500指数基金，成为第一只囊括了标准普尔500指数中所有上市公司的证券。然而，指数投资在巴菲特合伙有限公司的时代并不怎么流行。如果这些合伙人没有跟巴菲特一起进行投资，那么他们很有可能就去投资信托基金或者共同基金了。鉴于此，巴菲特每年年底的"致股东的信"中都会列出一张表格，来比较巴菲特合伙有限公司、市场指数和一大把一流投资公司的业绩表现。他跟合伙人解释的原因如下：

我对多家投资公司的业绩概况进行了概述，这样做并不是说我们要可以和它们比管理，也不是说我们的投资和它们的有多相似。之所以这样做，是因为这些基金代表了大众中高收费的专业投资管理公司的平均成功率水平，它们往往掌握着价值高达200亿美元的证券。我相信，即便是操控更大一笔钱它们也是用同样的策略，用同样的管理方法。如果不在我们的合伙公司中占有份额的话，我有理由相信，很多合伙人会选择类似的方法来管理自己的投资。[2]

巴菲特小心翼翼地指出，在广阔的市场中，较高的平均成功率似乎更不易得，大部分活跃的投资管理基金表现很可能弱于道琼斯指数。

当今共同基金的更高标准

在别无选择的情况下，巴菲特当时为表现弱于市场水平找到

第三章　市场指数：坐享其成的基本原理

了如下借口，看起来也就不足为奇了。

这类投资中介机构的整体表现，不可避免地同美国市场的表现紧密联系。一般来说，除了那些特例，这类机构的好处既不是帮助投资者取得更高的业绩，也不是提供更出色的抗跌能力。恰恰相反，在我看来，这些机构的基金之所以能够勉强生存，在于它们操作时简单方便、决策时省心省力、投资时自动分散。另外，也可能是最重要的，基金可以帮助投资者抵制诱惑，避免像很多散户一样落入陷阱。[3]

一个简单的事实就是，低成本的指数基金的出现，让约翰·博格尔提高了共同基金和其他先前出现的所有基金产品的收费，以向投资者提供"便于操作"和"品种多样"的投资理财产品。指数基金在这几点上做得更好。现在，所有积极主动的投资者，不管是专业机构还是个人，都不得不通过获取超常收益来证明自己的操作是对的，但是很多人都实现不了这一点。很多基金，特别是那些一次性投资上百只股票的基金（巴菲特称其为挪亚方舟式投资，即包罗万象），它们更倾向于采用一种注定要被淘汰的商业模式。先锋集团基金以及其他一些类似的指数基金产品，从40年前出现主动型投资经理开始，就一直从这些经理手中购买股票。

由于指数基金这一新竞争者的出现，共同基金在多大程度上算是一种拖后腿的落后行业呢？这个问题在近几年越来越多地出现在公众视野内，毕竟很大一部分种类的基金的业绩表现没能超过它们的低成本竞争者。谁会愿意花更多的钱只为获得更低的回报呢？

当然，在专业投资者中，不管其资本结构是共同基金形式、合伙形式、对冲基金形式还是其他形式，只要他们的长期收益率高于市场平均收益率，就能给自己带来巨大的财富增长，而且不管自己手中有多少股票，他们总会需要更多的股票。即便是细微的收益率优势，经过较长时间的复利积累，也会带来巨大的经济回报。然而，大部分依靠自己的能力或者投资于主动管理共同基金的投资者往往获得的是低于市场平均收益率的回报。和被动投资相比，想通过积极主动的投资获得更好收益往往伴随着巨大的风险，这种情况可能导致的结果更加糟糕。

巴菲特的遗愿和遗嘱很好地反映了他自己在这件事情上的看法，他曾经在2013年"致股东的信"中提到过：

无论是机构还是个人，都会被赚取咨询费和交易费的中介机构不断怂恿，不停地进行交易。对投资者来说，这些费用支出非常巨大，它吞噬了利润。所以，忽略那些建议吧，保持最低的交易成本，并且像经营一家农场那样持有股票。

第三章　市场指数：坐享其成的基本原理

我的钱将会投到指数基金里，因此我还得为此多说两句：我在这里所建议的和已经写在遗嘱中的内容是一致的。遗赠将会把现金转交给为我妻子设立的信托人手中。（我必须使用现金进行个人遗赠，因为我所持有的全部伯克希尔公司股份将在我去世后的10年内分配给一些慈善组织。）我对信托公司的要求非常简单：持有10%的现金购买短期政府债券，另外90%配置在低费率的标准普尔500指数基金上（个人推荐先锋集团的基金）。我相信遵守这个策略，信托的长期业绩往往会战胜大多数聘请了高费率管理人的投资者——无论是养老基金、投资机构还是个人投资者。[4]

在很长一段时间里，巴菲特一直教育投资者，你能够从市场中赚取的收益肯定不会大幅超过你的投入。如果你对自己的投资不感兴趣，没有能力或者不愿意为此花费时间和精力，那么你就应该选择投资指数基金。选择进行主动型投资项目的唯一原因，就是相信你或者你选择的投资经理能够取得比"坐享其成"更高的收益。

多数基金终于折翼

20世纪60年代，虽然指数基金尚未出现，巴菲特却敏锐地看透了这一事物。他把道琼斯指数看成自己主要的竞争对手，根本目标就是要做得比道琼斯指数更好。他在很大程度上把绝对绩效，也就是在给定年份里一项基金的收益或者亏损的百分比看成由运气决定的随机值。对于投资者来说，投资能力是依赖相对绩效评判的，也就是相对于市场来看自己的结果要好多少（或者差多少）。对此他是这样描述的。

从某些方面看，这些所谓的投资公司的业绩就好比池塘里一只鸭子的活动。当池塘（证券市场）水位升高时，这只鸭子也会随之上浮；当水位下降时，鸭子也会跟着下降……我认为，鸭子的功劳大小，都要看它自己的表现，不能对池塘水位的升降呱呱乱叫。"水位"对巴菲特合伙公司的业绩有很大影响，不过我们自己也一直在"水中"扑腾翅膀。[5]

值得注意的是，在"指数基金"这一术语出现前的10年，距离"行为金融学"这个术语出现在字典里还要更远，巴菲特早已预见到这两个术语与投资行业发展的大趋势的联系：他强调把指数作为基本尺度的重要性，同时注意到心理因素会导致投资经理人的业绩长期弱于市场。

一些聪明且经验丰富的投资经理不但配备有高素质员工，资源渠道丰富，而且还和外界联系密切，那为什么他们的业绩还会一直比不过无人管理的市场指数呢？巴菲特在1965年的"致股东

第三章 市场指数：坐享其成的基本原理

的信"中谈到了自己的见解。

这个问题至关重要，按理说，大家会觉得基金经理和广大投资人都应该深入研究这一问题……令人匪夷所思的是，在华尔街连篇累牍的长篇大论中，关于这个问题的研究几乎没有；在分析师团体各式各样的会议中，关于这个问题的探讨也寥寥无几。在我看来，无论哪家投资管理机构，在对美国各大公司的管理能力和经营业绩评头论足之前，都应该好好分析一下自己的方法和业绩。

在讲到大多数基金经理的业绩还不如随机选股时，我给出的分析是，在大多数情况下，绝对不是基金经理头脑或品行的问题。我把这个现象的主要原因归结为如下几点：（1）群体决策——这或许是我的偏见：我认为，只要是一个群体，所有成员共同参与决策，投资管理工作几乎就不可能达到一流水平；（2）力求与其他声誉卓著的大型机构保持一致的倾向（某种程度上），无论是策略，还是部分投资组合；（3）机构框架的束缚——平均水平很"安全"，对于个人而言，特立独行的回报与其风险毫不相称；（4）僵化固守某些不理智的分散投资策略；（5）最后一点，也是最重要的一点——惰性。[6]

传统经济理论假设每个人的行为无论何时都是理性的。但是

"前景理论"（由丹尼尔·卡尼曼和阿莫斯·特沃斯基[1]在基础论文中提出）认为，经济决策传统意义上讲往往并不是理性的。这一理论于1979年公开发表，开了行为经济学的先河，并成为一种新的思维方式。但是值得注意的一点是，巴菲特早在大概15年前就提出了自己的理论。

在此给投资者提出的建议清晰而直接：认真考虑一下把一个低成本的被动指数基金作为你的投资首选。虽说大家都明白，高于市场水平的复合收益率可以带来利益，但是大部分投资者没能做到这一点。挑选股票的过程很难，有些人可能决定追随巴菲特主动型投资的脚步，但是他们也不能确定巴菲特教授先前并没有掂量过让他们选择其他方法的警告与提醒。

摘自"致股东的信"：被动投资的案例[2]

1962年1月24日

你们可能觉得我设定的标准是短期的，不太合适，因为看起来要想取得比一项囊括30家有名的上市公司的股票指数更好的表

---

[1] 丹尼尔·卡尼曼（Daniel Kahneman），以色列和美国双重国籍，2002年获得诺贝尔经济学奖；阿莫斯·特沃斯基（Amos Tversky），美国行为科学家，因对决策过程的研究而著名。——译者注
[2] 巴菲特在每年年终"致股东的信"里包含和涉及的绩效表格可以在附录一中找到。

现很简单，毕竟指数是没有人管理的。而实践往往证明，这一市场指数是一个难以超越的竞争对手。

1962年7月6日

只要我们的资金用来投资股票，无论以什么形式，通过基金公司、投资顾问、银行信托或者自己打理，我们相信，绝大部分人的业绩也就是和道琼斯指数不相上下。在我们看来，那些收益表现偏离道琼斯指数的，往往是跑输大盘的多，大幅跑赢的少。

1962年1月24日

我展示上述结果的目的并不是要控诉这些投资基金。由于资金总量较为庞大，而且受到各种条款的限制，即便由我个人来管理这些基金也不见得会取得更好的结果（如果是好结果的话）。我只是想要说明：作为投资业绩的衡量标准，道琼斯指数是国内很多共同基金很难超越甚至接近的。

1964年1月18日

基金经理在机构的条条框框内要管理几十亿、上百亿（美元）的资金，只能取得这样力所能及的收益结果。想要突破条条框框特立独行，简直太难了。因此，这类投资中介机构的整体表现，不可避免地同美国市场的表现紧密联系。一般来说，除了那些特例，这类机构的好处既不是帮助投资者取得更高的业绩，也不是提供更出色的抗跌能力。恰恰相反，在我看来，这些机构的基金之所以能够勉强生存，在于它们操作时简单方便、决策时省心省力、投资时自动分散。另外，也可能是最重要的，基金可以帮助投资者抵制诱惑，避免像很多散户一样落入陷阱。

1965年1月18日

由于合伙人在每年的信中都会看到上述表格，他们问我："大型基金的经理人才智超群，他们有聪明勤奋的下属、用之不竭的资源、深厚广博的人脉，他们的投资经验加到一起都有几百年了，最后业绩怎么能做成这样？"（说到"投资经验加到一起都有几百年了"，我想起了一个段子。有个人去面试，他说自己有20年的从业经验，他之前的老板正确地解读为，不是"20年的从业经验"，应该是"1年的经验，重复了20次"。）

这个问题至关重要，按理说，大家会觉得基金经理和广大投资人都应该深入研究这一问题。300亿美元的1%可就是3亿美元。令人匪夷所思的是，在华尔街连篇累牍的长篇大论中，关于这个问题的研究几乎没有；在分析师团体各式各样的会议中，关于这个问题的探讨也寥寥无几。在我看来，无论哪家投资管理机构，在对美国各大公司的管理能力和经营业绩评头论足之前，都应该好好分析一下自己的方法和业绩。

第三章 市场指数：坐享其成的基本原理

在讲到大多数基金经理的业绩还不如随机选股时，我给出的分析是，在大多数情况下，绝对不是基金经理头脑或品行的问题。我把这个现象的主要原因归结为如下几点：（1）群体决策——这或许是我的偏见：我认为，只要是一个群体，所有成员共同参与决策，投资管理工作几乎就不可能达到一流水平；（2）与其他声誉卓著的大型机构保持一致的倾向（某种程度上），无论是策略，还是部分投资组合；（3）机构框架的束缚——平均水平很"安全"，对于个人而言，特立独行的回报与其风险毫不相称；（4）僵化固守某些不理智的分散投资策略；（5）最后一点，也是最重要的一点——惰性。

也许我的上述评论对基金经理不公平，就连上面的统计数据对比也许都不公平。我们的投资组合与投资方法和公募基金迥然不同。但是，我相信无论是我们的合伙人，还是大基金的投资者，他们有一点是相同的，他们都认为自己的资产管理人追求同一个目标：通过持续投资股票，在将资金永久损失的风险控制在最低限度的同时，实现长期资本回报率的最大化。对于我们的大多数合伙人来说，如果不把资金投到巴菲特合伙公司中，其他选择可能就是基金等投资公司，获得与基金类似的收益率。因此，我认为与基金对比来检验我们的业绩很有意义。

毫无疑问，基金公司、投资顾问、信托部门等为投资者提供了不可或缺的服务，其中包括实现足够的分散化、坚持长期投资、简化投资决策和投资机制,最重要的是,它们可以帮助投资者避免散户常犯的低级错误。在机构的宣传资料中,他们着力凸显自己是专业管理人士,公众自然会认为他们有能力取得高收益,就算这种推断不那么合乎情理,但绝大多数机构并未对实现超额收益做出具体承诺。

各位合伙人,我在这里向大家保证,我现在说上述业绩对比有意义,未来数年里也会如此,无论将来如何。同时,我向各位合伙人提议,如果你认为这个标准不合适,现在就请告诉我,并提出其他标准。标准要定在前面,不能事后再说。

我还有个想法——很多人自己管理资产,他们是自己的投资顾问。上面的表格里没有"自我管理"一列。人们很关心自己的体重、高尔夫球杆数、油费,但是却刻意回避自己的投资管理水平,不进行量化评估。他们管理的可是自己的钱,他们的客户是全世界最重要的人——他们自己。可能在研究马萨诸塞投资者信托(Massachusetts Investors Trust)或雷曼公司(Lehman Corporation)等基金的业绩时,这种评估是出于学术兴趣的;但是对你的资金管理人的表现进行客观评估,则关系到真金白银——即使这个管理人是你自己。

1965年7月9日

毫无疑问,美国经济大环境好,过去这些年,随机选股都能获得相当好的业绩。市场的整体水平一直在上涨。我们认为，从概率的角度讲，长期来看，美国经济会越来越好，水位会越来越高，但中间少不了大的波折。然而，无论潮起潮落，我们都将矢志不渝地搏浪击水，这就是我们的投资策略。如果我们的收益表现出现下滑，而你们自己就能轻松取得这样的收益，那我们只能引咎辞职。

智 慧 锦 囊

低成本的指数基金的出现对于传统共同基金产业来说是一场变革。共同基金曾经是一种"易于操作"的投资途径，使得个人投资者不必亲自去选择股票，这一重要角色却被一种更高级的低成本产品所取代。指数投资，或者说被动投资，从20世纪70年代问世起，就以不可阻挡的步伐变得越来越流行。巴菲特自己在遗嘱中就为妻子选了一只不需要自主管理的指数基金，单单这一事实恐怕就会使每个投资者都犹豫不决。

手续费、税收还有心理因素都是那些进行自主投资的经理们的绊脚石，但是对于指数基金投资者来说，不仅收益可能会相当好，而且基本不需要动脑筋或者花费太多精力。你只需要花不到一小时的时间，用那些低成本的指数基金设计好一个投资计划，买入后只要把它束之高阁，过个几十年就行了。

一言以蔽之，这种长期优于市场的表现所带来的经济效益同样惊人，只要你能找到一个可行方案。显然，并不是每个人的收益都能超过市场平均水平。假设风险既定，如果你认为选择自主投资更适合你，那么不管是自己投资还是通过专业的投资经理进行投资，你都得确定一个客观指标来评价你的收益结果。

到目前为止，巴菲特的一系列"致股东的信"带给投资者的经验一直围绕着6个重要观点：（1）把股票看成是整个公司一部分所有权的凭证；（2）股票的短期价格会出现意外波动；（3）但是股票长期价格会与公司内在价值带来的收益趋于一致；（4）也就是说，股票价格需要通过某项长期组合投资项目来观察；（5）长期组合投资会带来相当不错的收益结果；（6）通过指数型产品这类低成本、易于执行的方法进行投资可以轻松获得这样的高收益。从这里开始，我们就把巴菲特看作一位进行主动投资的投资者，从他的角度搞清楚他究竟要得到什么以及他准备怎样度量这一目标。

第四章
设定标准：
无用功与有用功

如果我们的收益表现出现下滑，而你们自己就能轻松取得这样的收益，那我们只能引咎辞职。[1]

——1965年7月9日

对于巴菲特来说，为度量主动型投资的绩效找到合适的标准至关重要，所以他把最初的八项基本原则中的两点都应用在了这里。他设置了两项根本法则，其目的是：(1)构建起"如何"度量的问题，也就是基于市场表现的相关性检验；(2)建立度量"多长时间"的方法，也就是事先设定好最小的时间跨度，在这一区间内可以评判投资运作的效果。

我在选择合伙人以及处理我们日后关系的过程中，关注的重中之重就是一点——我们将使用相同的标准。如果我的业绩表现不佳，我会希望我的合伙人撤资，真若如此的话，我就该为自己手中的基金寻找新的投资出路了。而如果我们的业绩很好的话，合伙人也会对我的出色表现予以肯定，这种情况下我也肯定会校准标准。[2]

在前面我们已经了解到复利的威力，也就是说即使只比市场表现好一点点，随着时间的推移，都会逐渐积累，到最后带给你巨大的收益。但是，如果运用你的投资方法，3~5年后的收益一直弱于整体市场，那么你就该严肃地考虑一下要不要"扔毛巾"①（巴菲特的原话），转向指数投资了。作为一个投资者，确定你做得怎么样的唯一办法，就是设定一个合适的公式并用它进行检验。至于究竟怎么做，巴菲特为我们提供了一些方法。

1.基本原则4：我们这一年是赢利还是亏损并不能衡量出我们做得好还是不好。评价标准理应是同证券市场的普遍表现相比，我们做得怎么样，标准包括道琼斯工业平均指数，以及一流投资公司的表现等。如果我们取得的结果好于这些参考标准，那么我们这一年就干得不错，而不用去管我们是赢利还是亏损；如果我们比市场表现差，朝我们扔番茄也绝无怨言。3

2.基本原则5：虽然我认为5年是一个更加合适的时间段，但是退一步说，我觉得3年绝对是评判投资绩效的最短周期。大体上看，我们的合伙公司在未来某几年的表现会弱于道琼斯指数，这是毫无疑问的。如果在连续三年或更长的时间段里我们的投资绩效表现糟糕，那无论是你们还是我自己都应该考虑一种更好的让

---

① 在拳击比赛中，己方教练扔出白毛巾表示认输。——编者注

第四章 设定标准：无用功与有用功

资金保值增值的方式。但如果在牛市行情中这三年内引爆了大量投机，那么即便我们的投资回报率弱于市场，也要另当别论了。[4]

直到今天，这两种简单的方法对投资者来说依旧十分有效。第一种方法（即基本原则4）检测的是每年和市场表现相比的收益结果——我们不用关注在某一年里投资本身是升值还是贬值；与之相反，我们关心的是这一年的表现比市场的平均收益是高还是低。由于市场的整体趋势是向上的，如果你能够想办法选出一些股票，在股市低迷时少跌一点，在股市上涨时多涨一点，那你的收益可能会很好。投资者只是想尽可能多地战胜市场平均收益率，一步步积累，以这种相对性为基础，将自己可能获得的绝对收益同市场的涨跌对照后进行弱化。

巴菲特向投资者提供的第二种检验观点（即基本原则5）认为，度量相对绩效，应该追踪的投资周期跨度至少要3年，如果可以追踪5年，效果会更好。再次强调，不管出于什么原因，如果经过3~5年的长期投资，仍然没能取得好于市场的表现，那么就该考虑把手中的基金投资于其他项目了。毕竟，我们为什么要为一个更差的结果不惜麻烦地付出精力呢？

巴菲特坚持所有的合伙人应该向协议靠拢。在投入第一笔资金前，所有人必须与他的相对市场与市场标准和3年追踪期共同进退。他通过设置一致的标准来使后来加入的新的合伙人接受它们，他还在这些信中不断重复这些标准。

这不是说巴菲特坚持认为他的标准就是最好的，也不是说其他人的标准没有这么合理有效，而是说这些是他设定的标准。他已经声明过，只有同意他这些标准的人才可能成为合伙人。如果他实现了自己设定的目标，他希望获得应得的支持与称赞；若没实现，他希望合伙人们撤资离开。我们大家所需要做的，就是事先建立并确保自己的标准恰到好处，以免到时候误读了标准，不知道该为哪种投资结果高兴喝彩。因为正如巴菲特所讲的，你肯定不想在期望听到热烈的掌声时有人向你扔烂水果。

如果所有的专业资金经理都坚持巴菲特的标准，我们可能就会见证华尔街上一场史无前例的大规模提前退休。今天在伯克希尔-哈撒韦公司，巴菲特一直继续坚持 5 年为限的相对绩效标准，[5] 这曾经是，也将继续成为一个非常高的门槛。所有投资者都需要一个标准。如果你能设计出一个更好的检验方法，那就太棒了，但是一定记得要提前设定好。

宏伟的目标

巴菲特自己为合伙公司设定的绩效目标并不容易达成。在设定好标准后，他一直努力避免 3~5 年下来，投资的相对绩效低于市场水平，他把目标定位在每年取得比道琼斯指数平均高出 10 点

第四章 设定标准：无用功与有用功

的平均收益率上。这是他认为个人所能达到的最大超额收益率，他要实现这一点。也就是说，如果道琼斯指数在一年内下跌了5%，那么他就要达到+5%的收益率。投资者可能会问，这个10%的数字标准来自哪里，说实话我也不清楚。然而，这并不是需要我花这么多时间考虑的问题。随着时间的推移，如果我们能够取得比市场更高的收益率，那肯定是高兴都来不及，但要问我们潜在的超额收益最高是多少，就等于本末倒置。

虽然我们不知道任何一年市场的整体表现怎么样，但你一定记得巴菲特提到过5%~7%的市场平均收益率。这10%的超额收益率就意味着他的目标是取得平均每年15%~17%的回报率。按照15%的复合年利率计算，10万美元在10年后会增长到405 000美元，20年后会增长到160万美元。这一结果将会好得令人诧异。

实际上，每次在评论中提到绩效，巴菲特说的都是相对值。他曾一度这样解释自己的想法，生动得就像在跟一位打高尔夫球的朋友对话：

如果有一年我们的投资组合下跌15%，而市场整体平均下跌30%，这与我们和市场都上涨20%相比，就算是业绩非常突出的一年。时间长了，我们总会碰到收益好的时候和收益差的时候，我们做投资，不会因为收益好时情绪高涨，或者时机不好时对结果非常沮丧。就像打高尔夫球一样，重要的是以低于标准杆数的成绩去打赢某个球道。在一个标准杆数为3杆的球道上，如果你的成绩是4杆的话，那么，你的成绩就不如在标准杆数为5杆的球道上用5杆击球入洞的成绩。我们不能假设把标准杆数是3杆和标准杆数是5杆的两个成绩平均起来，这是不现实的。[6]

在某种程度上，投资者们学会了这样看待绩效：如果市场整体下跌，而你手中的股票下跌幅度更小，那么这一年你干得不错；反之亦然。只要你的表现比市场哪怕只好一点点，不管市场是涨是跌，你都取得了优于市场的结果，那就非常出色了。

虽然他们合伙企业的投资从没在哪年出现下跌，甚至也没有哪年的表现弱于市场，但是巴菲特还是教给投资者要对这两种可能有心理准备。

作为一个投资者，巴菲特的才能、相对较小规模的运营资金带来的好处、符合他风格的市场，还有运气，都是帮助他们的合伙企业持续获得如此杰出表现的因素。但是从那以后，伯克希尔公司却经历了好几年表现弱于市场的情况，有几年投资甚至出现亏损，尽管数额不大。

时间是最好的检验方法

投资者不应该对任何一种投资方式抱有一劳永逸的期望，毕竟风水轮流转。巴菲特心里清楚，手里的投资组合最终实现的相对绩效可能会参差不齐，但他在绩效差的年份依然表现不错，能够实现高于市场 10% 的收益率；而在"天时地利人和"的时候，他认为自己可以实现 25% 的超额收益率。[7] 我们想想就知道，在给定的任何两个年度里的收益率会有巨大的差异，因此巴菲特觉得很关键的一点就是，投资者们应该在跨越数年的周期内度量自己的投资绩效，他认为这一周期最短要 3 年，而他自己则更倾向于 5 年。最好的检验应在一个平稳的市场期进行。这样一来，由于狂热投机导致影响整个市场的因素就被去除掉了。他教导并提醒投资者，即使是任意给定年份实现的相对绩效，也有很大程度上的运气成分在里面，因为这种短期的结果依赖的是短期市场波动所带有的"投票机"属性。而随着你逐渐拓宽自己评估绩效的时间跨度，这种检验就会越来越像一台"体重计"。

巴菲特还告诉投资者一点，在这种跨年度的检验中，一点重要的警示是：在投机引发的牛市行情后期，极有可能出现表现不佳的情况。直到今天他还一再重复这一警示。

我们在合伙企业末期的几年时间里见证了这种效应。当时的一些"绩效基金"在市场出现迅猛增长的时期重创了巴菲特的合伙企业，最终引发了 20 世纪 70 年代市场毁灭性的暴跌。就近说，在 21 世纪初互联网泡沫破灭之前，很多人觉得巴菲特和他的伯克希尔–哈撒韦公司有点"跟不上市场的脚步"。投机行为的逐渐发酵最终会引发市场狂热，导致股票价格严重脱离公司的基本实际价值。在这种膨胀的环境下，那些把市场看成"投票机"的人会大捞一笔，而像巴菲特之类的投资者则把自己看成"体重计"派的一员，他们的表现往往会弱于市场。

由于我们的价值投资模式自身带有的保守性，巴菲特告诉我们，重要的是在市场行情走低时获得相对好的收益。再重复一遍，在这种时期巴菲特完全可以接受收益下跌，只是他期望总体上亏损的比市场要少。今天，遵循这些原则的投资者应该同样认可这种期望。基于价值投资方法的应用以及所购买股票的类型，投资者往往在市场行情走弱时取得最好的表现。正如巴菲特在1962年"致股东的信"中告诉合伙人的话：

道琼斯指数的下跌给了我们表现的机会，让我们能够积累收益率上的一点点优势：在市场走强时，我们只能取得和市场水平相当的成绩。长期如此，我们就能取得相当令人满意的结果了。我们的目标是，道琼斯指数每下跌1个百分点，我们只下跌大概0.5个百分点，如果实现这一目标，说明我们在股票投资上所使用的策略远比其他人使用的方法稳健得多。[8]

巴菲特提醒投资者，所有的原则，包括用来评价绩效的标准，都不要改变。他坚持运用最短3年法来评价主动型投资经理和市场的表现，即便在行业内根本不会进行这类评估。而到了20世纪60年代末，行业内发生了巨大变化，从根本不进行评估变成了过高频率地评估。巴菲特则依然支持使用最短3年为周期的度量标准，不管其他大多数人每分钟都进行评估，而后者实际上和没有评估一样糟糕。

遵从巴菲特的教导，我们明白了对绩效进行评估的过程，从内部整体看应该和其他核心原则相一致。如果我们做投资时设定的首要准则是认为股票市场并非完全有效，那么，我们在实际投资过程中还注意股票的短期表现，显然就违背了自己设定的原则。像这样的反复无常，从某种程度上说就是一个笑话。我们关心3年（最短周期）后的数据足矣，因为只有跨过时间这道门槛，谈论市场是否有效才有一定意义。当然选取5年的周期就更棒了。评估一个主动型投资经理选取的时间跨度最好是一个完整的市场周期（始于市场低位则终于市场低位，或者始于市场高位则终于市场高位）。

摘自"致股东的信"：设定标准

1962年1月24日

对合伙人说的话

我在选择合伙人以及处理我们日后关系的过程中，关注的重中之重就是一点——我们将使用相同的标准。如果我的业绩表现不佳，我会希望我的合伙人撤资，真若如此的话，我就该为自己手中的基金寻找新的投资出路了。而如果我们的业绩很好的话，合伙人也会对我的出色表现予以肯定，这种情况下我也肯定会校准标准。

问题的关键在于，关于什么是好、什么是差，我们一定要有相同的标准。我认为衡量标准应该事先定好，回顾以往，凡是事先制定好衡量标准，我们都得到了很好的回报。

我一直把道琼斯工业平均指数作为我们的衡量标准。我的个人观点是，要检验投资表现，至少要看3年时间。最能检验出真实水平的周期，就是比较道琼斯指数点位在期末与很接近期初的一个时间段，观察在此期间我们的投资收益表现如何。

用什么作为收益衡量标准都不会十全十美，道琼斯指数也是如此，但是参照道琼斯指数的好处就是，它众所周知，具有较强的承接性，可以相当准确地反映市场中一般投资者的表现。我不反对使用其他标准来衡量股市表现，例如，可以用其他股票市场的平均指数、主要的分散型股票共同基金、银行共同信托基金等。

1964年7月8日

我们就这么按照既定的标准走，不管评估结果如何。不用我

第四章 设定标准：无用功与有用功

说，大家也知道，我们有确定的业绩衡量标准，这一策略只能保证我们能做到客观评估，绝对不等于我们就能取得良好的业绩。提到衡量业绩，我们再回顾一下"基本原则"是怎么说的。基本原则中说，鉴于我们投资运作的性质，衡量我们的表现至少要看3年，而且投机性高涨时，我们很可能落后于市场表现。然而有一点，我可以向各位保证，既然我们已经把标准定在了36英寸，标准就始终是36英寸。我们不会因为达不到标准而修改标准。依我来看，在规模高达上千亿美元的投资管理行业中，如果人人都确立合理的标准来衡量能力，并有意识地付诸实践，这个行业会更健康地发展。在日常商业活动中，无论是评估市场、人员、机器，还是评估方法，大多数人都普遍遵循既定标准，何况投资管理是世界上规模最大的商业领域。

1966年1月20日

在衡量自己的业绩时我有一套自己的标准（也希望我的合伙人使用同样的标准），我的这套标准肯定不适用于所有基金经理。但是我完全相信，无论是谁，只要做资产管理工作，就应该有一套衡量标准，资产管理人和投资者都要清楚为什么这套标准合适、要选取多长时间作为评估周期等问题。

弗兰克·布洛克（Frank Block，澳大利亚政客）在1965年《财务分析师期刊》（*Financial Analysts Journal*）11—12月刊中说

得很好。在讲到衡量投资业绩时，他说："……然而事实就是，关于投资业绩衡量的内容是一片巨大的空白。如果投资管理机构都把目标定为追求最佳业绩，那么所有关于投资业绩的分析，再怎么仔细，也都是千篇一律。虽说客户没要求我们严肃认真地分析业绩，但出于职业投资者的尊严，我们每位职业资产管理人也应该客观地评估自己的表现。对业绩没有明确的理解，又怎么能客观评估？对业绩有了明确的掌握，才有可能着手进行分析，才看得出强弱优劣。公司的管理层缺乏合适的工具和方法，掌握不了复杂的企业组织的动态变化过程，我们会批评这样的管理层。都不能用一个相同的标准衡量自己的资产收益，却要替别人管理资产，这样的过失不可原谅。……因此，我们很遗憾，在大多数投资管理机构处理的众多数据中，缺失了衡量业绩的体系。令人感到悲哀的是，似乎有些人宁愿糊涂，也不想知道自己的表现到底好不好。"

1966年1月20日

坦白地说，我坚持我们一定要有个标准，而且我们都使用同样的标准，也是有一些私心在里面的。我天生就喜欢把指数甩在后面。凯西·施滕戈尔（Casey Stengel，美国职业棒球大联盟著名球员和教练）说得好："甘愿认输的都是失败者。"（Show me a good loser, and I'll show you a loser.）更重要的是，我坚信有了标

第四章 设定标准：无用功与有用功

准，合伙人批评我的话，一定也是因为我真的表现不好（收益不如道琼斯指数），而不会因为某年出现亏损而错怪我。知道了合伙人能合理地给我打分，我就能更专注地工作。最后，事先就把衡量标准定好，将来如果业绩不行了（或者更糟），我们可以散伙。这也就意味着，无论过去收益率多高，都不会影响对当下业绩的判断。表现拙劣就是拙劣，找什么借口都没用。（我最近桥牌打得不好，是因为光线太暗了。）尽管表面看来，这样衡量业绩的办法是自讨苦吃，没有什么好处；但是通过观察许多企业，我可以肯定地告诉大家，若能制定正确的评估方法，许多投资机构和企业会取得了不起的成绩。

所以如果你要评估别人（或你自己！）在投资活动中的表现，最好确定具体的标准并加以运用，按照标准评估和解读。要是你觉得我们的标准（检验3年以上与道琼斯指数的相对业绩）不合适，就不要投资到我们的合伙公司里。如果你认为我们的标准很合适，当出现亏损的年份时，只要我们的整体业绩领先道琼斯指数，你就应当保持平静。不但头脑要平静，内心也要平静。

1962年1月24日

长期来看，算上股息和市值增长，我认为道琼斯指数的年复合收益率可能在5%~7%。虽然这几年道琼斯指数涨得很多，但如果你期望市场指数的年复合收益率高于5%~7%，道琼斯指数很可能让你失望。

我们的工作是年复一年地超越道琼斯指数,积小胜为大胜,不用特别在意某一年的绝对收益率是正还是负。与我们和道琼斯指数都获得20%的收益率的年份相比,我认为,在道琼斯指数下跌25%而我们亏损15%的年份,我们的表现更出色。我和合伙人强调这一点的时候,我能看得出来,他们有的深信不疑,有的将信将疑。大家一定要完全理解我为什么这么想,不仅要在头脑里认同,而且要在心底认同,这对我来说是极其重要的。

在讲投资方法时,我已经说过了,与道琼斯指数相比,我们表现最好的年份可能出现在下跌或平盘的市场中。因此,我们取得的相对收益可能时高时低,相差很大。有些年份,我们肯定会落后于道琼斯指数,但是如果长期来看,我们能平均每年战胜道琼斯指数10个百分点,我觉得我们的业绩就很令人满意了。

具体来说,假如某一年市场下跌35%或40%(我觉得今后10年里某一年出现这种情况的概率是很大的,但谁都不知道是哪年),我们应该只下跌15%或20%。假如某一年道琼斯指数平盘,我们应该赢利10%。假如道琼斯指数上涨超过20%,我们就会努力跟上,也上涨这么多。长期来看,只要我们能有上述表现,就意味着如果道琼斯指数的复合年收益率在5%~7%,我们的平均收益率应该是每年15%~17%。

你可能觉得我的上述预测不对,但这都没有问题。等到1965

第四章 设定标准：无用功与有用功

年或1970年时回过头来看，事实可能就如同我预测的这样。也有可能我的预测就是不对，甚至是完全错的。然而，我觉得合伙人有权知道我的真实想法，虽然投资这行的常态就是这样，预期总是有很可能出错。看单独的某一年，价格波动幅度可能相当大。刚刚过去的1961年就是如此，但幸运的是向上波动。不可能每年都这样！

1964年7月8日

当池塘（证券市场）水位升高时，这只鸭子也会随之上浮；当水位下降时，鸭子也会跟着下降。不管有没有动物保护协会，我认为，鸭子的功劳大小，都要看它自己的表现，不能对池塘水位的升降呱呱乱叫。"水位"对巴菲特合伙公司的业绩有很大影响，不过我们自己也一直在"水中"扑腾翅膀。

1965年1月18日

……我再强调一遍，上面的预期只是猜测，其中个人利益得失或自我等因素对上述预期有很大影响。熟悉金融历史的人都知道，这种预测经常大错特错。我还不如不在信中写这些，但是从情理上说，这又是合伙人很关心的一个问题。我们巴菲特合伙公司的各位合伙人都很关注我们能否取得较好的长期收益率，我应该把我们的目标白纸黑字地写下来，哪怕有一天这会证明我愚不可及。我的要求是很严格的，我认为所有投资管理人，无论是代理人、投资顾问，还是信托部门、基金公司等，都应该开诚布公，坦诚地说明自己努力实现的目标是什么、衡量自己业绩的标准又是什么。

智 慧 锦 囊

不管股票市场中其他人怎么来回改变自己的衡量标准——也不管他们的评估周期过于漫长还是评估得过于频繁——巴菲特教给我们的是，我们自己的标准永远都不要改变。投资者应该有固定不变的心态，应该是市场围绕着投资者来回变动，我们不应该被市场牵着鼻子走。

如果不算投机行为引发的牛市，巴菲特认为，他获得的收益能够比市场高很多。他让我们建立起一系列清晰而持久的衡量标准，以便公平准确地监督评价投资表现。他事先就讲清楚了我们究竟要做什么，并且鼓励我们按时参考事先设定的标准来检验他的投资表现。

当前，随着大批术语的出现，比如 α 系数、β 系数、夏普比率、特雷诺比率等，权益投资领域的绩效评价标准很大程度上已经被破坏，变得一塌糊涂。实际上根本没必要那么复杂。投资者如果决定要自己进行投资决策，只需要事先考虑清楚，坚持一个

第四章 设定标准：无用功与有用功

衡量标准就够了。不管是靠自身力量进行自主投资还是把钱交给专业人士，追踪观察 3 年或者 5 年后的投资结果，如果这期间没有经历投机行为引发的牛市行情，长期绩效表现仍旧弱于市场的话，绝对要好好考虑是不是该做出一点改变了。毕竟长期绩效弱于市场的代价是高昂的。

因此，选择一个潜在的新投资经理很重要，这需要投资者理解激励机制的作用，并以此控制好投资经理的表现。通过了解我们下面要谈到的巴菲特构建合伙公司的方式，你就会知道引发投资者和投资经理之间潜在冲突的雷区，而我们要做的就是尽最大能力降低这类情况出现的可能性。

第五章

合伙公司：
精妙的体系构造

我将把自己所有的有价证券投资都放在新的合伙人账户里,所以我肯定要和大家共进退。如果收益率超过 6%,我可以获得分成。[1]

——1961年7月22日

激励机制左右着行为表现。无论我们讨论的是投资经理还是公司领导，抑或是政治家，大家的行为表现往往都依赖于他们能得到的奖励。

通过比较投资经理的预期表现和你自己能获得的最大利益，你就明白他们是怎样以及为什么会得到报酬了。虽说大多数人都明白一分价钱一分货的道理，但是大家往往低估了这种激励机制所带来的巨大影响。正如查理·芒格曾经说过的："差不多自打我成年后，同龄人中只有大概5%的人能理解激励作用的力量，而我一直是其中之一，可是我却一直低估了这种力量。每长一岁，激励机制都会带给我惊喜，这让我越来越欣赏激励机制的超级威力。"

就这一点来看，巴菲特最喜欢的一个例子就是联邦快递。他解释说，联邦快递体系的完整性，很大程度上依赖于在一个物流中心，要在规定时间内快速完成卸货和重新装货的流程。很多年前，联邦快递公司在此问题上面临很大难题，因为员工不能够及时地把货运箱卸下，再及时地把货运箱装回飞机。他们试过无数种方法都没有什么效果，直到有人提出了一个聪明的办法，就是用轮班工资代替计时工资。于是，问题迎刃而解了。[2]

联邦快递传统的计时工资制度，奖励的是那些耗费更长时间完成相同工作的人。这种制度反而使他们更加散漫。改成轮班工资后，就促使大家更加快速而无误地完成工作以便赶紧回家，因为大家每一班得到的工资还是一样的。对于员工来说，尽早完成工作任务带来的结果就是每小时得到更高的工资。通过把公司效益和员工激励制度挂钩，联邦快递公司及其员工都得到了自己想要的结果。

投资管理业务也是大同小异。"如果想招来蚂蚁，就要在地板上放点糖。"[3] 如果你希望你的投资经理按你期望的最大收益行事，就必须保证你们的利益之间是挂钩的。巴菲特和他的投资者之间就是如此。

巴菲特合伙公司的基石

巴菲特合伙公司的模型来自格雷厄姆–纽曼基金——美国最早的对冲基金之一。格雷厄姆率先建立了合伙公司的基本体系结构。

第五章 合伙公司：精妙的体系构造

合伙公司中有一位普通合伙人（GP，比如巴菲特），需要负责管理工作并且从利润中取得一定比例的分红；还有多位有限合伙人（LP，比如艾丽斯姑姑），他们进行资本投入但是在基金运作方面并没有话语权。

巴菲特25岁时从格雷厄姆–纽曼公司回到奥马哈，他这样描述合伙公司最初的成立过程：

> 当时我还没有计划创办一个合伙型投资企业，甚至也没想过要找份工作。只要我可以自行操作投资，我就没有什么可以顾虑的。我当然不想再向别人推销证券了。但纯属机缘巧合，当时有7个人，其中包括我的一些亲戚，他们对我说："你以前卖过股票，我们希望你能告诉我们该如何打理自己的资金。"我回答说："我不打算再卖股票了，但我会像本杰明和杰里那样，建立一个合伙型投资基金，如果你们想加入的话就可以加入。"我的岳父、我的大学室友及其母亲、我的姑妈艾丽斯、我的姐姐及姐夫，还有我的律师都签约加入。我也投资了几百美元。这就是我创办投资公司的起点——纯属偶然。[4]

巴菲特最初是和自己十分在乎的人一起创办了这个合伙企业。毫无疑问，这种感情对他日后构建起每只合伙基金的费用体系都有着深远影响。1956—1961年，他又创立了10只彼此独立的合伙基金。随着合伙基金数量的增加,巴菲特根据每只基金项下合伙人风险承受能力的不同,提供了不同的条款。他自己对加入的大部分合伙人都很了解,这些人许多都居住在奥马哈。

在每种方案下,如果合伙基金收益率超过一定门槛,巴菲特就可以从收益中提取一定百分比的佣金,也就是所谓的利息条款。总的来说,他承担的风险越大,他从中提取佣金所占的百分比也就越高。在这 11 只合伙基金中,利息条款规定的佣金提取门槛从 0 到 6% 不等,超过这一门槛,普通合伙人就可以提取佣金了。最早的一只基金中还有损失分担条款,巴菲特同意,不管损失多大,他都会承担一定比例。他一直都很公平,根据合伙人的不同需要和风险承受能力来做出相应调整。那些愿意承担较高风险的人只需缴纳较低的费用,而当巴菲特自己需要承担额外风险时,收取的费用也会更高。

巴菲特合伙有限公司成立

巴菲特当年创立合伙企业时,总资本只有 105 100 美元,只设立了一只合伙基金账户,而到 1960 年,其合伙企业的资产已经增长到 190 万美元,拥有 7 只不同的合伙基金账户,这就有些越来越不容易管理了。他向合伙人说明了不同合伙基金参差不齐的绩

第五章 合伙公司：精妙的体系构造

效表现，第一次表达了想要合并这些基金账户的愿景：

合伙基金账户数目在不断增加。与我们的合伙公司平均收益相比，没有任何一只合伙基金账户的表现始终领先或落后。虽然我尽量保证所有合伙基金账户都按照相似比例投资于相同的股票，但每年各个账户还是会有些差异。如果把现在的所有合伙基金账户合并成一个大的账户，那么这个问题自然而然就解决了。这么做也能免去大量琐碎工作，并减少一定的经营费用。坦白地说，我确实希望几年之后能合并成一个账户。问题是，先前各个合伙人因为个人投资偏好不同，选择的合伙协议也不尽相同。除非合伙人一致同意，否则我们不会合并。[5]

1962 年，众多合伙基金合并在一起，成立了巴菲特合伙有限公司，未来就不可能再出现合伙人之间收益绩效不同的情况了。这一举措的时机恰到好处，因为这样一来，他的合伙公司总资产仅仅一年就增加了 3 倍以上，达到了 7 178 500 美元。巴菲特个人的股金账户占其中的 14.3%，如果把合伙公司里他的所有家庭成员的股金账户加到一起，巴菲特家族所占份额超过了 25%。这是一个相当大的比例，使得巴菲特合伙有限公司更像一个家族企业，而不是对冲基金或者合伙企业。从那时起，巴菲特就不仅仅是收取费用的普通合伙人了，他和他的家族在公司中也面临着比其他任何一个有限责任人更大的财务风险。

巴菲特合伙有限公司章程

当所有合伙公司都合并到巴菲特合伙有限公司时，就意味着所有有限合伙人要遵守统一通用的协议条款。对于每一个有限合伙人来说，利息条款生效的门槛都是 6%，超过这一数字，巴菲特就可以从利润中抽取 25%。因为他认为平均每年市场会上行 5%~7%，所以把利息条款的门槛设在这一水平上，使得他只有超过市场平均收益率才可能取得分红，否则一分钱都没有。他还设定了一项更高的水准——如果每年的收益率低于 6%，那么之后的年份里，他会先向股东补齐低于 6% 的缺额，之后再继续抽取分红。

一些合伙人将合伙公司作为收入来源，还希望获得利息条款下的分红；另外一些人则希望将资本最大限度地进行再投资。为了满足两种不同要求，那 6% 的收益将会按照每月 0.5% 支付给想要现金回报的人；那些想要继续进行投资的人可以选择放弃这一给付，而把这笔钱在年末投入合伙公司进行再投资。

现在，让我们看看巴菲特构建起来的合伙公司，这个绝妙的案例教给我们如何将经理激励机制和投资者目标挂钩。在经营合伙公司的这些年，甚至在其整个事业生涯中，巴菲特设计出这样简明易懂的激励机制的能力，成为他获得成功的重要源泉。

投资者失利而经理得利之道

现在的对冲基金和共同基金都会收取管理费用，一般是按照投资者委托管理资金的多少收取固定比例的费用。这一比例是每年 0.25%~2% 或者更多，而且这一费用和收益绩效无关。

由于资产管理行业规模经济化程度很高——管理资产的增加基本不需要消耗多少附加成本，因而管理的基金越多，资产管理经理就越有钱。虽说收益绩效是一个基金增长的绝对关键要素，但有效的营销手段也会引进新的投资者，进而推动基金项下资产以更快的速度增长。大部分资产管理经理——特别是那些就职于共同基金公司的——会赚取佣金，因此他们就有动力使得手中管理的资产总规模实现最大化。

既然佣金是从受托管理的资产中提取固定比例的费用，对于资产管理经理来说就很难拒绝投资者投入更多的资本了，即使有时候规模的扩大显然会抑制收益绩效的表现。当投资者的主要利益（每年的收益率）和管理经理的主要利益（更多的资产和佣金）不一致时，潜在的冲突就会表现出来。巴菲特并不收取管理费用，他只凭收益绩效挣钱。他的这种运作体系更好，因为这样就排除了他和有限合伙人利益之间产生潜在冲突的来源。

81

收益不佳情况下的佣金

除了不收取管理佣金,巴菲特还认为,只有当他获得的收益超过那些"坐享其成"的投资者所能达到的水平后才应该得到报酬。只有超过6%(也就是他所期望的5%~7%市场平均收益率的中间值)的收益率门槛他才会收取佣金。在这种条件下,他的利益就和合伙人的利益紧紧联系在了一起。

现在的对冲基金大多选择收取所谓的"2+20"费用,即2%是管理费,20%是基金经理从全部利润中额外抽取的比例,也就是说并没有设定最小收益率门槛。这些经理即使业绩平平,不能够超越市场平均水平,只要利润大于零就能赚大笔的佣金。自从金融危机过后,对冲基金行业的总体状态一直不容乐观,行业整体的收益表现一直弱于大市指数,而且年年如此(2008—2014年)。就像巴菲特拿池塘里的鸭子做比喻一样,这些基金并没能自己"扑腾翅膀",但是购买这些基金产品的投资者依然要把所谓的"收益"中的20%用于缴纳佣金。巴菲特的"绩效佣金"体系用他自己的办法实现了换位思考,做到了"己所不欲,勿施于人"。

有福可同享,有难不同当

很多情况下,基金经理的个人投资额,无论是在其管理的资金

第五章　合伙公司：精妙的体系构造

中还是在他自己的总资产净额中，都只占很小一部分比例，这就导致了"有福可同享，有难不同当"的结果。当他们业绩良好时就能收取一笔可观的报酬，而表现差劲的时候，投资者跟着赔钱，他们却只要撤回自己的钱就行了。如果一个基金经理管理的基金一年下来亏损30%，但是他们自己投入其中的资金只占个人总资产很小一部分，虽然佣金肯定是没的赚了，但他们个人的损失和投资者比起来要小得多。如果对冲基金遭遇撤回，投资者损失的不仅仅是资本的30%，还会丧失其中高水位线条款的价值，这一条款赋予了他们在下一次缴纳绩效佣金前获得损失补偿的权利。

巴菲特及其家族在巴菲特合伙有限公司中占据最大份额。由于投入了大量的资本，他和其他所有合伙人的利益紧密联系在一起，因而要不断使收益实现最大化。他必须要关注风险，以保障自己的资本安全和回报，促进自己投在合伙公司中的资金实现增长，同时赚取佣金。如果实现了出色的收益，那么他和今天的许多对冲基金经理一样，因为他们都相信自己可以做得很棒；但他的独特之处在于，他的规矩是如果合伙公司表现不佳，那么他自己的收益也会一样糟糕。

流动性条款

巴菲特设置这一条款的目的，是为了确保每年只有一次加仓

83

和赎回的机会，这就迫使投资者站在长期的角度来看待他们的收益绩效。但是，合伙人可以从其投入的资本中最多借出20%，或者取出前期资金到年底赚取的利润。对于条款给定的这一特权，巴菲特分别从中收取或者支付6%的利息，这使得有限合伙人可以在紧急需要时拿到投进去的钱，同时对那些希望追加现有投资的合伙人给予合理的补偿。

下面是巴菲特对这种"不像巴菲特的作风"的6%借贷利率进行的解释：

既然我们能从商业银行获得利率更低的贷款，为什么还要为预先存入资金支付6%的利率？举例来说，上半年我们从银行获得了一笔6个月期限的大额贷款，利率才4%。原因有两点：首先，我们相信我们的长期收益率会高于6%（短期内能否超过6%有很大偶然性，长期来看，达不到这个目标，普通合伙人一分钱分红都没有）；其次，提前存入的资金，在可以预见的短期内可以变成我们的权益资本，我将这些资金用于投资，和使用短期银行贷款相比，可以有不一样的心态。提前存入资金对我们还有个好处，我们不必在一月份一次性集中收入大量资金，而是可以在一年中分批收到追加投资。从另一方面来看，6%的利率对合伙人来说，比任何短期低风险投资收益率都高，我们这是双赢。

第五章 合伙公司：精妙的体系构造

通过描述和评价合伙基金的基本体系结构，巴菲特为投资者提供了一些重要经验，告诉我们如何利用激励机制把投资经理和投资者的目标统一起来。我们可以注意一下管理费用和绩效佣金，看他们在管理的基金项目中投入多少；还要知道流动性条款的规定，从而做出自我评估，选出那些和我们目标最相符的投资经理。

而且，不管什么时候，我们要想知道其他人做一件事的结果是什么，通过激励机制来观察这个世界都会对我们大有帮助。激励机制就是世界运作的动力。它能帮助我们回顾过去，明白为什么有时候别人能做好的事情自己却不行，这显然是一个危险信号。

如果你正在考虑找一位主动型的投资经理进行投资，可以肯定的是，大部分销售人员都不会提醒你这些东西——你必须得靠自己领悟。我们就此明白了查理·芒格所谓的"激励机制的超级威力"的作用，理解了"靠自己领悟"没那么容易。正如巴菲特所言，大部分情况下激励机制运作得很糟糕。然而，你所能做的就是竭尽全力。如果你准备从外面找一位投资经理，不如比较一下巴菲特合伙公司的运作体系和他的基金结构，以避免出现激励机制带来的偏差，这才算得上是一个良好的开局。

摘自"致股东的信":1960年关于巴菲特合伙有限公司基金体系的全文

1961年7月22日

各位合伙人:

之前有的合伙人对我说,一年才写一封信,"总要盼很长时间",要是半年写一封信的话,倒是一个好主意。一年写两封信应该也不至于没话说,至少今年是有话说的。所以,我又写了一封信,以后就每年写两封。

1961年上半年,包括股息在内,道琼斯工业平均指数的整体收益率是13%。虽然在这样的行情中,我们应该是最难超过指数的,但在过去的6个月里,我管理的全部账户的业绩都略高于市场平均指数。1961年新成立了几只合伙基金账户,它们成立的时间有先有后,从成立之初算起,有和道琼斯指数持平的,也有跑赢道琼斯指数的,这取决于这些账户运营时间的长短。

但是在这里我要强调两点。第一,一年的时间太短,绝对不足以对投资表现进行任何形式的评价,6个月时间更短,更不能用于评价投资表现了。我之所以不愿意每半年写一封信,一个原因就是担心合伙人可能会太看重短期业绩,短期业绩说明不了什么,反而会让大家误入歧途。我自己更愿意把5年的表现作为评判标准,最好是在5年里经过牛市和熊市,从而对相对收益进行考察。

第五章　合伙公司：精妙的体系构造

第二，我希望大家都理解，如果股市继续保持1961年上半年这样的上涨节奏，我怀疑我们不但不能继续超越道琼斯指数，甚至很可能会落后于道琼斯指数。

我始终相信，与一般的投资组合相比，我们的持仓更保守，而且大盘越涨，我们越保守。无论什么时候，我都尽量在投资组合中专门安排一部分资金，投资于至少在一定程度上独立于大盘的证券。大盘越涨，这部分投资所占比重就应该越高。然而，独立于市场有利有弊，市场这口大锅越是热气腾腾，业余的厨子做的饭菜越是可口（这时候业余的厨子尤其厉害），不管这些业余性投资表现得如何出色，我们大部分投资组合都不在这口锅里。

我们已经开始进行一笔可能规模很大的投资，现在正在公开市场收集筹码，我当然希望这只股票至少在一年里不要上涨。这样的投资可能影响短期业绩，但是把时间拉长到几年，不但非常有可能实现超额收益，而且还可以获得极高的防守型特征。

我们有望在年底将所有合伙人的资金合并到一个账户。在过去一年里，我已经和新加入的所有合伙人谈过这一想法，也与先前成立的合伙基金账户中的合伙人代表反复研究了几遍合并方案。

下面是部分条款：

1. 根据年末市场价值合并所有合伙人账户，明确条款，规定各个合伙人将来如何承担因年底未实现收益需缴纳的税款。账户合并本身无须缴税，我们也不会因此加快兑现利润。

2.有限合伙人与普通合伙人分享利润。根据年初资金市值，先拿出利润中的6%分给全部合伙人，其余利润中，普通合伙人获得1/4，所有有限合伙人获得3/4，然后按照每位合伙人各自出资比例进行分配。若利润未达到6%，需用将来的利润弥补，而不以既往的利润回填。目前，新加入的合伙人有三种利润分成方案可供选择：

利润分成方案	规定利润	普通合伙人超额分成	有限合伙人超额分成
1	6%	1/3	2/3
2	4%	1/4	3/4
3	无	1/6	5/6

3. 如果实现利润，与前两个分成方案相比，有限合伙人显然可以从新分成方案中分得更多利润。第三个分成方案，对有限合伙人来说，收益率在18%以下，新方案更合适；若收益率高于18%，现有协议更合适。80%的合伙人资产选择了前两个方案。我希望如果我们的年度收益率高于18%，目前选择第三个方案的合伙人不要觉得因为新协议而吃亏了。

4. 如果发生亏损，不会将我作为普通合伙人先前分得的利润回填，但需要用将来的超额利润弥补。我妻子和我是合并后合伙基金账户中投资最多的，大概占合伙人总资产的1/6，所以如果亏损，我们会比其他家族合伙人亏得更多。我会在合伙人协议中增加一个条款，禁止我或我的家人购买任何有价证券。换言之，我将把自己所有的有价证券投资都放在新的合伙人账户里，所以我肯定要和大家共进退。如果收益率超过6%，我可以获得分成。

5. 以年初市值计算资金，按照每年6%的利率每月提供利息。不愿提取资金的合伙人目前可以选择将其自动记为预先存入资金，获得6%的利息，在年末将其用于购买合伙公司份额。很多合伙人希望定期提现，但有的合伙人想把所有收益都用于再投资，这是账户整合过程中的一大难题，现在就解决了。

6. 有限合伙人有权向合伙公司借款，最大借款金额不超过所占合伙公司份额的20%，利率为6%，需要在年末或提前偿还。此项条款可增加有限合伙人投资的流动性，如果需要资金，不必等到年末。此项条款是为了保证合伙公司账户中的资金相对稳定，不是想把合伙公司账户变成银行。我希望合伙人最好不用这个条款，只是如果出现需要救急、等不到年末兑现的情况，这项条款可以提供方便。

7. 今后，就合伙人收益出现任何小额税款调整，将由我直接支付。这样不必麻烦80多个人都要针对之前的收益做出小额调整。目前，即使很小的一个变动，例如，规定合伙公司收到的股息资本回报率从68%改为63%，也需要做大量文书工作。为了避免这种情况，如果调整涉及税款金额低于1 000美元时，将由我直接支付。

我们已经向华盛顿当局提交了上述合伙协议，正在等待账户合并的免税裁定,以及在新税法下我们的合伙公司将会按照合伙企业标准纳税的裁定。虽然整合账户的一系列工作十分繁杂,但是将来我们管理起来就轻松多了。大家不妨保存好这封信,以便在今年晚些时候收到协议后做参考。

新合伙人目前的最低投资金额是25 000美元,当然了,先前加入的合伙人不受此项限制。按照我们的经营方式,合伙人可以在年末追加或提取任意额度的资金(100美元的整数倍)。合并后,估计合伙公司总资产是400万美元左右,有了这个规模,我们就能考虑进行上文中提到的那笔投资,这是我们几年之前肯定做不到的。

之前每年的信都是做总结,这封信主要讲我们正在做的工作。如果大家有任何问题,特别是对我谈到的新合伙协议有任何不清楚的地方,请随时问我。如果有太多问题的话,我会就问题和解答给所有合伙人再写一封信。

智 慧 锦 囊

一旦你开始通过激励机制来观察这个世界,很多原本很具挑战性的事情就变得更容易做出决定。如果我们知道一个人的动机是什么,就很可能知道他们会做出怎样的行为。合伙公司的构建过程带给我们的经验,远远不只是学会下一次如何避免选错投资

第五章 合伙公司：精妙的体系构造

经理那么简单，虽说在这一点决定上也给了我们很大帮助。

实际上，激励机制的作用主要体现在对公司，尤其是体现在对企业经理进行评估的过程中。作为公司业主（股东），我们希望了解那些掌管我们资金的人工作的动力是什么。这里我们说的工作就是指证券分析和股票筛选。接下来，我们将主要关注巴菲特为合伙公司选择投资的三种主要类型。他把这三种类型分为低估值型（Generals）投资、合并套利型（Workouts）投资和控股型（Controls）投资。

第六章
低估值型投资

我们都喜欢优秀的管理层，我们偏爱体面的行业，我们希望有一定的"发酵剂"刺激不作为的管理层或股东，但是我们需要的是其中的价值。[1]

——1964年1月18日

你要如何定义你的投资风格呢？你是否已经被价值投资深深吸引？你是否更喜欢寻找低价股中最便宜的那些，而不管公司潜在的价值和当前的基本面情况，只因为你觉得以如此吸引人的低价位买入让你有安全感，而且按照回归均值来看低价对你更有利？潜在价值投资是格雷厄姆投资的重要方法之一，而且直到今天依然指导着很多优秀的投资者进行操作。

或许，你更青睐于寻找那些壁垒高的重要特许经营行业的公司，它们具有高利润率，能够长期以高于市场平均的收益率逐年复利增长，这类公司所在行业往往竞争不太激烈。还有一大批投资者追求现代价值标准，他们会花大把时间在这一领域内寻找价位合理的好公司。

你最喜欢的也可能是从市场中海选出来的一些微型股公司，它们一般不允许机构投资者进入；也可能恰恰相反，你更倾向于在大家都关注的大中型市值公司中寻找其中的价值，这类公司的交易往往一目了然。你可能喜欢自己来寻找尚未发现的机会，或者你更倾向于等待那些消息灵通且受尊敬的投资者先出手操作，然后你再跟进。你甚至可能热衷于大量买进一家公司的流通股，从而凭你自己影响公司的管理团队。对于微型服的公司来说，一些个人投资者确实很容易拥有这种附加的买卖特权。

在合伙企业时期巴菲特运营着那笔相对较少的资本时，究竟上述的哪一种是巴菲特的风格呢？实际上每一种都是他的投资风格。你也可以像他那样投资，绝对没有必要把自己归为某一具体的风格。但是，你需要明白哪些适合你、哪些不适合你。也许你有能力或者更倾向于运用上述方法中的某些进行投资，而并不擅长其他方法。没有绝对正确的答案。没有哪一种方法必然比另一种方法好，但是有可能一些方法会更适合你。一旦你了解了自己的风格，只需要等待时机出现就够了。

通过追随巴菲特的足迹和其投资风格不断变化的过程，理解他的投资风格为什么会从格雷厄姆式的潜在价值投资转变为关注于公司品质的投资，我们可以借鉴和使用其中的方法，以帮助我们在自己的投资过程中寻找到最佳方案。我们从普通类型投资开始，或者说从一般意义上的低估值证券开始，是因为这类投资从过去到现在一直是最基本的普通股权投资，一直代表着价值投资的内涵。

第六章　低估值型投资

对于巴菲特来说，低估值型投资是一系列高度机密和集中的投资组合，由价值被低估的普通股构成，这一类型的投资在巴菲特合伙公司的整体收益中占主要地位。如果把股票筛选看成一种艺术，那么巴菲特就是完成这件艺术作品过程中最重要的工匠，低估值型投资就是他进行交易的基本类型。没人能确切地叫出任何一种低估值型投资基金的名字，只有一个例外，那就是联邦信托公司（Commonwealth Trust Company），但是巴菲特也只是在整个投资项目结束后，并且合伙公司不再持有其中的股票后才披露出来的。巴菲特之所以进行披露，是为了向大家解释在低估值投资分类中他买的是什么类型的股票。而个人投资交易则都是秘密进行的。

巴菲特运用穆迪手册[①]（Moody's Manuals）以及其他主流来源的统计数据，在市场中寻找交易价格在最低点的股票。通常这些都是名不见经传的小规模公司的股票，其交易价格往往低于公司的清算价值。尤其是早些年间，巴菲特合伙公司规模还很小，投资在很大程度上不受约束，可以像今天大多数投资者一样，使用那种"无所不至，无所不能"的投资法。随着合伙公司规模的增长，他们越来越不能投资于小型公司的股票了；当合伙公司的规

---

①　穆迪手册主要提供金融机构、政府机构、制造业、采矿业、公司股票债券等相关信息和统计数据，是由穆迪投资服务公司每年定期发行的指导性分析报告。——编者注

模增长到过于庞大时，即便他们可以在这些小公司的流通股中占据很大份额，但是这点投资额在合伙公司中的比例实在是太小了，对合伙公司的整体结果基本没有什么影响。

把投资规模先放在一边，所有投资者都可以按照巴菲特的引导，找到一个确实符合我们要求的投资方法后开始买进。巴菲特一般把总资产的5%~10%用于持有5~6只低估值型的股票，以更小的仓位持有其他10~15只低估值型的股票。[2] 他成功的一个重要因素就是专注于追求最优方案。我们看到，1965年他进一步发展了这一理念，重新修订了投资基本原则，从而允许在一个投资组合中低估值型股票的比例最高可达40%。

回想一下本书第一部分谈到的一些经验，投资者的主要关注点应该放在对公司的分析和正确的估值上，而不是关注什么时候会出现预期结果。许多低估值型的股票在证券组合中存续了数年。随着合伙基金规模增加，更多后续追加资金被吸收进来，巴菲特也随之增加投资组合中低价股的比例。巴菲特相信自己的方法很有效，因此并不会受到市场日复一日的波动影响；他相信早晚有一天市场会对他进行分析估值所付出的努力给予回报。

对于一个价值投资组合来说，投资者应该预想到其中一些股票会"正常运行"——股价比市场整体上涨得更快，而另一些股票则会维持平盘，甚至出现下跌。曾任格雷厄姆助教的欧文·卡恩（Irving Kahn），与巴菲特是同时期的人，他对此进行了绝妙的类比。他说，一项投资的证券组合就好比一座果园，你不能期望每年从每一种果树上都能收获果实。每种果树因为自身情况的不同，往往成熟的时间也无从知道。[3] 虽然从总体上看，一个证券组合中的低估值型股票如果选择恰当，长期来看其表现将会好于市场。就合伙公司而言，巴菲特希望自己可以获得超出市场收益约10%的回报率。

此类投资有时候很快就能获利，很多时候要用几年时间。在买入时，基本不会确切地知道这些低估值型股票什么时候能上涨，但是正因为其暗淡无光，正因为短期内看不到任何利好因素能带来上涨，才能有这么便宜的价格。我们付出的价格低，得到的价值却高得多。在低估值型中，我们买入的每只股票价值都远远高于价格，也就形成了相当大的安全边际。每只股票都有安全边际，分散买入多只，就形成了一个既有足够安全保障，又有上涨潜力的投资组合。这些年来，在时机掌控方面，我们在买入的时候总是比卖出的时候做得好很多。对于低估值型股票，我们本来就没打算赚到最后一分钱，能在买入价与私有资本评估的合理价值中间的价位卖出，我们就很满意了。[4]

如果按照私有资本估值法——一项消息灵通的私有资本愿意为整个公司支付的价格——来估计股票的内在价值，那么我们买入的很多低估值型股票价位相当低。这些公司大多数规模很小，如果股价在足够长的时间内保持不变的话，巴菲特就会获得足够多的筹码，可以在公司运作方式上拥有话语权。实际上，他自己还挺愿意成为那个"消息灵通的私有资本"。有些公司最初只是作为低估值型股票被收入投资组合里，结果通过这种方式，它们变成了合伙公司可以控制的投资，因此也就变成了一个完全不同的投资类型，我们在后面会继续探究。

有些情况下，另外一些私有资本（第三方，不是巴菲特）会因为合伙公司在某只低估值型股票中持有份额而购买合伙基金，只为自己取得其中的控制权。这就使得私有资本估值法存在的风险进一步降低了，因为这些股票要么自己上涨，要么巴菲特（或者其他某个第三方）就会获得足够多的股票，从而产生影响力，有时候还会完全控制这些公司。这往往使得这些公司采取必要举措，从而实现公司的内在价值。只要巴菲特的分析准确无误，价值又确实在那里摆着，那么在这种类型的投资中一直亏损几乎不太可能。

后来，巴菲特把这种方法拓展，运用到选择低估值型股票上。他觉得有些公司的规模对于单个私有资本来说太大，但是和同行公司的交易价格相比其价值又确实被低估了，他就开始买进这类公司的股票。为了便于区分，他对低估值范畴内的股票又进行了分类。一类是我们从前面到现在一直讨论的，现在称为"低估值型—基于私有资本视角",而另一类则叫作"低估值型—相对低估"。

从某些方面来说,这种新的投资方法隐藏着更大的风险,因为对巴菲特合伙公司和其他任何私有资本来说,它们不太可能在这些公司中获得控制权。巴菲特通过对冲操作消除了一部分风险,也就意味着每当他买进该公司的股票时,就要对手中持有的股价更高的同类公司股票进行卖空操作[①]。比如,在以10个点买进一只股票的同时按20个点卖出他持有的类似公司股票,这样就可以降低风险。因为如果先前买进(以10个点)的股票下跌到了8个点,那么他就会希望自己卖空(以20个点)的股票继续下跌。

低估值型股票内部的两种分类对市场周期的敏感度都要高于套利型股票和控股型股票。用巴菲特的话来说就是:

> 一件东西就算便宜,也一样会下跌。当市场暴跌时,低估值型股票的跌幅可能不亚于道琼斯指数的跌幅。我相信,长期来看,低估值型股票会跑赢道琼斯指数,在像1961年这样大涨的行情中,我们的投资组合里的低估值型股票表现最佳。在市场下跌时,这类投资也最脆弱。[5]

---

① 因价格下跌而获取收益的头寸。

由于市场随着时间会逐渐走高，所以从长期来看低估值型股票就没想象中那么糟糕了，但是这类股票会对收益绩效产生很大影响，年年都是如此。如果我们的合伙基金全部用于投资低估值型股票，那么每年的收益反而不会像现在这么稳定。

投资于低估值型股票的关键点就在于，要做好对公司的估值，而且还要长期坚持。评估企业内在价值的方法有很多，大部分都是从以下几个评估方向中衍生出来的：一是公司的资产价值，二是公司的赢利能力所带来的价值。每一种估值方法，不管是以公司资产还是以赢利能力为基础，都在不同时期有各自的用武之地，当然这些方法之间也是相互联系的。任何资产的价值都和其能够产生的利润息息相关。但是，在不同情况下，可能某一种估值方法会更加实用。

比较任何一家公司当前的利润水平和资产价值，你可能更容易做出合适的选择。通常情况下，基于公司赢利能力和基于公司资产来估值的方法可以同时使用，这样可以达到交叉检查、相互补充的目的。巴菲特在"致股东的信"中给出了几个同时使用两种方法进行估值的例子。

在某些情况下，巴菲特会购买那些赢利能力不是很强，但却拥有极具价值的资产的公司。如果说某一家公司的赢利表现和其拥有的资产价值比起来显得特别差，那么使用清算价值法估值，也就是评估对公司资产进行拍卖或者再出售所能带来的可实现价值，可能就是最好的方法。使用这种方法的人中，最有名的就是格雷厄姆。每当他发现股价超级低的公司时都特别兴奋，这些公司拥有的流动现金资产（这里我们指的是银行中的现金、未出售的存货，或者是应收账款）合计下来，即便扣除了公司的全部债务后，其总价值都要高于公司当前的市场价值。我们看到巴菲特也会使用这种方法，特别是在他早年时候。

在另外一些情况下，对于那些赢利不错又很稳定的公司，巴菲特就会使用基于赢利的估值法。如果预期公司业绩很可能继续如此，那么这就不失为一个好方法。这种方法就是对未来全部预期收益的现值进行的简单估计。

前面提到过，新泽西州联合城的联邦信托公司是"致股东的信"中提到的第一家也是唯一一家低估值型的企业，巴菲特借此解释了一下他的方法。他以赢利估值法为基础对公司价值进行了评估。联邦信托公司的每股股票收益为 10 美元左右，他觉得这一数字会有所变动而且很可能继续增长。他解释说，这一利润流的内在价值算下来是每股 125 美元[①]，他希望随着时间的推移可以实现这一价值。当这只股票的价格达到 50 美元时，巴菲特把 1957 年的各项合伙公司中的 10%~20% 用于买进这只股票，再看这一操

[①] 虽然巴菲特从来没有详细列出过他的数学计算过程，但是 10 美元的每股收益如果按照 2% 的年增长率增长，其价值以 10% 的折现率进行折现，算出来的现值就是 125 美元。

作也就没什么好惊讶的了。1958年,他以每股80美元的价格卖出,从而买进另一只他更喜欢的股票。

认真研究巴菲特的低估值型股票,你就会对投资看得更加透彻。他一直在对自己所能发现的尽可能多的股票进行价值评估,从中寻找那些他觉得自己可以搞清楚的公司,同时对它们的价值进行估算。凭借惊人的记忆力和多年高强度的学习研究,巴菲特建立起一个庞大的记忆库,存储了关于一大批公司的估值和观点。然后,当"市场先生"给出一个和公司估值相比低得足够吸引人的价格时,他就会买进。巴菲特往往花费大量精力去关注最具吸引力的那些股票。到位的估值和良好的心态,一直以来都是他作为投资者取得巨大成功的两个关键支柱。

巴菲特是一位高度自律的买家,特别是在早年时。很多情况下,没等他全部买进自己想要的股票数时,股价就开始上涨了。他利用各种机会挽回这些错失的良机,虽然他的合伙人可能对这些微不足道的小头寸带来的近期收益增长很满意,但是他自己承认,如果那些股票不是上涨得那么快,他就能买进更多,而合伙公司的最终收益也可以更好。这发生在1966年:

1966年的股市如何,我们都清楚,在这样的市场环境里还能赚钱,已经相当抢眼了,但是大家也都知道,我不喜欢杀鸡取卵。1966年的业绩可以说是杀鸡取卵的结果。如果我们1966年的业绩低5个百分点，如果在去年的市场环境中，这只股票还是价格低廉，我们就能一直大量买入。从长远的角度考虑，我们最终获得的收益会更高。[6]

低估值型股票赢利的原因

1984年5月17日，恰逢《证券分析》出版发行50周年，巴菲特在题为"格雷厄姆–多德式的超级投资者"的演讲中解释了为什么价值投资是有效的，他的这次演讲可谓影响深远。他所谓的"超级投资者"实际上是格雷厄姆弟子中的一小部分，其中包括查理·芒格还有他自己，这些人都在低估值型股票领域投资了很长一段时间。对于巴菲特来说，这一群志同道合的同行整体上都获得了不错的超额收益，恰恰印证了价值投资法的有效性，同时也说明有效市场假说存在很大瑕疵。

巴菲特让听众们想象这样一个情景：在一次全国范围内举行的抛硬币比赛中，10位进入决赛的选手全都来自同一个镇子的概率该有多小。如果说成功的投资全凭运气和随机性（正如有效市场理论认为的那样）——就像抛硬币一样，那么全国最优秀的选手怎么可能全都来自同一个地方，即美国的"格雷厄姆–多德"市呢？这里大家用的是同一种方法。格雷厄姆–多德式的超级投资者取得的巨大成就代表了有效市场框架下的一个统计反例，而有效市场框架认为，成功的投资者是在全国范围内随机分布的。

介绍完这群人获得的不寻常的惊人收益后，巴菲特解释了他们方法的一致性，下面这段话大家听起来应该很熟悉：

尽管他们的投资风格大不相同，但心态上始终恪守：买进的标的是企业，而非企业的股票。他们当中有些人偶尔会买下整个企业，但是他们经常只是购买企业的一小部分。不论买进整体还是一部分企业，他们所秉持的态度完全相同。在投资组合中，有些人持有几十种股票，有些人则集中于少数几只股票。但是，每个人都受惠于企业市场价格与其内在价值之间的差值。

价值投资者所使用的方法在一个重要方面非常与众不同。通常情况下，当市场中引入一个新理念或者有规则可循的交易体系，并且证明其行之有效时，市场参与者就会纷纷效仿。而通过这一过程，由新理念带来的超额收益就会被套利行为消除。购买低价股票显然是一种有效的策略，尽管实际上数十年来这种策略已被证明是很有效的。巴菲特以下面的话结束了这场关于投资异常现象的著名演讲：

我只能够告诉各位，自本杰明·格雷厄姆与戴维·多德出版《证券分析》以来，价值投资这个秘密已经流传了50年。在我运用这项投资理论的35年中,我不曾目睹价值投资法蔚然成风。人的天性中似乎存在着偏执的特色,喜欢把简单的事情复杂化。最近30年来,学术界的各项研究正是与价值投资背道而驰的,而且很可能还会继续下去。船只已经实现了环绕地球而行,但天圆地方之说仍会畅行无阻。在市场上,价格与价值之间还会存在极大的差值,而奉行格雷厄姆与多德理论的人会继续从中受益。

随后全场沸腾……演讲全文可以在哥伦比亚大学官网上获取。

潜在价值法

巴菲特肯定读过格雷厄姆–纽曼写于1946年的一封致投资者的信,格雷厄姆在信中谈到,他的投资公司很重视买进这样一类证券,"它们的价格都低于经过缜密分析估算出来的内在价值,特别是那些价格低于其清算价值的证券"。[7]这种潜在价值法发源于这位历史上的创建者。

巴菲特的导师在1929年股票市场大崩盘中几近破产,本杰明·格雷厄姆的母亲早在大崩盘之前就亏掉了所有的钱。无怪乎格雷厄姆关注于有形净资产价值和清算价值了,因为这样能够保证在投资中可以利用现有的巨大价值做支撑,从而避免永久性损失的风险。

由于格雷厄姆关注的基本点就是避免亏损,所以他喜欢"先脚踏实地,再仰望星空"。他很喜欢买进那些可能(如果有必要的话)关停的公司,因为这些公司的所有资产都将被出卖,所有债务贷款都将被清偿,但是,公司剩余的价值仍然高于市场价格,从而可以从中获取利润。这些公司可以说死了(按清偿价值)比活着(作为营利企业)更值钱。这并不是说这些公司实际上都会被破产清算,虽然有些时候确实如此——重点是它们即便是被清算,其股票也有价值。格雷厄姆的体系不仅带来了丰厚而长久的收益,而且几乎保证他不会再次走向破产。

巴菲特在合伙公司中也会买进这类股票,并将其简称为"净流动资产"价值(net-net)。其中,他经常发现这些公司持有大量的银行现金、证券、贸易往来中的应收账款项,或者是可出售的存货。从这些资产的合计清算价值中减去公司的全部债务,如果剩下的价值仍然高于公司的市场价格,那么他就获得了很大的安全边际收益。

和格雷厄姆与巴菲特一样的投资者同样投资于这类企业,为这个时代的投资下了定义。不管他们选择的企业是破产清算还是最终自我恢复,他们都能从中获利,因为他们通常都是以低于企业清算价值的价格买进,相当于免费甚至负值买入了企业的潜在价值。

好好想想吧。举一个简单的例子,一家公司股票的市场价格是45美元,没有负债,存在银行的债券价值65美元。要使市场价格合理的唯一解释,就是这家公司的潜在业务在未来要么会带来大笔损失，要么会带来长期损失，不然的话，什么经营业务会带来–20美元的现值呢？假设这家公司干脆破产清算，以 45 美元买进的投资者会得到价值 65 美元的全部现金和证券，实现 45% 的收益率（20 美元的收益），这其中不包括其他资产价值和清算费用。

当然，如果公司继续无限期地亏损经营下去，最终肯定会侵蚀掉原本可能存在的盈余价值。这种情况下，就要采取必要措施来保障价值了，可以刺激管理层或者股东采取行动。毕竟，股东作为公司的所有者具有最终的话语权。他们选举出公司董事会，再由董事会确定管理层人员以及制定公司战略。

如同巴菲特描述的那样，低估值型股票可能让我们得到多数股权，"在此类投资中，我们很多时候都可以做到'进退自如'，最后要么外部因素刺激股价上涨，要么我们以低廉的价格获得一家公司的控股权。虽说外部因素刺激股价上涨属于绝大多数情况，但廉价取得控股权相当于一张保单，这是其他类型的投资中所没有的"[8]。换句话说，必要情况下，巴菲特会乐意采取一定的行动以实现他手中 net-net 型股票的价值。在 20 世纪 80 年代，这种手段被称为"蓄意袭击"，但是现在则被更温和地称为行动派。如果为了创造价值确有必要的话，巴菲特会乐意接手管理工作。

更令人满意的是，巴菲特发现有些人会代表所有的股东做这类管理工作，他也能一路随行跟着做。跟随其他人进行投资，但是不直接参与行动派的活动，就是所谓的"衣尾效应"。任何人都可以这么做。在一个行动派投资者买入13D（美国证券交易委员会的一种正式文件，表明投资者试图影响公司决策的意图）后立刻跟进该证券，就是一种长期有意超过市场表现的策略。[9]

今天，那些被格雷厄姆发掘出的超低价的低估值型股票数量越来越少，而且交易量等信息也没有那么明朗了。和那些主流证券的各种信息每天都会在报纸上列明不同，这些证券往往不在主要证券交易所挂牌交易，其价格也只是阶段性地进行公布。华尔街研究所通常不关注这些公司，巴菲特和他的同行们不得不自己去搜索——他们热爱这种搜索的过程。

对那些富于进取的小型投资者来说这简直是一片沃土。首先，自己要熟悉一下市场中所有的net-net型股票。巴菲特当时是靠一页页翻阅穆迪手册来完成这项工作的，现在网上有很多免费的股票筛选器可以帮你开始这项工作。其次，随着一步步进行，删掉那些不合格的证券，比如那些有隐藏负债或者诉讼官司的公司，这些公司虽然是按net-net型股票筛选出来的，但实际上并不合格。

这里需要注意：基本上不会有人把这类投资机会带给你，你必须得自己去寻找。对市场上这一块的股票推销员要特别小心谨慎，如果你发现有人跟你推荐这类股票，一定要捂紧钱包赶紧跑。

当下net-net型公司中的一个例子就是南太地产有限公司（Nam Tai Property Inc.）[10]，这是一家在美国上市（代码NTP）的低市值封闭型控股公司，其主营项目已经从电子零件制造转型为在中国境内的房地产开发业务。当前，这家公司的总市值大概有 2.19 亿美元，按发行在外的 3 962 万流通股算是每股 5.52 美元。该公司在银行中的净资产是 2.5 亿美元，合每股 6.15 美元，也就是说，现在的投资者可以以 90 美分的价格得到南太地产在银行中价值 1 美元的一个份额，当然还包括公司的其他全部资产，其中大部分是中国境内的房地产——我相信这具有巨大的实质价值，而且相当于是免费的。

南太地产的超低价格看起来很诡异，但看一下这几个重要事实你可能就可以窥见一斑了：第一，它是一家非常小的公司，其总市值只有不到 2.5 亿美元，对于大多数专业投资者来说规模太小而不会对其进行操作；第二，它正处于从制造业到房地产开发的业务模式转型阶段，很难确切地说未来公司能够产生的利润可以达到什么水平；第三，目前还没有华尔街分析师发布过任何关于该公司的研究报告；第四，其主营业务都在中国境内，而当前中国并没有那么吃香。[①]

新思路

格雷厄姆式的"超级投资者"最初都是学着在低估值型股票

---

① 该书英文版出版于 2016 年。——编者注

来回转换的。通常情况下，他们的收获都很喜人，而亏损的概率很小。再次重申，这些股票中大部分都不是什么好公司，但它们的股价往往低得让人垂涎，所以如果投资者持有包含这些股票的投资组合，股价又如此之低，获得良好的收益几乎就是板上钉钉的事。回顾合伙公司走过的 12 年历程，巴菲特说："这些年来，这个类别投资的平均收益率最高，赢利投资所占百分比也最高。我正是从低估值型中领悟了投资的道理。在合伙公司早期，在我们的所有投资机会中，低估值型占了很大一部分。在巴菲特合伙公司这 12 年的历程中，把低估值型的每一笔投资都算在一起，我们实现的总利润大概是总亏损的 50 多倍。"

巴菲特将这一类 net-net 型的股票和其他超低价股票统称为"湿透了的烟蒂"。直到今天他依然认为，从商业立场看，这些带来边际利润的公司大部分都令人作呕，但是他曾一度投资于这些公司并取得了不错的收益，因为这些公司的股票基本没有亏损套牢的风险，还可以提供"利润"。现在，像南太地产——即使整个公司的净资产为 2.2 亿美元——这类利润平平的公司已经不能引起巴菲特的兴趣了，他寻找的是那些数十亿美元的投资。南太地产的规模对于他来说实在微不足道，即使他可以按现价买下整个公司。

在经营合伙公司的这些年里，随着资产的增加和思想的进步，巴菲特继续向更广阔的平台发展，定义"价值"的真正内涵。通过下行保护条款，他也越来越愿意扩大自己可以接受的风险范围。

他开始更加关注公司的经营质量,从而确定公司利润的价值和持久性,逐渐从net-net型股票的策略(利用统计数据评估公司有形资产价值的方法)上转移开。

巴菲特在1967年秋天的信中向合伙人详述了这一历史性的转变过程。他这样写道:

对于证券或公司的估值总免不了要涉及定性分析和定量分析。从一个极端的角度来讲,定性分析者会说:"买下正确的公司(有乐观的前景、固有的行业状况和良好的管理制度等),用不着考虑它目前的价格!"而定量分析者则会说:"以正确的价格买入,用不着考虑公司的情况!"为了安全起见,最经常出现的结果往往令人愉快,那就是两方面都会有所投资。当然,任何分析师都会在不同程度上将二者结合起来——他在分类考虑时会权衡各种因素,而不是接受一些因素拒绝另一些因素。

有趣的是,虽然我自认为毕业于强调定量分析方法的学校,但我所做的真正令我感到满意的投资往往又是着重强调了定性因素的点子,在这些点子上,我有着很高概率的洞察力。这也是我大量利润的来源。虽然如此,这种洞察力往往来之不易,我并不能经常获得。正如洞察力往往都是偶然才能产生一样,显然洞察力本身就不是一种定量的东西。所以如果真正要赚大钱,那么投资者除了要能做出正确的定性分析,就我的观点来说,可能更确定的利润仍来自明确的定量决策。

你得知道，这段话发生在 1967 年，当时大部分 net-net 型股票还有那些超低价股票都没有了，而且巴菲特感觉在谈到他的定量分析投资法时，他是唯一坚守阵地的那个人了，然而这仅仅是一时的现象罢了。量化投资可用的机会常常存在，特别是在市场周期处于低谷时，虽然超低价 net-net 型股票中的极端案例随着市场周期的流转会越来越少见，价值投资者中更偏好量化投资的人对便宜的定位标准也越来越低，但他们找到的价钱不错的股票仍然做得很好。

巴菲特在 1967 年的信中继续写道：

这些年来，通过统计数据就能找到的便宜货几乎绝迹了。或许是因为过去20年里，没再出现20世纪30年代时的经济危机，没有人厌恶股票，就没有遍地都是的便宜货，人们把股票筛选了一遍又一遍。或许是因为杠杆收购被日益接受并随之广泛应用（日益接受和广泛应用，哪个在先、哪个在后，让行为学家研究吧），能吸引杠杆收购的本来就是便宜的品种。或许是因为证券分析从业人员暴增，现在研究股票的分析师比前几年多多了。

无论原因如何，摆在我们面前的现实是用定量方法能找到的便宜货已经基本绝迹了，我们赖以为生的主食没了。用定量方法可能偶尔还能找到几个便宜货；偶尔也可能发现我在定性方面非常确定的股票，这里有我们赚大钱的机会，但是，这种机会很稀少。在过去三年里，我们的业绩那么好，主要就是得益于发现了这样的好机会。[11]

我们从这里可以看到，有两种显著因素在同时发挥作用。首先，随着牛市逐步形成，从股票中找到"便宜货"变得越来越难——这是每个市场周期的典型现象。其次，也是更有趣的一点，和单纯的"便宜货"比起来，巴菲特对那些使得公司经营向好发展的特质越来越感兴趣，因为这些特质不受市场周期的影响。当他说"在过去三年中，我们的业绩表现那么好，在很大程度上都归因于发现了这样一个好的投资点子"[12]的时候，他谈到的是自己在美国运通公司（American Express）中持有的大量股份。这家公司是一家高质量的特许授权企业，按格雷厄姆的标准看不算是实实在在的"便宜货"，但是它在未来具有强大的赢利能力。它经营的可是特许授权业务啊！随着继续增加其中的资产份额，巴菲特不得不把"烟蒂"策略抛到身后，毕竟这项投资规模过于庞大，而且过去的方法已经不适用了。

让我们快速回顾一下巴菲特 2014 年致伯克希尔股东的信，他在信中回顾了过去的经历，和大家分享了早年间"捡烟蒂"策略的优点：

当我管理小规模资金的时候，我的"捡烟蒂"策略非常有效。事实上，我在20世纪50年代所获得的许多免费"烟蒂"，使得那10年成为我人生中最好的10年，无论是从相对投资还是绝对投资表现上来看……

但是，这个方法存在的一个主要弱点变得越来越明显："捡烟蒂"投资法带来的规模经济效应，只在某种程度上有效，对过大规模资金来说，它就不那么好用了。

另外，尽管用较低的价格购买赢利尚可的公司股票，作为短期投资可能具有吸引力。但如果想在这类公司上建立一家规模庞大又能流传百年的企业，那就选错基础了。和挑选约会对象相比，挑选婚姻伴侣要求的条件显然要更加苛刻。（应该在此标明，伯克希尔本应该成为一个非常令人满意的"约会对象"：如果我们接受了对方提出的善解人意的报价邀约，合伙公司在伯克希尔公司股票投资中获得的年加权平均收益率将会到达40%左右。）

品质综合法

大家肯定还记得，巴菲特从低估值型、net-net型和"烟蒂"型逐渐转向了更优质的企业，因此，他为了适应一些新的投资标的就对投资类项目进行了再次划分。低估值型向下的一个新子目叫作"低估值型—相对低估"。从某种程度上说，巴菲特就此进一步从格雷厄姆学派分离出来,而芒格对这一过程有着重要影响。巴菲特在回顾过去的信中继续说道:"上天派了芒格,来打破我'捡烟蒂'的投资习惯,并且为我指明了道路,让我能够同时进行大规模投资和获得可观利润……他给我的投资蓝图很简单:别想着用低价钱去买一般的便宜货;相反,用差不多的价钱去买点特别好的公司。"

在那封信后面,芒格自己也认同了这一观点。回顾他们投资理念的发展历程,芒格说道:

我们起初是格雷厄姆的信徒,也取得了不错的成绩,但慢慢地,我们培养起了更好的眼光。我们发现,有的股票虽然价格是其账面价值的两三倍,但仍然是非常便宜的,因为该公司的市场地位隐含着成长惯性,比如,里面的某位管理人员可能非常优秀,或者整个管理体系非常出色。

一旦我们突破了格雷厄姆的局限性,用那些可能会吓坏格雷厄姆的定量方法来寻找便宜的股票,我们就开始考虑那些更为优质的企业……以巴菲特合伙公司为例,他们就在美国运通和迪士尼公司股价下跌时进行了买进操作。[13]

巴菲特于1964年向合伙人介绍了这种新的投资方法,同年,他买进了一大笔美国运通公司的股票。当时美国运通公司的一个子公司遭受丑闻困扰，可能带来一大笔负债，同时威胁到了公司品牌的名誉和价值，公司股价大跌。巴菲特刚一意识到这些问题是可以解决的，也就是说美国运通可以应对这些丑闻，保证其品牌、名誉和商业基础不受损害，他就开始建仓了。和其他低估值型——相对低估公司一样，美国运通的优点就是它能年复一年地带来巨大利润。巴菲特可以在相当长的时间里持有该股，而对于大部分基于私有资本视角低估的投资项目来说，则需要对每一个"烟蒂"进行重复操作。

在持有美国运通股票的最后几年里，巴菲特合伙公司的大部分筹码都集中在该股上。正是这只股票使得巴菲特对"投资基本原则"进行了修订，从而使他可以把基金份额的40%投资于该公司。他投资的1 300万美元带来了2 000万美元的惊人利润，这比合伙公司有史以来在其他任何一只股票上获得的收益都要多。

在低估值型投资的这个新子目里，另外一笔大买卖就是沃尔特·迪士尼公司。在和家人到迪士尼乐园度假时，巴菲特和芒格对该公司进行了仔细分析。1965年时，巴菲特用400万美元买下了该公司5%的股权。[14] 巴菲特认为，该公司的视频库虽然相对来说是一种无形的软资产，但带来的是同样有价值的支撑。据他估算，这一部分的价值直接决定了公司股价，而那些主题公园和电影制片厂只是附加价值而已。在某种程度上，巴菲特一只脚站在品质型股票上，而另一只脚则站在"烟蒂"型股票的硬资产上面。如今巴菲特常常谈到用合理的价钱投资到出色的公司上——这些则是相当低价的出色的公司。为了忠于自己早先说过的话，不把合伙公司投资过的企业名称透露出去，巴菲特从来没有告诉过合伙人他们在这几家公司中持有如此大的份额。

你应该做什么？

让我们回到本章开篇提出的问题上来：假设你是一名投资者，手中有一笔规模不大的钱，你会像格雷厄姆和巴菲特早期时候一样，更看重量化数据体现的价值，还是运用巴菲特在合伙公司末期进行投资时的方法，更强调定性分析呢？你是该重点关注资产负债表上展现出来的那些更确定的数字，投资于那些"便宜货"，还是运用从1967年前后开始，伯克希尔公司特有的收购策略，寻找那些出色的、可持续增长的优质企业呢？大家可以提出充分的理由来支持每一种方法，就像许许多多备受尊敬的投资者们曾经做过的那样。这些方案都是可行的，但是，哪一种适合你，取决于你手中运作的资金规模大小、你自身的个性特点、你对企业进行估值的能力，以及你能否客观认识自身能力极限。

托巴尔斯·E.卡利斯勒（Tobias Carlisle）于2014年出版的名为《反直觉投资》（*Deep Value*）的书就是代表纯格雷厄姆学派的一部好作品。他在研究中发现，廉价股票公司的基本面越差，股价表现可能就越好。通过深度量化分析,托拜厄斯发展出一种他称作"收购者乘数"[15]的指标,用于鉴定并做出系统性的投资决策。他似乎找到了一种他可以理解而且很有用的决策机制。值得注意的一点是,他在发现价值过程中所使用的方法实际上避开了定性分析。

在一个行业中,获得低于平均水平的利润往往会导致竞争者逃跑。管理者经常会改变投资策略,改进投资方案,或者终止那些亏损的项目,至少是为了弥补他们花费的时间和金钱的收益。在公司挣扎阶段以低价买进股票,这给了投资者两次获利的好机会:一次是公司业绩提升时,一次是随着公司业绩提升带来的市场价值增加。托拜厄斯选出的股票可以在他的网站上查到。

从发现对自己有用的东西这一点来看,托拜厄斯很聪明,更聪明的是他还能抛弃那些没用的东西。比起一家业绩差的公司,他当然更愿意买一家优质企业的股份,前提是他肯定能在未来企业保持高收益。然而,他还没有找到一种方法来鉴别这些企业,特别是那些保护公司的高收益不受竞争影响的因素,至少目前还没有,因此他选择回避这些。

在一个自由市场体系里,高收益企业自然会吸引竞争者的注意,让他们以实际行动参与进来。在缺少进入壁垒的时候,这些竞争者会不断涌入某个行业,直到所有巨额利润都被瓜分掉。虽说这一动态过程是我们经济体系运作的动力,也揭示了美国企业数十年来实现生产力极大飞跃的原因,但也解释了为什么净资产

第六章 低估值型投资

收益率一直在12%~14%上。不管是在20世纪50年代还是在今天，这都是事实。除了少数例外，竞争往往会拉低原本出色的回报率。那些决定去发现高利润企业价值的投资者，需要找到自始至终保持赢利状态的企业。

汤姆·盖纳（Tom Gayner）是马克尔公司（Markel Corporation）的长期投资经理，他就很好地说明了现代投资者对定性分析法存在根深蒂固的偏见。他愿意去评估一家优质企业的可持续能力。他寻找到的是那些高收益的企业，在过去的商业周期里有过相当强势的收益表现，同时企业的管理层品格正直，具备不错的管理能力。他希望这些企业在可以的情况下把利润再投资于收益高增长的项目中，否则就把留存收益分发给股东。最后，他寻找到了合理的买入价位。数十年来，他利用自己的这一体系找到了一条超越指数的投资之路。

汤姆强调，利用这种策略，你只需要选对其中一小部分就能实现赢利。你选对的那些企业会利用复利的威力实现利润增长，从而抵消掉那些投资失误。他说，投资者在一生中如果有20个左右稳健的投资，就会最终发现其中的一两只股票在他们的资产净值中占据相当大的比重。

对这种现象，汤姆就是一个很好的例证，这也提醒我们不要简单地把本杰明·格雷厄姆归为深度价值投资者。格雷厄姆买入GEICO（美国政府雇员保险公司）的时候看中的就是公司质量，结

121

果仅凭这一项投资,他就挣到了比其他所有投资项目加起来还多的利润。[16]

汤姆的策略几乎和托拜厄斯的完全相反,但是他理解自己的策略,而且这一策略对他有用。没有哪一个策略是对的或是错的,每种策略都自成一种价值体系,并服务于他的投资者。从投资方面来看,对投资者个人有用的就是正确的。

其他一些备受尊敬的现代投资者能够同时利用两种方法进行投资,不受其资本基础的约束。乔尔·格林布拉特教授是一位聪明的投资经理,他在特殊领域的投资和那些价格与价值偏离的小型资本公司进行投资,合起来获得了史上最好的收益记录之一。现在他使用的体系可以从数量上遴选出估值诱人的高品质股票,他将其称作魔法公式,并且运作得相当出色。

正如大家所见,现代投资者通过多种方式成功运用了巴菲特合伙公司时期使用过的方法,甚至有一些方法巴菲特自己都已经很久没有使用过了。巴菲特在使用这些方法时,在net-net型和"烟蒂"型股票上获得了相当可观的收益,如今托拜厄斯偏好的正是这种方法。巴菲特收益最好的几年中,有一部分是在20世纪50年代,他当时投资的方向就是情况特殊的公司,格林布拉特后来用这种方法获得了相当好的收益。当巴菲特的基金规模增长到特别大,以至这些类型的投资对总收益产生的影响微乎其微时,他就继续转向了后来汤姆·盖纳借鉴过的投资方式。这些投资策略都很有效。确实，问题的重点就是哪种策略对你最有效。

正如你可能已经猜到的，我们再强调一次：我们谈论的是了解自己，也就是巴菲特后来所谓的能力范围。在自己能力范围内进行投资是巴菲特成功的关键。我们不断从他身上看到，一旦他发现自己喜欢而且能够理解的目标，不管它是net-net型公司还是可以带来复利增长的企业，他都会出击买进；属于他范围之外的东西则全部都被舍弃掉。

在2007年和大学生进行的一次谈话中，巴菲特给出了以下建议，该建议总结了如何在自己的能力范围内进行低估值型投资的思路：

我办公室里有三个信箱——收件箱、发件箱和"超难信箱"。我和麻省理工学院的学生开玩笑说，我应该有一个"超难信箱"，他们就给我做了一个，所以我现在有了这个信箱而且会使用它。只有遇到真正喜欢的股票时我才会出手。如果大家在一生中把握住10次这样的机会，就会变得富有。大家应该把投资看成一张出击卡，卡里有20次出击机会，你这一生中的每笔交易都会消耗一次机会。[17]

巴菲特继续说：

我觉得如果人一生中只有10次买股票的机会,大家的收益会好得多。你们知道这意味着什么吗?大家在买进的时候会确保每一笔买入都是一笔好买卖,他们会在买进操作之前做大量调查工作。你不一定非得得到很多4倍收益率的机会才能变得富有,你不需要做太多工作,但是整个大环境会让你觉得自己每时每刻都要做点什么。[18]

为了方便大家对某个潜在低估值型投资项目进行评估,这里有一些重点供大家参考:(1)确定方向:为了了解公司状况,我需要什么工具或特殊知识?我有这些东西吗?(2)分析:公司及其所在行业的经济基本面怎样?这些基本面情况和我对收益及现金流的长期期望有什么关系?(3)最坏打算:我的决定是错误的可能性有多大?如果我错了,可能损失多少钱?(4)企业当前的内在价值是多少?其价值增长或者萎缩得有多快?(5)比较:对股价下行风险和上涨概率进行合理权衡后,当前价格相对于公司内在价值的折价,和其他所有可能选择比起来是否对我更有利?

如果你发现自己不能完整地回答出这些问题,那就写一小段文字,阐述这项投资的优点。如果在解决这些问题的过程中卡壳了,要么多做一点分析工作,要么就把它划到"超难"一栏里,忘掉这个投资,继续寻找其他投资目标。

尽管巴菲特在其漫长的投资生涯里做过很多投资,但其中的一小部分占据了他所创造的大部分财富。意识到这一点，巴菲特鼓励投资者们为自己制作一张出击卡，只在发现自己身处能力范围之内时再去使用这张卡片。让我们一边思考这一点，一边阅读下面一则巴菲特早期低估值型投资的案例分析，这是关于新泽西州联合城的联邦信托公司的投资，他把合伙公司早期20%的资产都投入进去了。

巴菲特合伙有限公司案例分析：联邦信托公司

1959年2月11日

典型案例

我觉得以我们在1958年所做的一项投资为例进行分析，可以让大家更好地理解我们的投资方法。去年，我提到了我们持有的股票中仓位最重的一只，它占每只合伙基金账户仓位的10%~20%。我说我希望这只股票最好下跌或者相对平盘，这样我们才能获得更多的头寸，继续增加筹码。因为，在牛市里，这只股票可能会拖累我们的相对收益表现。

这只股票是新泽西州联合城的联邦信托公司。在我们开始买入这只股票时，保守估算，它的内在价值是每股125美元。虽然这家公司每股股票每年有10美元左右的收益，但出于正当理由，它并不发放现金股息。可能主要就是因为不分红，它才会有50美元左右这么低的股价。于是，我们就有了这个投资机会：一家管理优良的银行，赢利能力强，按内在价值计算折价高。管理层对我们的到来表示欢迎，这笔投资最终亏损的风险非常小。

联邦信托公司的第一大股东是一家规模较大的银行，持股比例是25.5%（联邦信托公司总资产为5 000万美元，规模大约是奥马哈第一国民银行的一半）。多年来，第一大股东一直希望能并购联邦信托公司，但某些个人原因阻碍了并购，有迹象表明，这种状况不会无限期持续下去。综合起来看，摆在我们面前的这家公司情况是这样的：

1. 防守属性极高。

2. 价值明确可靠，而且能持续以令人满意的速度创造价值。

3. 有迹象表明，公司的价值最终会释放出来，这个时间可能是1年，也可能是10年。假如是10年，公司在此期间会积累非常高的价值，到时它可能价值每股250美元。

我们用了一年左右的时间，买到了这家银行12%的股份，平均买入成本大约是每股51美元。不难看出，这只股票股价沉闷对我们绝对是好事。我们持有这家公司的股票越多，价值越高，特别是我们成为第二大股东后，我们就有了充足的投票权，在任何并购提议上，我们的意见都举足轻重。

联邦信托公司只有300多个股东，平均每月只有两笔交易。知道这些你就明白了，为什么我说我们持有的一些股票受大盘行情的影响很小。

很可惜,我们在买入过程中确实遭遇了竞争对手,股价涨到了65美元。在这个价格,我们既没买,也没卖。对于不活跃的股票,很小的买盘就能导致价格发生这么大的变化,所以说一定不能"泄露"我们的投资组合持股。

去年年末,我们找到了一个特殊机会,可以以很便宜的价格成为最大的股东。于是,我们卖出了我们持有的联邦信托公司股票,卖出价是每股80美元,当时市场报价比这个价格低20%。

我们完全可以继续以每股50美元耐心地零星买入联邦信托公司的股票。我很愿意这么做,不过要是这样做的话,我们去年的业绩就跟不上市场了。买联邦信托这样的股票,我们在哪一年能获利,有很大的偶然因素。我们在一个年度里的盈亏完全不足以衡量我们的长期业绩。虽然如此,我相信投资低估值的、能得到良好保护的股票,是取得长期收益最可靠的途径。

顺便说一句,那些80美元买入联邦信托的投资者,长期来看,收益会相当不错。可是,135美元的内在价值、80美元价格的低估值,与125美元的内在价值、50美元价格的低估值比起来差距还是很大的。我认为,我把资金换到另一只股票上,在这只股票上,我们的资金可以创造更多收益。这只新股票所占比重比联邦信托大一些,占各个合伙基金账户资产的25%左右。虽说与我们现在持有的许多(或一些)其他股票相比,这只新股票的折价没它们高，但是我们是这只新股票的最大股东，这个大股东的地位给了我们巨大优势，我们可以施加更多影响，控制估值修复所需的时间。就这只股票而言，在我们持有期间，我们几乎可以保证它的表现会优于道琼斯指数。

当前的情况

市场水平越高，低估值型股票越少。我现在发现找到足够多的吸引人投资的股票，有些不容易了。我更愿意提升套利型股票的占比，但很难找到条件合适的产品。

如果可能的话，我想大量买入几只低估值型股票，自己创造套利机会。按照这样的策略，我们应该能做到我之前所预测的——在熊市中跑赢道琼斯指数。我希望我的合伙人能够按照这个标准评价我的表现。如果有问题，请随时咨询我。

沃伦·巴菲特
1959年2月11日

摘自"致股东的信"：低估值型股票

1964年1月18日

低估值型——这类投资是价值被低估的股票，我们主要通过

第六章 低估值型投资

定量分析判断是否被低估,但是同时也非常重视定性分析。一般来说,低估值型的投资,几乎看不出来或根本没有什么预示着短期内出现上涨的可能性。低估值型股票缺乏引人注目之处,也不会受到市场追捧,它们唯一的好处就是价格低廉。经过审慎分析可以看出,公司的市值远远低于私有资本所能给予的估值。我再强调一下,虽说定量分析是第一位的、是根本,但定性分析也很重要。我们都喜欢优秀的管理层,我们偏爱体面的行业,我们希望有一定的"发酵剂"刺激不作为的管理层或股东,但是我们需要的是其中的价值。

1962年1月24日

这些年来,在我们的投资中,低估值型股票是占比最大的一类,这类投资赚的钱比其他两类都多。我们一般是以较重的仓位(我们总资产的5%~10%)持有5~6只低估值型股票,以较小的仓位持有其他10只或15只低估值型股票。

此类投资有时候很快就能获利,很多时候要用几年时间。在买入时,基本不会确切地知道这些低估值型股票什么时候能上涨,但是正因为其暗淡无光,正因为短期内看不到任何利好因素能带来上涨,才能有这么便宜的价格。我们付出的价格低,得到的价值却高得多。在低估值型中,我们买入的每只股票价值都远远高于价格,也就形成了相当大的安全边际。每只股票都有安全边际，分散买入多只，就形成了一个既有足够安全保障，又有上涨潜力的投资组合。这些年来，在时机掌控方面，我们在买入的时候总是比卖出的时候做得好很多。对于低估值型股票，我们本来就没打算赚到最后一分钱，能在买入价与私有资本评估的合理价值中间的价位卖出，我们就很满意了。

低估值型股票的涨跌受大盘影响很大，就算便宜，也一样会下跌。当市场暴跌时，低估值型的跌幅可能不亚于道琼斯指数。长期来看，我相信低估值型会跑赢道琼斯指数。在像1961年这样大涨的行情中，我们的投资组合里的低估值型表现最佳；在市场下跌时，这类投资也最脆弱。

1963年1月18日

很多时候，我们买低估值型股票是披着"衣尾效应"进行的。我们觉得大股东有计划优化资源，把没有赢利能力或利用率低的资产转到更好的用武之地，我们就跟着买。在桑伯恩（Sanborn）和登普斯特（Dempster）这两笔投资中，我们亲自动手优化资源，但是在其他条件一样的情况下，我们更愿意让别人做这个工作。做这样的投资，不但价值要足够高，而且也要选好投资谁。

1965年1月18日

在此类投资中，我们很多时候都可以做到"进退自如"，最后要么外部因素刺激股价上涨，要么我们以低廉的价格获得一家公司的控股权。虽说外部因素刺激股价上涨属于绝大多数情况，但廉价取得控股权相当于一张保单，这是其他类型的投资中所没有的。在1964年的中期报告中，我们提到了我们是三家公司的最大股东，我们一直在加大这三家公司的仓位。我对这三家公司创造价值基本面的速度都非常满意。对于其中两家公司，我们完全是被动投资者。在第三家公司中，我们只是略微采取了一些主动措施。对于这三家公司，我们对任何一家可能都不会采取完全主动的策略；但是如果有必要，我们肯定会出手。

1966年1月20日

1965年，我们通过要约收购将其中1964年年末规模最大的一笔卖出……从刚才讲的这笔投资中，我们就能很好地理解"低估值型——基于私有资本视角"的含义。私有资本非常愿意按这个价格买入一家公司的控股权（我们认为私有资本很聪明），但是散户就不愿按这个价格买入这家公司很小的一部分股权。多少年来，股市一直都是这样。单纯因为股市里人们的行为，这个类别的投资就能取得良好的收益。偶尔会出现要约收购等公司行为，这个类别能赚得更多。

1967年1月25日

自1965年年中，我们开始买入一只公众大量持股的股票，它价格非常便宜,远远低于私有资本所能给予的估值。当时,我们希望可以一直持有这只股票,在两三年的时间里,能卖到1 000万美元以上。我们能看懂这家公司的各项业务、它的竞争优势和弱点,我们也可以从竞争对手、经销商、客户、供应商和前员工那里了解这家公司。按照当时这只股票的行情,我们觉得,只要耐心一些,在不抬高价格的情况下大量买入还是很有希望的。

1965年年末,我们在这只股票上投入了1 956 980美元,持仓市值是2 358 412美元,它为我们1965年的收益贡献了401 432美元。因为我们还想接着买,不想卖,如果市场价格低于我们之前的买入价那才好呢。果真如我所愿,它会拉低我们1965年的业绩,也会让有限合伙人的情绪比较低落(所有合伙人的整体情绪保持不变,因为一般合伙人会兴高采烈),但最后能给我们带来更高的长期收益。这只股票涨了一些,现在高于我们的买入价了,我们已经放缓了买入的节奏,最后能赚到的利润减少了。

1966年,从这笔投资的进展中,我们更能看出短期收益与长期收益之间的矛盾。有人对这只股票提出了要约收购,以后再也没机会低价买入了。我以前根本没听说过这个要约收购方。根据当时的情况,我们认为我们最好的选择(将来未必如此)是卖出。于是在2月,我们兑现了1 269 181美元的总利润,其中867 749美元是1966年赚的。

1966年的股市如何,我们都清楚,在这样的市场环境里还能

第六章 低估值型投资

赚钱,已经相当抢眼了,但是大家也都知道,我不喜欢杀鸡取卵。1966年的业绩可以说是杀鸡取卵的结果。如果我们1966年的业绩低5个百分点,如果在去年的市场环境中,这只股票还是价格低廉,我们能一直大量买入。从长远的角度考虑,我们最终获得的收益会更高。

要是好机会遍地都是,这样一笔投资提前收网也没什么。如果生意多的是,一两笔没做好,利润一般般,也没多大关系。但是,看看我们的"低估值型—基于私有资本视角"中的平均投资额是多少,你就知道了。这笔投资结束后,新投资太难找了。去年卖出这只股票后,股市整体还是较低的,本来应该能比较容易找到投资机会,可我们一个新机会都没找到。

1969年1月22日

低估值型—基于私有资本视角

这些年来,这个类别投资的平均收益率最高,赢利投资所占百分比也最高。我正是从低估值型中领悟了投资的道理。在合伙公司早期,在我们的所有投资机会中,低估值型占了很大一部分。在巴菲特合伙公司这12年的历程中,把低估值型的每一笔投资都算在一起,我们实现的总利润大概是总亏损的50多倍。1968年,我们发现某个行业中存在明显的投资机会(并从多方面加以利用),结果赚了很多钱。在利用这个投资机会的过程中,我们因为做了一些工作,还获得了一大笔费用(记录在审计文件中的"其他收入"中)。

1965年1月18日

在以前的信中,我一直把我们的投资分为三类,现在我觉得分成四类更合适。新增加的类别是"低估值型—相对低估"。从一方面看,我们的"低估值型"投资中一直存在这个细微差别,现在我觉得有必要把这个差别体现出来。从另一方面上看,此类投资以前只是"低估值型"中的一个小类,现在已经发展到在我们的整体投资组合中占据更加重要的地位,因此有必要单独划为一类。这类投资的重要性与日俱增,迄今为止的收益率也非常出色,值得投入大量时间和精力在其中寻找更多投资机会。此外,这个新类别反映出我们已经形成了一种独具特色的全新投资方法并将其付诸实践,这个新方法的应用有助于我们改善此类投资的预期收益和稳定性。

1965年1月18日

"低估值型—相对低估"类投资中的股票价格是相对便宜的,参照对象是质量相差无几的其他股票。我们对此类股票的要求是按照当前市场估值标准被严重低估,但是此类股票一般是大盘股,参照私有资本给予的估值没有意义。在这类股票的投资中,一定要进行同类比较,否则就没有意义了,这一点我们须非

第六章 低估值型投资

常注意。在绝大多数情况中，我们对行业和公司不够了解，无法做出合理的判断，会直接跳过这类股票。

我刚才说了，这个新类别的投资比重在增加，收益率也非常令人满意。股市整体估值标准的变化会给我们带来风险。例如，在我们以12倍市盈率买入一只股票时，同等质量或质量较差的股票市盈率是20倍，但随后出现了一波估值调整，原来20倍市盈率的那些股票跌到了10倍。我们最近开始应用一个方法，有望显著削弱这种由于估值标准变化而导致的风险。

这个风险一直给我们带来极大的困扰，这类投资与"低估值型—基于私有资本视角"或"套利型"不同，一旦出现估值标准变化的风险，我们将无路可退。现在我们能把这个风险削弱了，此类投资大有前途。

1966年1月20日

最后一类投资是"低估值型—相对低估"。随着其他类别的投资机会减少，此类投资的重要性日益增加。

说实话，与其他三类相比，我觉得这类投资多少有些虚浮，我不喜欢虚浮的东西。我觉得这类投资没其他几类那么稳妥，也不像其他几类那样可以比较准确地预知未来会如何。虽说如此，1965年，"相对低估"型投资表现优异，这得益于我在去年信中提到的操作方法，这种方法既可以降低风险，又能提高收益。无

135

论哪一年，这种方法都应该能降低风险，但是在1965年，这个方法的确帮助我们提高了收益。需要告诉大家的是，为此类投资出色表现做出最大贡献的，只是两笔投资。

1967年1月25日

关于相对低估值型还有一件事。在这个类别中，我们也经历了对去年收益有利，但对长期收益不利的情况。1966年，我们在这个类别中只找到了一个新的大机会。我们是从去年3月开始买入，但是刚投入了160万美元（当时这只股票一直能买到，但是买到的不多），外界情况就发生了变化，股价被抬高了，这只股票算不上相对低估了。这只股票，我们在1966年平均持有了6个半月，取得了728 141美元的总收益。要是它的价格能一直保持低迷，让我们持续大量买入，那该多好。

智 慧 锦 囊

通过巴菲特关于低估值型股票的评述，我们看到他从开始向大家传授相关原则逐渐转为传授方法。尽管原则从来都不会改变——它们是永久的，但方法会改变，而且应该经常根据特定的投资环境做出相应的改变。我们发现巴菲特在合伙公司发展的各个阶段、市场周期的各个阶段都使用了不同的方法，以便根据他

第六章　低估值型投资

设定的原则实现最好的结果。其风格从价值投资到品质投资的转变，也为我们自己的投资提供了一些好的方法。

"低估值型—基于私有资本视角"和"低估值型—相对低估"是他最先向我们介绍的两种股票，这两种股票在市场中为我们提供了很大的选择范围。我们既可以从众多股票中寻找"便宜货"，也可以寻找经营很好的企业。在接下来的两章里，他向我们介绍了合并套利型股票和控股型股票，我们也将继续把这两种方法收入囊中，看看巴菲特是怎样在这些股票中进行选择的。

第七章
合并套利型投资

授人以鱼一日不饥,授人套利一生无忧。[1]

——伯克希尔-哈撒韦1988年年报

在巴菲特还是个小男孩时，他花25美分从其祖父的店里买了一箱6罐装的可乐，而后以每罐5美分的价格零售出去，每箱"套利"赚20%的利润。巴菲特在这里展示出的就是金融领域所谓的"套利"手法。这一手法遵循一个简单的公式：假设买入一件东西，其价格是X，要么增加其价值，要么承担风险，然后将其以X加上利润的价格卖出。

在传统套利或是无风险套利中，当两个完全相同或基本相同的东西在同一时间、不同地点且价格不同时，就可以通过套利获利。举个例子，比如一家公司的股票（各方面都完全相同）在纽约市场的交易价格比在伦敦市场要低，这时股权套利者就可以从一个市场上买进，再到另一个市场上卖出，赚得中间的差价。由于这一过程几乎可以同时完成（电子交易系统使持股者在几毫秒的时间内就可以完成在纽约市场和伦敦市场的买卖操作），所以我们通常认为这种套利操作是无风险的。正是因为"无风险套利"相当于白捡钱,所以这种机会很罕见。

再举一个例子,巴菲特24岁时为格雷厄姆进行的早期套利操作并不是完全无风险的,但是风险很低。他是这样描述这一套利过程的:

Rockwood公司是一家布鲁克林的巧克力公司,但是其赢利能力比较有限,该公司自1941年开始就采用后进先出制(LIFO)的存货评价方式,那时可可豆每磅是5美分。到了1954年因为暂时缺货,可可豆价格大涨至超过每磅60美分,因此Rockwood公司想要把账上价值不菲的可可豆存货在价格滑落之前赶紧卖掉。但若是直接将这批货卖掉,所得收益的50%可能要用于支付税金。

幸好1954年的税务法令及时公布,其中有一项不太为人所知的规定,就是如果企业不是把这些LIFO存货卖掉,而是直接分配给股东,从而间接减少营运规模的话,就可以免税。因此,Rockwood公司决定停止其售卖可可油的业务,并且宣布将1 300万磅的可可豆分配给股东。同时,公司也愿意以可可豆换回部分股份,换算下来就是用80磅的可可豆换回一股股份。

有好几个星期我整天忙着买进股票,卖出可可豆,并常常跑到施罗德信托公司拿着股票凭证换取仓库保管单。获利算下来还不错,而唯一的成本费用就是地铁车票。

在这次Rockwood公司套利中，只要这一系列的标的物价格没有变动太大，就能够从中轻松获利。用34美元的价格买进股票，换成价值36美元的可可豆，卖出可可豆就可以获得2美元的利润。只要可可豆的价格不下跌，那2美元的利润就是固定的。每笔交易都可以赚得投入资本的5.8%。如果每次投入100美元进行这项套利，一年做10次（不按复利计算），就可以赚到58美元。可惜，像这种低风险的套利机会并不会经常出现。套利者通常不得不进一步抬高自己面临的风险等级来找到更多的套利机会。

合并套利

对于巴菲特合伙公司来说，这就是巴菲特在投资分类中称作"套利型"——更常见的名称是合并套利型或者风险套利型——投资的一类，这类套利中存在的风险就是已宣布的交易（通常是一家公司收购另一家）最终能否真正达成。当一家公司宣布其收购另一家上市公司的意向时，将被收购的公司股价一般都会上涨到收购完成时的价格，但并不都是一路涨到宣布的收购价格。宣布的收购价格和股票的市场价格之间存在的价差不但反映了收购可能中断的风险，还反映出从现在到收购预期完成日之间的货币时间价值。这就是存在套利机会的地方。巴菲特的目标在于从那些价差很大同时公司合并成功可能性很大的交易中套利获益。

这可以说是一项精妙绝伦的买卖，对巴菲特来说肯定如此。和他在合伙公司的很多活动一样，这其中的技巧也是他从格雷厄姆那里学到的。回顾截至1988年的65年间的格雷厄姆-纽曼公司、巴菲特合伙公司以及伯克希尔-哈撒韦公司的历史交易记录，巴菲特发现，每年从套利交易中获取的平均无杠杆回报率是20%左右。在1988年的年报中巴菲特写道："授人以鱼一日不饥，授人套利一生无忧。"确实如此，我们都知道20%的年平均收益率经过65年复利积累会得到什么——100美元会变成1400万美元。

套利收益通常会从各个方面被放大，因为在套利活动中，投入合伙资金的同时往往会伴随着借入资本，从而获得更多的筹码。巴菲特自己可接受的用于套利的借入资本最大限额是合伙资金的25%，这不是一个小数目。这类买卖的关键之处在于绝对不能经常出错。因为使用了杠杆，投资者获得的实际收益甚至会更高。

但是，要想在合并套利中赚钱，企业并购的交易必须要完成才行。尽管大部分都是按计划进行的，然而有一部分收购交易会因为讨厌的反特拉斯法案、税收裁定、股东反对等问题而中断。这就是巴菲特所说的"黄粱一梦"。这种情况出现时，目标公司股票价格往往会迅速回落到收购前的价格。如果这其中是有利可图的，巴菲特将这种买卖描述为"在别人已经赚了95美分后，你要去赚最后剩下的5美分"；但如果计算失误变成了一场泡汤的套利，损失可能会很惨重。你不但赚不到那5美分，可能还会失去那95美分中的重要价值。巴菲特很可能对大部分并购交易都进行了评估，但是对于他自己参与的那一部分则格外挑剔。套利可不是一项能包容太多错误的买卖。

把投资资金集中起来是巴菲特所有操作中的一个共同点。虽然很多合并套利交易倾向于同时投资于多家公司，和那些投资于50家或更多公司的典型套利者相比，巴菲特合伙公司一次往往只关注10~15家公司。因为他关注的公司比较少，他在套利型投资中出现的失误就格外明显，以至有些让人心痛。巴菲特在经历一年艰难的套利投资后这样说道：

> 1967年的意外特别多，我们遭遇的意外特别多。结果就是，我们平均投资了17 246 879美元，总收益是153 273美元。有的合伙人对数字不敏感，看不出来这个收益有多可怜。套利型投资去年的收益率是0.89%。我没详细计算，但是我估计，无论过去哪一年，套利型投资的收益率都没有低于10%的时候。和其他几个类别一样，在套利型投资中，我们每年也只是集中做几笔投资。与广泛分散相比，我们这么投资，每年的收益波动幅度会更大。我相信，按照我们的方法，从长期看，我们的收益会很好（甚至更好），1967年一年的情况说明不了什么。[2]

在1988年"致股东的信"中，巴菲特给伯克希尔的股东们罗列出评估一项套利型投资需要回答的 4 个问题：
　　1.所宣布的交易最终成功的机会有多大？
　　2.最终完成这项交易需要多长时间？
　　3.其他人为该交易提出更好报价的可能性有多大？
　　4.如果这项交易泡汤了怎么办？

平衡绩效

　　长期来看，套利型投资的期望收益会和低估值型的收益一样好（与市场表现相比，可取得 10% 的超额收益率，或者平均每年 15%~17% 的绝对收益率）。套利型投资带来的不仅是丰厚且相对稳定的回报，而且这种收益很大程度上是独立于道琼斯指数的，因此它使得合伙公司的整体表现不受市场下跌的影响。大多数年份套利型投资占总资产的 30%~40%。这一配置比例使巴菲特在操作过程中具有很大的灵活性。在最初的那封"致股东的信"中，巴菲特告诉合伙人，在市场下跌时，合伙基金的证券组合会更侧重于低估值型投资；在市场上涨时，则会更侧重于套利型投资。几年之后，控股型投资作为市场走向不明确时的投资重点，就会被归入套利型里面。巴菲特将这称为"随机"因素，因为这种配置比例的灵活性有时候对收益表现产生促进作用，有时候则产生抑制作用：

第七章 合并套利型投资

我就以过去3年为例,说明各类投资占比的随机性对我们的收益有多大影响。在这里,我们使用另一种完全不同的计算方法。在衡量巴菲特合伙公司收益时,我们计算的是整体收益率。现在,我们以各类投资的每月平均市值为准,分别计算每类投资的收益率,计算时将借钱和经营开支因素扣除(这样可以最准确地比较各类投资,但并不能反映合伙公司的整体收益)。低估值型(包括当前的两种低估值型)、套利型和道琼斯指数的收益率如下表所示:

年份	低估值型	套利型	道琼斯指数
1962	−1.0%	14.6%	−8.6%
1963	20.5%	30.6%	18.4%
1964	27.8%	10.3%	16.7%

显然,在1962年,套利型投资(和控股型投资)扭转了局面。这一年如果我们的套利型投资占比较低,与市场相比,我们的收益率仍然会相当出色,但最终收益肯定没那么高了。这一年,我们的套利型占比完全有可能很低,这类投资就看有没有合适的机会,不是我在预知了市场走势后刻意分配的。所以大家要明白,1962年我们各类投资有这样的配置比,纯属运气好。

1963年,我们做了一笔漂亮的套利型投资,对整体收益贡献很大。再加上低估值型也表现出色,全年收益率非常抢眼。假如这一年套利型的收益比较正常(如像1962年一样),我们相对道琼斯指数的优势会大幅缩水。在这一年，我们不是因为各类投资的配置比占了便宜，而是受益于良好的市场形势。

再看1964年。这一年，套利型投资严重拖累了我们的收益。在像1964年道琼斯指数大涨这样的年份中，这种情况实属正常。但是这一年套利型投资的表现实在乏善可陈，对收益的拖累超出了我的预期。回过头来看，我们当时要全投资低估值型就好了，但是没有卖后悔药的。

希望通过我对上述表格的阐述，各位能确实明白某一年的业绩受许多变量的影响，有些因素我们既无法控制，也无法预知。我认为我们的各类投资都是好投资。我们不是只靠一类投资，而是有几类可供选择，这对我们来说是好事。正因为如此，我们可以在各个类别中精挑细选，而且一个类别的投资机会没了，我们还可以投资别的，而不会彻底失去投资机会。[3]

开始套利行动吧

准备好开始套利交易了吗？期待每年获得20%的无杠杆回报率吗？先站稳点儿吧。巴菲特在这一类投资中获得的成功让套利看起来比实际上要简单得多，但陷阱往往存在于这些交易的细节之中，而在合并套利中选错了投资对象的代价会很大。对于巴菲特给出的三种投资类型，只有在你自己的能力范围内才可以行动起来，套利也是如此——你必须得在投资之前搞清楚你做的是什么。因为非年化的无杠杆回报率并不高，必须得实现很高的置信区间才能进行套利操作。除非套利机会很明显，否则还是不要去想这类交易了。

在读得州国家石油的案例分析时，问问你自己：如果让你来估计南加利福尼亚大学的慈善机构性质不会给美国国税局造成问题的可能性，还有本案例中允许使用最简单的融资模式进行融资的可能性分别有多大，你能否估计好？

巴菲特合伙有限公司案例分析：得州国家石油——1963年年末"致股东的信"

1964年1月18日

这是一笔普通的套利投资，近年来的套利机会主要来自石油和天然气公司卖盘，这就是其中之一。

得州国家石油是一家比较小的石油生产商，很多年前，我就对这家公司有印象。

1962年年初，有传言说它要向加州联合石油（Union Oil of California）卖盘。我从来不根据传言操作，但是这次传言是真的。要是我听到传言时就买，不是等到交易公告出来才介入，我们能赚到更多的钱。但是，这个钱让别人赚吧，我不赚。

1962年4月初，交易的一般条款公布。当时，得州国家石油流通的证券有三类：

1. 利息6.5%的信用债券，赎回价104.25美元。卖盘完成前继续支付利息，卖盘完成后赎回。流通的信用债券有650万美元，在交易完成前，我们买入了其中的26.4万美元。

2. 370万股普通股，其中高管和董事共持有40%。委托书估算每股清算价值是7.42美元。从交易宣布到最后完成的6个月时间里，我们买入了64 035股。

3. 65万份以每股3.50美元买入股票的认股权证。按照委托书估算的7.42美元的清算价值，每份认股权证可实现3.92美元的利润。在6个月时间里，我们买到了83 200份认股权证，占所有认股权证的13%左右。

股东否决的风险是零。这笔交易是控股股东去谈判的，价格很理想。此类交易都要走产权调查、法律意见等流程，这些风险几乎也是零。不存在反垄断的问题。虽然这笔套利不存在法律问题或反垄断问题，但绝对不是所有套利都如此。

唯一的一个小障碍是必须通过税收裁定。加州联合石油使用的是标准格式的产品支付贷款①融资方案。融资方案的甲方是南加利福尼亚大学，它具有慈善机构性质，所以有些耽搁。

---

① 产品支付贷款是指项目公司完全以产品和这部分产品销售收益的所有权作为担保品，直接以项目产品来还本付息的融资方式。——译者注

第七章 合并套利型投资

这也是个需要在国税局解决的问题,但是我们知道南加利福尼亚大学愿意放弃慈善性质。它的钱都是从银行借来的,即使放弃慈善性质,它仍能获得不菲的收益。虽说解决这个问题需要时间,会耽误交易的进度,但是不会影响交易的完成。

4月23日和4月24日,我们与加州联合石油进行了交流,他们估计八九月份能完成交易。5月9日,公司寄出了委托书,其中写道,这笔交易"将于1962年夏季完成,在交易完成后的几个月内,会将大部分收益分配给参与清算的股东"。前面说了,估计是每股7.42美元。5月29日,比尔·斯科特参加了在休斯敦举行的股东大会,公司在会上还是说预计9月1日达成交易。

下面的内容选自我们在接下来几个月里与公司高管的电话沟通:

6月18日,公司秘书说"联合石油收到了通知,国税局初步裁定通过,但是还要经过审批。公司仍在等待7月份的裁定结果"。

7月24日,公司总裁说预计"下周早些时候"会收到国税局的裁定。

8月13日,公司财务主管告诉我们,得州国家石油、联合石油和南加利福尼亚大学的人齐聚华盛顿,商讨推动裁定。

8月18日,公司财务主管告诉我们"国税局的人说了,下周裁定就会出来,现在还没消息"。

估计清算收益仍然是7.42美元。

9月末，裁定收到；10月31日，交易完成；11月13日，我们的债券被赎回。此后不久，我们将认股权证转换成股票，我们从普通股获得的偿付金额是1962年12月14日3.5美元、1963年2月4日3.9美元、1963年4月24日15美分。大概一两年后，我们还会收到4美分。对于147 235股来说（认股权证行权后），每股4美分也是不少钱。

套利一般都是这样：（1）交易完成时间比最初预期的要长；（2）最后偿付的总金额比估算的略高一些。得州国家石油比预计多花了两个月左右的时间，我们的收益率也比预计高出大概两个百分点。

以下是得州国家石油这笔套利的收益情况：

1. 我们总共买进260 773美元的债券，平均持有时间是将近5个月。我们获得了6.5%的利息，还实现了14 446美元的资本收益。最后实现的整体年化收益率是20%左右。

2. 我们通过股票和认股权证实现了89 304美元的资本收益，目前还有一小笔大概价值2 946美元的收益没实现。从4月份投资14.6万美元起，我们中间陆续投入，到10月份，投资总额是73.1万美元。根据资金投入的时间计算，年化收益率是22%左右。

在这笔套利中，我们买债券和股票用的都是自有资金。我认为，在一个套利投资组合中，完全可以借一部分钱；但是我觉得，在低估值型投资中，借钱非常危险。

这里以得州国家石油为例,不是想说明我们取得了多么了不起的胜利。我们有比这笔套利更成功的,也有不如它的。得州国家石油是在我们基本的套利投资中的一个典型案例。在套利型投资中,我们尽可能了解所有情况,持续跟踪最新进展,根据我们的经验评估方方面面。我们肯定不是有交易就去做套利,不是每笔交易都有钱赚。参与套利,如果交易泡汤,市值会严重缩水。所以说,虽然我们很清楚会有做错的时候,但做套利投资是犯不起错的。

"致股东的信"的经验:套利型投资

1962年1月24日

我们的第二类投资是套利型投资。在套利型投资中,投资结果取决于公司行为,而不是股票买卖双方的供给和需求关系。换言之,此类股票有具体的时间表,我们可以在很小的误差范围内,事先知道在多长时间内可以获得多少回报,可能出现什么意外而打乱原有计划。套利机会出现在并购、清算、重组、分拆等公司活动中。近些年,套利机会主要来自大型综合石油公司收购石油生产商。

在很大程度上,无论道琼斯指数涨跌如何,套利投资每年都能带来相当稳定的收益。在某一年,如果我们把投资组合中大部分资金用于套利,这年市场下跌,我们的相对收益会很好;这年市场上涨，我们的相对收益会很差。多年以来，套利是我们第二大投资类别。我们总是同时进行10~15个套利操作，有的处于初期阶段，有的处于末期阶段。无论是从最终结果，还是从过程中的市场表现来讲，套利型投资具有高度安全性，我相信完全可以借钱作为套利型投资组合的部分资金来源。不考虑借钱对收益的放大作用，套利型的收益率一般为10%~20%。我自己规定了一个限制条件，借来的钱不能超过合伙基金净值的25%。我们一般不借钱；如果借钱的话，都是用于补偿套利。

1965年1月18日

从长期角度看，我希望套利型投资能够取得和低估值型投资一样好的结果，收益能够超过道琼斯指数。

1968年1月24日

和其他几个类别一样，在套利型投资中，我们每年也只是集中做几笔投资。与广泛分散相比，我们这么投资，每年的收益波动幅度会更大。我相信，按照我们的方法，从长期看，我们的收益会很好（甚至更好），1967年一年的情况说明不了什么。

1964年1月18日

我们做套利型投资不听传闻或"内幕消息"，只看公司的公告。在白纸黑字上读到了，我们才会出手。套利型投资有时也受大盘影响，但主要风险不是大盘涨跌，而是中途出现意外，预期的进展最终没能实现。

许多套利型投资的毛利润看起来很低。一位朋友说，套利型投资是在别人已经赚了95美分后，你再去赚最后剩下的5美分。但是，套利型投资的确定性高，持有时间短，年化收益率是相当不错的。套利型投资每年贡献的绝对利润比低估值型稳定。在市场下跌时，套利型投资积少成多，能给我们带来很大的领先优势；在牛市中，此类投资会拖累我们的收益。从长期来看，我认为套利型能和低估值型一样跑赢道琼斯指数。

正如过去我曾经说过的，在我们的投资组合中，这三类投资的分配主要是见机行事，视投资机会而定。因此，假设某一年道琼斯指数下跌，虽然我们配置的主要是低估值型股票还是套利型股票有很大的偶然性，但是与道琼斯指数相比，这会对我们的相对收益表现产生很大影响。所以说，单独一年的业绩不重要，无论好坏，都别看得太重。

要说在我们的资产增长过程中有什么趋势的话，我觉得是控股型投资会有所增加。目前，控股型是三类投资中占比最低的。我说得未必对，到底怎么样，当然还得看将来市场表现如何。至于将来市场表现如何，你不知道，我也不知道，我也不预测。在写这封信的时候，我们的资金分配情况是，低估值型占比最大，套利型第二，控股型第三。

智慧锦囊

通过套利型投资和其他形式的套利活动获取利润，可能自身就带有很大的吸引力，这类投资形式丰富了获得年收益的来源渠道，特别是在市场下行时期还可以保障整体收益。在市场整体走好的时候，这类投资使得巴菲特有了放松的机会——对于精力旺盛的投资者来说，在没什么可做的时候让他们什么都不做可能不太现实。查理·芒格在未来几年后不再进行套利交易时会说："好吧，至少这样你就没时间去酒吧了。"[4] 对于巴菲特来说，这意味着平均每年20%的收益率。当股票价格上涨时，套利型投资会占据总资本更大一部分比例。当有更多机会投资于低估值型股票时，套利型投资所占比例就会缩小。

每个人都能从套利型投资的多种形式里获利，但是并不是每个人都喜欢和适应这类操作。对于后者来说，还有其他可以带来高回报的投资方式，这些投资方式也并非总是和市场整体走向有很大关系。如果你觉得套利型投资不适合你，那么私营企业可能会让你获得成功。我们将会在接下来的一章里深入了解另一种投资类型——控股型投资。

第八章
控股型投资

我们不想为了主动而主动。在其他条件一样的情况下,我更愿意放手让别人去做。不过,大家可以放心,如果必须由我们采取主动才能让资本得到合理运用,我们会当仁不让。[1]

——1966年1月20日

想象这样一个画面：回到20世纪50年代，一群不起眼的老男人是一家小型上市公司的董事会成员，多年来，这些人聚在一起就是为了讨论和回顾（这样描述他们的活动简直把他们捧上天了）他们的优质雪茄生意。他们觉得这样很美好——这是一项易于管理、简单明了的生意，没人会问太多问题，也不会带来什么额外的工作。除此之外，他们给自己开的薪水相当丰厚。就算公司分红有股东的份，股东也得往后站。然而，一切都变了——他们得知一个他们从未听说过的人买进了全部流通股的20%，现在这个人实际掌握了公司超过20%的股权。这个家伙究竟是谁呢？他掌握着足够多的股票，也就在公司未来的运作中有了实际的话语权，他目的何在呢？

我想这样描绘桑伯恩地图案例的开端，也就是巴菲特合伙公司的第一笔控股型投资。想象一下1959年巴菲特第一次出现在管理层面前时他们的表情，他们肯定会被震慑两次：第一次是他们看到巴菲特时，因为他当时还不到 30 岁；第二次是巴菲特要求买入大量桑伯恩的证券份额——按照每股价格 65 美元（净值），比整个公司的市场价值高出 20 美元。毫无疑问，桑伯恩的这一群人一点儿都想不出来巴菲特要做什么。最初是这样的，不过不久之后他们就知道了。

　　追溯到 1961 年 1 月 30 日，巴菲特在信中记录了事情的来龙去脉。读这封信的时候记住两件事：第一，桑伯恩是一家小公司，其权益的账面价值只有 430 万美元，合 2015 年的 3 500 万美元；第二，巴菲特把合伙基金中超过 1/3 的资金都投在了这家公司的股票上。

巴菲特合伙有限公司案例分析：桑伯恩地图

1961 年 1 月 30 日

　　去年的信中说到，我们投资了一只股票，它在我们的净资产中所占的仓位极重（35%），这很罕见。我还说希望能在 1960 年将这笔投资兑现。我的希望实现了。这是一笔巨大的投资，大家可能想知道详细情况。

　　桑伯恩地图公司的业务是出版美国所有城市的超精确地图，并不断对其进行修订。例如，它绘制的成卷的奥马哈地图可能有

50多磅重，包含每个建筑的细节。桑伯恩采用粘贴覆盖的方法修订地图，展现新建筑物的情况、房屋的变化、新的消防设施和结构材料的变化等。地图一般每年修订一次，等到二三十年后，地图无法通过继续粘贴覆盖更新，就重新出版。每位奥马哈的客户向桑伯恩交纳的地图修订费用是每年100美元左右。

地图中的详细信息包括街道地下自来水管道的直径、消防栓的位置、屋顶材料等，这些信息对火灾保险公司非常有用。保险公司总部的承保部门可以用这些信息评估全国各地代理商提供的业务。保险公司认为一图胜千言，他们由此厘定一项风险评估是否合理、一个区域是否可能发生大规模火灾、什么样的再保险流程合适。虽然也有保险行业以外的客户来购买桑伯恩公司的地图，例如，公用事业公司、抵押贷款公司、税务机关等，但它的主要客户是30多家保险公司。

在75年里，这家公司几乎是垄断经营，每年都能实现赢利，几乎完全不受经济衰退影响，也不需要推销。在公司业务早期，保险公司客户不想让桑伯恩赚得太多，安排了许多有名的保险行业人士进入桑伯恩的董事会，让他们注意桑伯恩的举动。

20世纪50年代初期，一种更好的承保方法出现了，人们称之为"记分卡"（carding）方法，桑伯恩的业务受到了影响，地图业务的税后利润从30年代的平均每年超过50多万美元下降到1958年和1959年的不足10万美元。在当时那个时期，人们的整体感觉是美国经济欣欣向荣、越来越好；在人们眼里，桑伯恩这样的表现几乎就是完全丧失了过去丰厚稳定的盈利。

然而，从20世纪30年代初，桑伯恩就开始逐步积累自己的投资组合。公司的业务不需要资本投入，所有留存收益都可以用于投资。日积月累，桑伯恩一共投入了大约250万美元，一半投资债券，一半投资股票。在过去10年里，桑伯恩的投资组合不断增长，主营的地图业务却日益萎缩。

我详细讲一下，你就知道两者之间的天壤之别了。1938年，道琼斯工业平均指数是100~120点，桑伯恩的股价是110美元。1958年，道琼斯工业平均指数在550点附近，桑伯恩的股价是45美元。但是在此期间，桑伯恩的投资组合价值则从每股20美元左右增长到每股65美元。也就是说，1938年，在经济和股市都不景气的情况下，买入桑伯恩股票的人实际上是乐观估值，他们给地图业务的估值是90美元（110美元减去与地图业务无关的投资带来的20美元价值）。1958年，经济和股市远比当年繁荣，同样的地图业务，买入桑伯恩股票的人给它的估值是–20美元，地图业务白给都不要，投资组合方面带来的价值还要至少打七折。

为什么会这样？1958年的桑伯恩和1938年一样，仍然拥有大量对保险行业来说非常宝贵的信息。桑伯恩花了这么多年积累这么详尽的信息，如果从头做起，要耗费上千万美元。虽说"记分卡"这种新承保方法出现了，还是有5亿多美元的火险保费是保险公司使用"地图"承保方法获得的。可是这么多年来,桑伯恩销售、包装产品和信息的方法一成不变,最后这种因循守旧的作风反映到了赢利数字上。

公司的投资组合表现这么好,这一事实在很多董事看来,没什么必要振兴地图业务。桑伯恩每年销售额大约是200万美元,有价证券市值700万美元。投资组合能带来巨大收益,公司没财务负担,保险公司对地图价格很满意,股东也能收到股息。但是,在过去8年里,公司削减了5次股息,至于降低工资或削减董事和委员们的薪酬,我发现公司从没提过一句。

我进入董事会之前,在14位董事中,有9位是保险业的知名人士,公司一共有105 000股流通股,这9位董事合计持有46股。他们在大公司身居要职,完全有财力多买点桑伯恩的股票,可是他们这些人持股最多的就10股。过去,这些董事经营的保险公司买过一点桑伯恩公司的股票,但是在他们的投资组合里不过是九牛一毛。在过去10年里,涉及桑伯恩股票的交易,这些保险公司都是卖方。

第10位董事是公司的律师,持有10股。第11位董事是一个银行家,也持有10股,他认识到了公司的问题,积极主动地把问题指出来,后来买了更多的股票。还有两位董事是桑伯恩公司的高管,他们合计持有300股左右。这两位高管有能力,他们很清楚公司有问题,但是只能屈从于董事会。最后一位登场的董事是桑伯恩已故总裁的儿子。已故总裁的遗孀持有15 000股。

1958年年底,儿子眼见公司生意萎靡,看不过去,要求出任公司总裁,但遭到了拒绝,他提交辞呈,得到了董事会的同意。此后不久,我们提议收购他母亲持有的股票,他同意了。当时,还有另外两个大股东,一个持有10 000股左右(由一家券商代客户持有),另一个持有8 000股左右。他们都对现状很不满,和我们一样,要求把投资组合从地图业务剥离出来。

后来,我们在公开市场继续买入,持股增加到24 000股,另两个大股东也在增持,我们三个股东的持股总量增加到46 000股。我们希望将两部分业务拆分,实现投资组合的公允价值,并恢复地图业务的赢利能力。桑伯恩拥有丰富的原始信息,如果把数据转换为方便客户使用的电子形式,地图业务似乎完全可以创造更多利润。

虽然管理层完全赞同我们的计划,博思艾伦咨询公司也提出了类似的方案,但董事会竭力阻碍任何变革,特别不欢迎外部人员的介入。一方面是为了避免委托书争夺战(我们不会打委托书争夺战,虽然我们肯定能赢);另一方面,桑伯恩投资组合中有大量蓝筹股,我当时觉得已经很贵了,不能再拖延了,于是,我们达成了一个方案——给予希望退出的所有股东公允价值。美国证券交易委员会裁定该方案公平合理。桑伯恩持有的大约72%的股票,其中50%涉及1 600位股东,换算成投资组合所含证券的公允价值后退出。这些股东退出后，公司保留了地图业务，125万美元的政府和市政债券作为储备资金，100多万美元的公司资本利得税得以免除。对于留下的股东而言，公司的资产质量略有改善，每股赢利显著增加，股息率也提高了。

篇幅有限，这笔投资背后的故事我只能简单讲讲。但是，我们从中可以看出两点：第一，我们必须对我们的投资操作保密；第二，我们的投资业绩是无法短期衡量的，一年时间都太短。这种控股投资可能很少出现。我们的主要利润来源还是买入低估值的证券，在其股价得到纠正时卖出，其次就是投资利润取决于公司行动，而不是市场行为的特殊情况。随着合伙公司资金规模的增长，我们可能有更多机会做控股型投资。

控股型投资的经验

在桑伯恩地图公司之后，巴菲特在合伙公司后期的数年间一直继续进行控股型股票的操作，并且详细谈到了另外两个案例——登普斯特农具机械制造公司和伯克希尔–哈撒韦公司。每一个案例都为今天的投资者带来了重要的启发，每一个案例都以自己的方式诠释了证券价值和公司价值之间的联系，帮助我们利用会计数据分析出其中的真实经济价值。

你可能听到过别人抱怨说价值投资的说法完全多余，因为所有投资都是以价值为基础的——没人平白无故特意出高价买股票。从某种程度上说，这类似于"投资"一家公司和经营这家公司的关系。股票仅仅是我们拥有公司资产的一种手段。当我们把自己的资金投到一家公司的股票上时，我们就进入公司实际经营中去了。1960年时，巴菲特合伙公司的1/3投在桑伯恩公司的股票上，这意味着合伙基金的1/3是用来把地图出售给保险公司以及管理证券投资组合的。在谈到控股型投资时，巴菲特让我们不要将其想成是"投资于一只股票"，而是"经营一家公司"。

不管你是经营还是评估一家公司，至关重要的问题就是：它的价值是什么（资产和赢利两方面都要考虑到）？怎样实现其价值的最大化？回答这些问题的能力决定了投资者能否成功，当然对公司管理者来说也是一样。巴菲特关于其控股型投资的评述好似一盏明灯，使得这一问题瞬间明了。这句话出自格雷厄姆之口，却常被巴菲特反复提起："像做生意一样做投资是最聪明的，反之亦然（像做投资一样去做生意也是最聪明的）。"

让我们看看这一智慧是如何运作的——从控股型投资的来源说起。大家先回想一下我们讨论过的低估值型投资，这类投资通常是以低于公司自由市场价值的价格买进股票，而后一直持有，直到股价上涨后再卖出。正如巴菲特所言，"我们买进低估值型股票不是为了赚最后的几美分零头，而是在我们的买入价和对私有资本来说的公允价值之间找一个合适的价位卖出，从而获得相当令人满意的利润"。然而,在某些情况下低估值型股票的价格会长期低迷,合伙公司一般就会通过长年累月的买进来掌握该公司的大部分流通股。当这种情况出现时,这些股票就变成了控股型投资。

巴菲特无疑持有了最大份额,他把这种情况看成低估值型投资方法——以理性私有资本愿意为整个公司支付的价格为基础——的合理延伸。可能坐拥那样一笔私有资本只是带给巴菲特更多的自由。毕竟,正是这种有两手准备的优势使得基于私有资本视角的低估值型投资从一开始就特别吸引人,而且还帮助合伙公司有了独一无二的出色表现。虽说低估值型股票的价格自身就为投资者提供了难以抗拒的安全边际,但还是日后实现控股的可能性削弱了这类投资中存在的风险。

我们已经说过,很多时候控股型投资要求巴菲特撸起袖子大干一场,亲自面对各种问题,某些方面上看和今天那些主动型投资者做的事一样。可能这就是为什么他最后还是放弃了这类投资(仅限于他经营合伙公司这段时间)。比如,他不得不拿代理人之争(法律战)威胁桑伯恩地图的管理层以使他们采取措施。和一群不关心股东价值的管理层进行交涉令巴菲特怒不可遏。[2] 在登普斯特公司的案例中,我们会看到他不得不炒掉首席执行官,同时起用自己的人哈里·博特尔。他们共同清偿了公司的大部分债务,恢复了公司整体的经济状况。当地报纸还因此事对巴菲特进行了诽谤。[3]虽然他把自己切除公司的腐败部分这种行为看成是拯救公司，但那些犀利的批评者看到的只是有人被炒了鱿鱼。早些时候在伯克希尔公司的投资上，他也是迫不得已把公司的首席执行官解聘了，同时削减公司在纺织业务上的资金支出，把公司的重点重新放在银行保险业上。这种事谈何容易，往往压力重重，但是兵来将挡、水来土掩，该出手时必出手。正如他所言："在其他条件一样的情况下，我更愿意放手让别人去做。不过，大家可以放心，如果必须由我们采取主动才能让资本得到合理运用，我们会当仁不让。"[4]

巴菲特不仅愿意通过自己的能力控制一家公司来释放主动性，还时刻准备着花很大心思在公司上。在管理公司方面拥有话语权，自己在公司的劣势就变得很有限，实际上，光凭他持有的证券的价值就保证他有钱赚了。当巴菲特发现类似桑伯恩公司这种对自己有利的情况，也就是自己占据极大优势同时损失风险极小的情况下，他进行重仓投资也不会害怕。到 1959 年时，这类投资占巴菲特合伙公司的份额有 35%。那些公司的价值明显摆在那儿，他所要做的就只是让价值体现在价格上。

到目前为止，巴菲特是桑伯恩公司最大的股东，但他还不是多数股权持有者——其他股东的份额合起来仍然超过总额的一半。但是在其他公司中合伙公司确实持有多数股权，也就意味着巴菲特拥有绝对控制权，其他股东的否决全部无效。这种情况最先出

第八章 控股型投资

现在登普斯特农具机械制造公司，这是一家农业工具生产公司，最初按照低估值型股票买进，5 年后的 1961 年转变为控股型投资。巴菲特持有该公司 70%的流通股，他很快发现"自己在市场中的动作可能会对股票报价产生巨大影响"。当他拥有伯克希尔公司的多数股权时也是一样的情况。对于这两只股票来说，市场的力量微乎其微，即便巴菲特只进行少量股票的买卖操作，都会对股票报价造成很大影响。多元零售公司（Diversified Retailing Company, DRC）是巴菲特合伙公司后来买进的一家私营企业，这家公司股票并没有公开挂牌交易，其价值必须得从三方面来估计。

"当我们取得公司的控股权益后，与其说持有的是股票，还不如说是拥有了公司，这时要按公司本身进行估值。"[5] 由于缺少可靠的市场价值做参考，对控股型公司的年末价值进行估计时，巴菲特别无选择，只能运用自己的估值方法。在市场下行时这一估值可能会远远大于零，因为市场波动导致股票（还有合伙公司）账面价值的变动不会影响这一估值；而在市场暴涨时，这种估值方法又会使估值显得过于保守。不管怎样，"市场先生"不再占据主导地位了——每家控股型公司都是按公司在私募市场的价值确定的，巴菲特一直在进行这类估值，并且每年由审计人员审核。

年末价值是一种通用的保守估值法，而不是谁认为未来该控股型股票会值多少钱。他告诉合伙人："我们对股票进行估值，不是看我们希望它值多少钱，也不是看对于一个急于入手的买家来说值多少钱，而是看按照现有条件在短期内卖出的话，我们手中的权益会带给我们什么，这才是我们估值的依据。"6

大家都记得，合伙人每年只有一次追加或抽出投入资金的机会，所以这种估值就成了一件大事，特别是在控股型投资占合伙公司总资产1/3或更多的情况下。因为市场决定了合伙公司中低估值型和套利型投资的年末价值，所以这两部分股票值多少钱一目了然。而对控股型投资进行估值就需要一个估算的价值，这和市场价值相比大不相同。控股型投资估值是逻辑演绎和思辨的产物，没有绝对正确的答案。一方面，如果巴菲特高估了一只股票，那么他的收益绩效（以及绩效佣金）也会随之膨胀，这对所有合伙人来说都不是好事。如果估算价值过高，那些一年中退出合伙公司的人会以牺牲其他合伙人利益为代价，自己获得好处。另一方面，如果巴菲特的估值过于保守，那些追加资金的合伙人则会以退出的合伙人或是那些没有追加相应比例资金的合伙人的利益为代价，自己从中获得好处。巴菲特估值时非常小心细致，以确保其估值对追加资金和撤出资金的合伙人来说都公平，这些最后都要经过会计师事务所，也就是后来的毕马威审查。

1966年11月"致股东的信"极其详细地解释了他的估值体系：

在对控股型权益进行估值时，主要决定因素是赢利能力（过去的和未来的）和资产价值。从我们控股公司的性质和资产质量出发，再就我们的控股公司而言，适用于其净资产的联邦所得税基数远远高于我们的估值，在给我们的控股公司估值时，与大多数企业估值相比，我们对资产因素的考虑要多得多……按照合伙协议，我有责任对控股型权益进行公允估值，这个公允是要对特定时间追加投资和提取投资的合伙人都公允。股票的市场价值存在巨大波动，有时候显然会对企业的估值造成影响。有的企业，在对其估值的过程中，资产因素所占的分量比赢利因素重得多（特别是流动资产极高时），市场价值的波动对这些企业的估值影响就小得多……[7]

这里注意一下，巴菲特说合伙公司的控股权益自身的性质使得它"与大多数企业估值相比，我们对资产因素的考虑要多得多"。桑伯恩、登普斯特、伯克希尔都是资产主导的估值。这些公司的资产减去负债后的价值远远超过其股票的市场价格。这些公司的主营业务不怎么样，没能利用自身的资产带来足够或是更好的收益，也不能根据当前的赢利对其进行估值。如果他们能够有效利用资产带来经济效益，那么对过去和未来潜在收益的合理分析将会在估值过程中占据主导地位。

基于资产进行估值

　　巴菲特的很多控股型投资获利微薄甚至亏损。这些早期的"烟蒂"迫使巴菲特采用格雷厄姆的方法,调整公司资产负债表上报告的资产账面价值以揭示其真实价值。虽然这一过程主要以数据为基础,但是仍然需要一点点艺术来辅佐科学数字。

　　《证券分析》的第43章完美地为这一方法建立了基础。根据格雷厄姆的话:"企业的资产负债表并不提供资产的清算价值,但是它包含有用的线索。计算清算价值的首要原则是:相信负债数据,但是必须质疑资产数据。也就是说,账簿上所有的负债必须按其面值从资产项中扣除,而资产的价值因性质不同需要具体情况具体分析。"[8] 对于清算价值部分,格雷厄姆的建议是,根据经验法则,对于账簿上的1美元,如果是现金就按100美分算,应收账款按80美分算,存货按67美分算(根据公司性质不同调整幅度较大),固定资产按15美分算。

　　随着深入阅读巴菲特关于桑伯恩地图公司的细节性阐述,以及后来的登普斯特农机公司和伯克希尔–哈撒韦,我们将探究巴菲特是如何对每家公司的资产进行相应估值的。桑伯恩公司的证券投资组合中存在"账外资产",远远高于资产负债表上体现出的价值(当时的会计惯例是把证券按成本而非市场价值记入账簿,所以估算价值时必须得高于账面价值)。登普斯特农机公司减去全部

第八章 控股型投资

负债后的净资产在资产负债表中的价值,要远远高于市场上股票的全部价值。其账面价值就是这么明明白白,而巴菲特面临的问题是这些资产究竟值多少钱。至于伯克希尔公司,问题则是该怎样重新配置公司的资本以达到更好地利用。

对巴菲特和所有投资者来说,这其中所谓的"艺术"就是对这些资产的"性质"进行合理估计、认真思考,当资产的实际价值偏离其账面价值时做出适当调整,因为账面价值仅仅反映了公司为购买资产所支付的价格以及获取资产后的损耗折旧(贬值)。

调整资产价值:向上还是向下?

举一个简单的例子,可能有助于解释清楚这一过程。想象一下,一个票贩子花1 000美元买了5张世界职业棒球大赛的门票(每张200美元),门票只在扬基体育场有效。如果扬基队能进入世界大赛,这些门票就会很值钱;反之,门票就一文不值。从财务角度来看,我们的票务代理遵循惯例,把每一张门票按成本价记在资产负债表的资本项下。现在,我们假设所有门票在棒球赛季的预售期是一个月,那么你觉得这些门票值多少钱呢?为了使问题简化,我们假设这项票务代理业务中涉及的这5张门票就是全部资产,购票成本中有300美元是借来的。不管你认为这些资产值多少钱,减去负债的结果就是你对公司的估值。

格林布拉特教授在哥伦比亚商学院（一直是价值投资的知识中心）常对他的学生说："如果你的估值工作做得不错，判断又正确，那么'市场先生'会让你有所收获。"[9]你对票务代理或是其他任何业务进行估值的过程，不但是价值投资过程的核心内容，还将决定你投资结果的质量。

最初的问题总是一样的：你有能力估计这类资产的价值吗？或者用巴菲特的话来说，这件事在你的能力范围之内吗？如果答案是否定的，那就算了吧，不如挑一些其他东西进行估值。这没什么问题，实际上你应该为了解自己能做什么、不能做什么而感到骄傲。这种自知之明会使优秀投资者出类拔萃，当然，避免失误对成功投资的过程和做好估值工作同样重要。巴菲特自己就把大部分潜在投资归到"太难进行估值"的范畴里而放弃掉，继续寻找其他机会。

我们从票务代理的财务角度看到了什么？我们知道，负债是固定的——这部分总是很简单——我们的负债是300美元。我们还知道买门票花费1 000美元，因此将其视为资产负债表中按成本计的资产。1 000美元资产减去300美元负债，剩下的700美元就是"所有者权益"，或者说是"账面价值"。

不能说因为这些资产是花1 000美元购买的，它们现在就还值这么多钱。可能环境已经变了。资产负债表展示出来的都是过去发生的事情。你做估值工作的时候，资产（我们的例子中是门票）

的价值永远是指它们能卖多少钱,而负债则要认为是应全额偿付。这就是会计价值和经济价值,或者说内在真实价值的区别。

在某些案例中,特别是公司业务质量差的情况下,资产的价值会低于其账面价值。回想一下,格雷厄姆对于账簿上的 1 美元,如果是现金就按 100 美分算,应收账款按 80 美分算,存货按 67 美分算(根据公司性质不同调整幅度较大),固定资产按 15 美分算。这就是一个粗略的近似法则,你需要建立自己的定价估值规则。

按逻辑说,如果扬基队在后面的 10 场比赛中基本没有获胜的希望,而且 StubHub[①] 上同样的票一张只卖 100 美元,那么你应该不会多花一分钱去票务代理那里买一张 200 美元的门票,而票务代理的 5 张票加起来一共值 500 美元。在登普斯特农机公司的投资中,巴菲特就遇到了这样的情况。1961 年,该公司的账面权益价值是 76 美元,股票价格只有 28 美元,至少从表面看上去这个价格低得离谱。巴菲特熟练地把登普斯特公司资产的账面价值估算降低到合理位置,由于他是一步步对公司资产的真实市场价值进行保守估算,这就成了观摩他实际行动的好机会。即使减价过后,巴菲特发现股票的价格依然非常低。

在其他情况下,通常是在经营不错的公司中,资产负债表上的资产价值远远低于其经济价值。回到我们说的票务代理的例子

---

① StubHub 是一家出售和购买全球活动门票的票务平台。——译者注

里，如果扬基队铁定会进入世界大赛，而 StubHub 网站上挂出的类似门票要每张 500 美元（总共 2 500 美元）呢？不管是哪一种情况，账面价值都是 700 美元不变，这种情况下真正的清算价值就变成了 2 200 美元。这就类似巴菲特在桑伯恩地图公司中看到的价值，桑伯恩公司持有的证券组合是按成本价（而非市场价值）记在账簿上的。由于证券价格上涨，其价值远高于资产负债表上反映出来的数额。通过桑伯恩公司的案例，我们有机会看到巴菲特让投资升值的过程，同时展示了他是如何寻找到一只股票，用 70% 的价格买到一只证券投资组合，而公司的其他业务都相当于免费得来的。

经济活动直接影响公司价值

和依靠账面价值、市场价格，或是他人观点不同，估算资产的经济价值或真实价值在低估值型和控股型投资中算得上一门艺术。不管你是估算一部分（股票）还是整个公司，过程都是一样的。但是，如果你是一个小散户，也就只能任由当前管理层和董事会支配。虽说他们的工作任务是实现股东利益最大化，他们却往往没能担负起他们的责任。这就是你没有控制权时所要承担的潜在代理成本，所以对公司管理层的评估在你进行投资决策过程中扮演着很重要的角色。

控股权为掌管公司增加了筹码,这在公司需要变革时也算得上真正的优势。通过把低估值型投资转变为控股型,巴菲特就能够改变公司的运作状况了。他停止了登普斯特农机公司以及伯克希尔公司损害公司价值的业务,完善了桑伯恩地图公司原本不平衡的资本结构。通过控股型投资,我们不仅看到了巴菲特如何发现低估值型的证券,还了解到他是如何通过提升公司所用资本(资产)的利润回报而增加公司价值的。在公司实现最佳运营的状态下,控股权益的价值对金融投资者来说就是零。推进变革的权力只有公司确实需要改进的情况下才有价值。上述三个控股型投资全都为公司改进提供了巨大空间。

衣尾效应

有一种最好的情况,就是你自己找到一个低估值型股票进行大笔投资,但是敦促管理层优化决策制定过程的工作由其他投资者去做。今天依然有一些激进派投资者会采取措施鼓励管理层提升公司运营能力。实际上,这已经成为一种非常流行的策略,获得很大关注,致力于这种活动的一些基金吸引了大量资金。其中,卡尔·伊坎(Carl Icahn)、纳尔逊·佩尔茨(Nelson Peltz)、丹·勒布(Dan Loeb)和比尔·阿克曼(Bill Ackman)在投资者中都有着类似摇滚明星的地位。但是,并非所有的激进派投资者都值得大家追随，巴菲特在伯克希尔2015年年会上贬斥了今天的那些激进派投资者，说他如今看到的这些人中的大部分做的事都是"唾手可得"的，意思是说他觉得他们提出的要求对保证股东的长期利益根本没有意义。[10]

在经营合伙公司期间，巴菲特有时候显然比今天那些激进派投资者更有影响力，因为他持有更大份额的股票，涉足的公司更小，股价也更低。今天的许多激进派投资者是在更大的公司中持有更小的份额，他们通过公开信向公司管理层提出变革，或者用其他特别明显的形式期望获得大股东的支持。

无论过去还是现在，问题的关键都在于，一只股票高出市场赋予的价值的可能性有多大，然后采取措施获得这之间的差价。正如我们在合伙公司的投资中看到过的，这种情况往往会带来利益冲突。大家只需要看看今天那些激进派投资者，诸如纳尔逊·佩尔茨和他的公司特里安（Trian）与杜邦公司史诗般的冲突就明白了。双方公开进行了一场高风险的激战，特里安的资金，恐怕还有杜邦公司首席执行官的工作都命悬一线。特里安希望采取大规模成本节约措施，甚至希望杜邦公司解体；杜邦的首席执行官希望保持当前的策略，按部就班进行操作。投资者必须得自己决定谁是对的。这种情况下格雷厄姆应该会说："公众必须学会理智地审视这些争端，认清事实，理清逻辑，不要一味指责或者被无关的个人品质问题影响判断力。"[11]

第八章 控股型投资

今天的投资者可以详尽地研究一下现代激进派投资者和他们的投资绩效记录。之后再看到激进派投资者有所行动时，自己对他们的逻辑是非进行判断。如果你认同他们的行动，随之跟进就是特别好的策略。通过对激进派投资者的操作进行跟进，股票往往会以更快的速度开启上升通道从而实现其价值，而如果保持现状的话，结果可能又是另一种情况了。举例来说，在杜邦公司的案例中，就在特里安公开宣战后不久，公司就靠自己（他们这样声称）很快发现了大量节约成本的机会。有时候仅仅一个激进派投资者的出现，就足以激发管理层做出改变，创造价值。这些为了实现所有股东长期利益最大化的激进派扮演了重要的角色，他们帮助减少了在非股东管理层中常常出现的代理成本，我们应该为有人愿意承担这一角色感到高兴。其他条件都相同的情况下，巴菲特更愿意让其他人承担这一任务，但是他还说："一定要注意弄清楚你跟进的是谁。"

巴菲特在合伙公司后期再也没有进行过敌意控股。大家往往认为这是因为他的基金规模变得过于庞大，或者是他找到了获得更高回报的好方法。我认为原因远不止这些。他的基金即便在合伙公司关闭后多年，都没有超过今天那些规模最大的激进派投资者管理的基金（假设美元价值不变）。他自己也说过合伙公司时代他使用的方法到今天依然有效，我们有理由支持这一说法，而且激进派投资者也见证了他当前的收益。

毫无疑问的是，比起持有公司的小部分权益，巴菲特越来越愿意拥有整个公司（谁不是呢？）。他在信件中透露出他放弃"烟蒂"策略的原因是他不喜欢这个策略，而不是他为投资资金找到了回报更高的途径。实际上，放弃这类投资最开始的几年里，他的年收益可能有些许下滑，但他似乎对这一决策再满意不过了。既然你已经很富有了，何必还要因为一点额外的收益搞得自己不痛快呢？我觉得大家可以从巴菲特后来对合伙公司的看法中明白这一点，之后不久他就决定关闭合伙公司了：

在10月9日的信中，我讲了为什么要降低我们的投资目标，其中有一个原因是我对控股公司的经营感到非常满意。我打交道的人是我特别喜欢的，我经营的生意是我特别感兴趣的（没我不感兴趣的生意），通过付出也能获得合理的整体投资回报率（例如，10%~12%）。要是为了多赚几个百分点，就东一榔头西一棒槌的，实在是太傻了。再说，本来我们已经认识了一流的人，和他们合作很愉快，回报率也相当好，就为了回报率再高一些，去惹一肚子气、一身的烦恼，甚至陷入更糟的境地，也不值得。[12]

激进投资并没有什么问题。如果做得好的话，看起来年收益能提高几个百分点，对今天的激进派和当时的巴菲特来说都是如此。发掘出合适的激进派投资者可能是一种绝妙的投资策略，他

第八章 控股型投资

们会在需要注意的情况下提出合理的改进意见。只要保证自己考虑清楚就好，不要盲目跟风。再次重申，一定要注意弄清楚你跟进的是谁。

"致股东的信"的经验：控股型投资

1962年1月24日

最后一类是"控股型"。在此类投资中，我们或是拥有控股权，或是大股东，对公司决策有话语权。衡量此类投资肯定要看几年时间。当我们看好一只股票，在收集筹码时，它的股价最好长期停滞不动，所以在一年中，控股型投资可能不会贡献任何收益。此类投资同样受大盘影响相对较小。有时候，一只股票，我们是当作低估值型买入的，但是考虑可能把它发展成控股型。如果股价长期低迷，很可能出现这种情况。如果我们还没买到足够的股票，这只股票就涨起来了，我们就以较高的价格卖掉，成功完成一笔低估值型投资。我们现在正在买入的一些股票，再过几年可能发展成控股型。

1964年1月18日

控股型有的一开始就是通过大宗交易买入，有的是从低估值型发展而来的。有的低估值型股票，价格在低位徘徊的时间很长,我们能买到很多,实现了部分或完全控股,有能力对公司施加影响,投资就从低估值型转为了控股型。这时候,我们根据对公司前景以及管理层能力的评估,决定是采取主动,还是保持相对被动。最近几个月,我们在大量买入一只低估值型的股票,这家公司的管理层很优秀,公司的策略也很合理。我们会继续买入,如果将来实现了控股,可能会保持非常被动的状态,不会干预公司的经营。我们不想为了主动而主动。在其他条件一样的情况下,我更愿意放手让别人去做。不过,大家可以放心,如果必须由我们采取主动才能让资本得到合理运用,我们会当仁不让。

不管主动还是被动,控股型投资必须做到投资时就把钱赚到。控股型投资的必要条件是物美价廉。取得控股权后,我们的投资价值就不再取决于经常失去理智的市场报价,而是取决于企业本身的价值。

我们有意愿、有财力实现控股,这样我们低估值型中的许多股票可以进退自如。如果市场转而看好,股价会随之上涨;如果市场仍然看淡,我们可以继续买入,最后公司是我们的了,不必再听市场对我们的评判。

衡量控股型投资的收益,至少要看几年时间。按部就班地买入需要时间。另外,可能还要改善管理层、重新配置资本、寻求出售或并购等,控股型中的这些工作都需要时间,所以此类投资不能看几个月,要看几年。因为投入时间长,所以在控股型投

第八章 控股型投资

资中，我们要求获利空间一定要大——如果赚不了多少，我们就不做。

在买入阶段，控股型的表现和道琼斯指数基本趋同；在末期阶段，控股型的表现和套利型更相似。

1964年1月18日

要说在我们的资产增长过程中有什么趋势的话，我觉得是控股型投资会有所增加。目前，控股型是三类投资中占比最低的。我说得未必对，到底怎么样，当然还得看将来市场表现如何。至于将来市场如何，你不知道，我也不知道，我也不预测。在写这封信的时候，我们的资金分配情况是，低估值型占比最大，套利型第二，控股型第三。

1965年1月18日

做投资，别想着坑人，指望最后让傻子接盘（华尔街有个"博傻理论"，说的就是这种做法），这么做长远不了。以极其低的价格买入，平价卖出也能获得喜人的收益，这多有成就感。

1966年1月20日

控股型投资中新增了一个成员，是从"低估值型—基于私有资本视角"转过来的。我们从1962年11月就开始买入伯克希尔–哈撒韦的股份，买入的理由基本和上面讲到的那只一样。伯克希尔这笔投资的不同之处在于，我们最后买到了很多股票，我们自己取得了控股权而不是更常见的在市场卖出或者卖给其他大买家。

1962年，我们刚开始买伯克希尔时，买入的价格是每股7.60美元。纺织行业的格局发生了较大变化，之前的管理层后知后觉，被迫关闭了几家濒临淘汰的工厂，导致了巨大亏损，所以股价如此之低。"二战"结束以后，伯克希尔深陷泥潭，一直在走下坡路。1948年，这家公司最辉煌的时候税前利润有2 950万美元，拥有11家工厂、11 000名工人。

1965年春，我们取得控股权时，伯克希尔只剩下两家工厂、2 300名工人。没想到伯克希尔虽然只剩下残存的业务，但留下来的管理人员却很优秀，我们不用从公司外面找人来经营，这真是太好了。我们最开始的买入成本每股才7.60美元（平均买入成本是每股14.86美元，1965年年初我们加大了买入力度），1965年12月31日，这家公司的净营运资本就有每股19美元（厂房和设备的价值不算）。

能拥有伯克希尔，我们感到很高兴。毫无疑问，伯克希尔的赢利能力如何，主要决定因素是纺织行业的行业状况。幸好我们有一流的经理人肯·切斯（Ken Chace）负责公司运营，另外，负责伯克希尔销售团队的几位经理人也是行业精英。

伯克希尔处于生存压力巨大的行业，不可能像施乐

（Xerox）、仙童摄影器材（Fairchild Camera）或国家影视（National Video）那么赚钱，但是我们拥有伯克希尔非常放心。正如我的西海岸哲学家朋友所说："燕麦、奶油泡芙都要吃，这样的膳食才合理。"

既然已经取得了控股权，在审计中，我们对伯克希尔这笔投资会按照企业价值评估，而不是有价证券。伯克希尔的股价涨5美元，和我们没多大关系，我们不会卖；同样，跌5美元，也和我们没多大关系。控股公司的价值取决于公司本身的价值。在评估我们的控股权益时，我不是按照神的启示来估值。对于伯克希尔，我会根据我对资产、赢利能力、行业状况、竞争情况等因素的了解，进行保守估值。我们在年末会给出一个估值，但是我们不会按这个估值卖出，其他投资也一样，否则我们早就卖了。

1967年1月25日

就我们控股的公司而言，1966年的收益主要有三个来源：一是1966年归属于我们的留存收益；二是以低于我们控股权益的价值在公开市场买入更多股票；三是控股公司持有的有价证券的未实现增值。1966年，控股型的总收益是2 600 838美元。

如1966年11月1日信中所述，受行业状况和其他一些与估值相关的因素影响，在计算1966年12月31日控股权益的公允价值时，我们进行了1 034 780美元的减值，因此1966年控股型的整体收益下降到1 566 058美元。

1966年，在我们的净资产中，我们对实体公司的投资高于对股票的投资，毫无疑问，在这一点上，我们占了便宜。如果将所有资金投入股票中，我们今年可能会出现亏损，甚至严重亏损。这不是事先有意为之。如果去年市场大涨，控股型可能严重拖累整体业绩。1967年仍然如此。

1969年1月22日

总体来说，1968年控股公司交出了一份令人满意的答卷。多元零售公司（持股80%）和伯克希尔–哈撒韦公司（持股70%）的税后利润合计为500多万美元。

联合棉布商店（Associated Cotton Shops）和国民赔偿公司（National Indemnity Company）表现尤其突出，这两家公司分别是多元零售公司和伯克希尔–哈撒韦的子公司，分别由本·罗斯纳（Ben Rosner）和杰克·林沃尔特（Jack Ringwalt）领导。这两家公司都取得了20%左右的资本收益率。1967年，在《财富》500强公司（美国规模最大的制造业公司排名，通用汽车居于榜首）中，只有37家公司的资本收益率达到了20%。IBM（国际商业机器公司）、通用电气、通用汽车、宝洁、杜邦、数据控制公司和惠普，这些公司虽然名气更大，但我们的经理人取得了比它们更优秀的资本收益率。

第八章 控股型投资

现在还是有合伙人对我说这样的话:"伯克希尔涨了4个点,太好了!""伯克希尔上周怎么跌了3个点,出什么情况了?"在评估控股权益时,我们不看市场价格。1967年年末,我们给伯克希尔-哈撒韦的股票估值是25美元,当时市场价格是20美元左右。1968年年末,我们给它的估值是31美元,当时市场价格是37美元左右。要是这两年的市场价格分别是15美元和50美元,我们的估值还是会和原来一样。("花多少钱买,这个是价格;买到的是什么,这个是价值。")就控股投资而言,我们的盈亏全看经营情况,我们不想通过各种手段在股市获利。

智慧锦囊

不管你是经营一家公司、拥有一家公司,还是通过部分权益(股票)参与到一家公司之中,巴菲特谈论过的有关控股型投资的理念都有助于你像一个所有者一样去思考;还能让你像买下整家公司一样,按照同样的方法以其资产为基础对公司进行估值。接下来,我们将关注一下登普斯特农机公司,巴菲特在"致股东的信"中花了大量篇幅以其为例讨论控股型投资。这是深入研究这些理论的一个绝佳案例。我们可以看到巴菲特最初是怎样对资产进行估值,而后又怎样重新配置资产以提高公司利润,以及大幅增加股东价值的。

第九章
登普斯特农机公司：
资产转型之路

在控股型投资中，我们要求获利空间一定要大——如果赚不了多少，我们就不做。[1]

——1964年1月18日

投资中的很多乐趣都来自搜寻过程本身。找到像登普斯特农机公司一样便宜的net-net型股票，就像是一个艺术经纪人在资产拍卖会上发现在一幅售价25美元名叫《天鹅绒上的狗》的作品背后藏着一幅雷诺阿（法国著名印象派画家）的画作。这种情形极其罕见，需要投资者花一点精力去发现其中的真正价值，毕竟以那样低的价格买进肯定会带来巨额利润回报。

想象一下1956年那个激动人心的场景，巴菲特正翻看着穆迪手册，突然发现一家不知名的小型制造业公司，其股价在之前一年跌了75%。巴菲特意识到现在的股价仅仅占其净营运资本的一小部分，而对于账面价值来说当前的股价更是相当低了，于是他以每股17美元的低价开始买进该股票。后来以80美元卖出它。

在巴菲特掌管的合伙公司持有的所有投资项目中，关于登普斯特农机公司的评述是最为详尽完整的。这些评述完美地捕捉到他早年的投资过程，向我们阐明了他是如何应用格雷厄姆式的量化投资的。对登普斯特农机公司投资是集中式的，即使运用保守假设，其股价依然很低，这就要求巴菲特主动参与其中，投资还要求该公司利用税收优惠进行资产转型。对于那些仍然使用低估值型—基于私有资本视角方法进行量化投资的人来说，深入探究登普斯特的案例，以此作为企业估值的模板，可以从中学习如何就今天那些价值被低估的"烟蒂"型股票运用资产价值法对公司进行估值。

风车磨坊停下来

巴菲特在第一只合伙基金成立后不久就开始买进股票。当年的穆迪手册对登普斯特农机公司的介绍是，"一家生产制造风车磨坊、水泵、汽缸、供水系统、离心泵、钢槽、供水设备、施肥工具和农机具的公司"。登普斯特是一家位于内布拉斯加州比阿特丽斯的家族式小型资本公司，每年产生的利润微不足道。但是，公司的普通股逃不过任何一个格雷厄姆门徒犀利的双眼——股票严重折价交易。

巴菲特在第一笔买进操作后不久就加入公司董事会行列中了，在随后的5年里，他一直在买进登普斯特农机公司的股票。1961年，登普斯特家族卖出了很大一部分股票，就在那年8月，巴菲

第九章 登普斯特农机公司：资产转型之路

特获得了控股权——他持有公司70%的股权，还有其他几个朋友合计持有另外的10%。合计下来，巴菲特手中的股票均价是120万美元（每股28美元），大概是营运资本的50%、账面价值的66%。为了合伙公司的利益，他把登普斯特农机公司的清算价值定为每股35美元，这一估值过程"尤其重要，因为实际上新进合伙人要按这一价格买进，而老合伙人也要按相同的价格卖出其部分权益"。[2] 到1961年年底时，巴菲特合伙公司总资产中大约有20%用于购买登普斯特农机公司的股票。

最初，这对巴菲特来说责任重大，而且前景扑朔迷离。登普斯特农机公司存货过多而且呈现高速增长趋势。巴菲特尽量和现任管理层一起运作公司，但最后不得不抛弃他们，因为存货仍然在继续增加。银行很担心向登普斯特农机公司发放的贷款，威胁公司说要对支撑其贷款的抵押物进行处置。银行还谈到会责令登普斯特农机公司停业，所以巴菲特不得不尽快采取行动。[3] 这家公司关系到合伙公司20%的资本，如果出现下跌，就会将合伙公司置于艰难的困境。谢天谢地，在芒格的推荐下，巴菲特会见了一位叫作哈里·博特尔的管理人才并立刻雇用了他。

哈里在协助公司转型方面是专家，他很快开始着手工作。回想起解决过量存货的问题，哈里这样说："当时我近乎绝望，于是雇了一位粉刷工，在他的帮助下，我们在公司最大的仓库墙面内侧距离地面10英尺（约3米）的位置画了一道6英寸（约15厘米)的白线,我把车间管理员叫进来,告诉他说,如果我走进仓库里看不到这一堆箱子上方墙面上那道白线,就意味着我会炒掉除了运输部的每一个人,直到那条线再出来为止。之后我逐渐把那道线往下画,直到达到一个令我满意的存货周转率为止。"[4]

哈里这项工作完成得实在出色,把公司打磨成了巴菲特想要的样子,以至在下一年的"致股东的信"中,巴菲特称他为"年度之星"。他不但把公司400万美元的存货降低到100万美元,消除了银行的顾虑(公司很快还清了银行贷款),还削减了一半的管理费用和销售费用,关掉了5家不赢利的分公司。在巴菲特和芒格的协助下,登普斯特农机公司还把他们的二手设备价格提高到原来的5倍,而且没有对销售量造成影响,也没有受到客户的抵制。[5]完成所有这些工作都是为了重新为公司带来稳健的经济效益。

灵活思考

登普斯特农机公司在转型过程中,还有一点不但使巴菲特在他的大多数同辈中独树一帜,还展现出他思考过程的灵活性:他认为自己既是一个企业所有者,又是一个投资者,两者完全是一回事。大多数人都只是把自己当成其中的一个角色,巴菲特很早就明白了两者是一回事,因为两者其实都是为了从公司资本中分一杯羹。

第九章 登普斯特农机公司：资产转型之路

特别常见的一种情况是，那些利润低得可怜的公司的经理们感觉力不从心，他们不得不把利润再投资到公司业务中去，而后他们又根据同行的业绩来评判自己的经营成功与否。这往往会导致类似于"把最健康的人送进医院"的病态现象，因为他们把好的资金又投入到收益率低得可怕的项目上，只是为了维持住那点可怜的利润。

巴菲特则完全不同，他能够实现更好的收益，一部分原因在于他投资时利用的是绝对衡量标准。在打理登普斯特农机公司时，虽然他自己并不是风车磨坊业务方面的老手，但是他丝毫没有因为这点精神负担而身陷其中。相反，他参与到公司业务中去是为了实现资金收益率最大化，毕竟他自己的资产和公司资产紧密相连。这一衡量标准让他看到，解决登普斯特农机公司困境的方法在于停止再投资风车磨坊业务。于是他立即让公司停止在传统业务中投放更多资金，同时从中抽离资金。

通过将存货和其他资产变现，公司利润得到提升，巴菲特开始购买自己喜欢的股票了。实质上就是，巴菲特把先前用在风车磨坊这类不良业务（低收益）中的资本转而用作证券投资这类好买卖（高收益）的资本。时间越久，登普斯特农机公司看起来就越不像一家制造业公司，而更像一家投资合伙企业。不管是和公司资产息息相关的资本还是用于投资证券的资本，巴菲特都能够并且愿意把这些投资资金看成是完全可以相互转化的资本，对于投资者来说这都是一种极其罕见的特性。

巴菲特在掌舵期间，确保了那些能够重新安排的资产确实落到实处。后来他让公司借款——合每股借款 20 美元——用来买进更多他想要的股票。1961 年时给股票估算的 35 美元每股价值全部来自登普斯特；到 1962 年年底时，巴菲特对股票的估值是每股 51 美元，其中 35 美元来自证券的市场价值，另外 16 美元来自公司的制造业务。登普斯特农机公司的证券投资组合已经和其余那部分合伙公司的投资组合规模相当了。[6]

对于公司的这种转变，巴菲特对其自然结果向大家提出了合理警告：

> 有一点需要大家注意，去年，我们主要是解决登普斯特的资产转化问题，因此，影响登普斯特的绝对不是股票市场的波动，而是我们处置资产的成果如何。1963年，制造业务中的资产仍然重要，但是从估值角度来说，因为我们所做的像在合伙公司所做的投资一样，将登普斯特的大量资金用于买入低估值型的股票，它的表现会明显更接近于低估值型。

像这样深深参与到管理登普斯特这类控股公司中，对巴菲特来说还是头一次，哈里也让他第一次见识到一个可靠的高素质总裁可以带来怎样重大的改变。在"致股东的信"中，巴菲特对哈

第九章 登普斯特农机公司：资产转型之路

里·博特尔大加赞扬，这也逐渐成为巴菲特后来的标志性作风。借用戴尔·卡耐基的话就是：表扬单个人，批评一类人。

巴菲特和哈里一起，继续缩减登普斯特农机公司的存货等资产，直到资产规模降低到可以产生令人满意的回报为止。后来，我们的故事在1963年画上句号。登普斯特公司剩余的工业资产连同公司名称一起被卖掉了。

故事的最后，我们从一个方面可以看到巴菲特在实现税后利润最大化方面所具有的敏锐性。因为所有的工业类资产都被卖掉了，只有证券资产依然被保留下来。巴菲特这一举措使得登普斯特农机公司避开了企业资本增值税，有效地实现了合伙公司利润翻倍，获得每股45美元的收益。

虽然投资登普斯特带来的利润相当可观，但是巴菲特后来再也没能达到这样高的回报。当地的新闻媒体讽刺他是一个公司清算人。[7]后来（1969年时），巴菲特被问起会不会清算掉伯克希尔公司的纺织业务时，他这样说道：

我不想清算掉一个雇用了1 100人的业务，尤其在管理层已经在努力改善公司相对整个行业的表现，而且也取得了合理结果的时候，同时该业务目前尚不需要额外的资本投入。我也不想为了每年的收益多几个百分点而产生大量的人员变动。[8]

登普斯特同道中人

学习巴菲特将投资知识应用到登普斯特农机公司上，对于今天的投资者来说有几方面建设性意义。首先，它让大家意识到一个错误看法，即只有大型投资者才能涉足控股型投资领域。1961年时，登普斯特农机公司的市值只有160万美元，约合今天的1 330万美元。其次，能够在小规模投资上玩得好给巴菲特早期投资带来很大优势，这种能力对今天任何一个做小资金投入的人来说都大有好处。低估值型—基于私有资本视角股票让投资者有两手准备，这点对激进派和控股股东来说都是优势。即便是那些投入少量资金的人，也可以在微型服公司中将这点优势放大。

巴菲特的投资始于价值被严重低估的证券，但他不是这一投资领域唯一的传奇人物：戴维·艾因霍恩（David Einhorn）于1996年用不到100万美元成立了对冲基金绿光资本（Greenlight Capital），如今规模巨大。他当时发现了一家名为C. R. Anthony的微型资本net-net型公司，其股价只有净营运资本的一半。艾因霍恩将其资产的15%投入到该公司股票上，到公司被收购当年，他赚取了500%的利润。[9]作为一个亿万富翁，对艾因霍恩来说这类机会不太可能再出现了。业内专家指出，要想在2014年把100多万美元按net-net策略进行多样化投资，实在太难了。[10]如果你还没有足够的钱参与其中，那就开心地去寻找更多的机会吧。

第九章　登普斯特农机公司：资产转型之路

价值：账面价值 vs 内在价值

如今，互联网上有大量用于筛选股价低于其账面价值或低于净营运资本的工具。等比例地买进这样一篮子精挑细选的股票，然后持有一两年（托拜厄斯·卡莱尔的策略之一），这种方法已经被历史经验证明是非常有效的。但是，如果你希望像巴菲特那样进行更为集中的投资，那你就得做一些分析工作，从理解公司资产的真正经济价值（可实现的清算价值）入手。

提到登普斯特农机公司的那些信中，关于巴菲特对这类问题公司资产的真实估值过程，有很多具体的细节性叙述。今天的深度价值投资者仍然在运用相同的分析方法。对登普斯特农机公司的详述是史无前例的，因为我们不仅从中看到了巴菲特最初一步一步进行价值评估的过程，还看到了随着各类情况的出现，这些估值是如何随之改变的。

重要的一点是，与利润估值不同，对于资产估值，我们说的就是保守计算得出的清算价值。"我们对股票进行估值，不是看我们希望它值多少钱，也不是看对于一个急于入手的买家来说值多少钱，而是看按照现有条件在短期内卖出的话，我们手中的权益会带给我们什么，这才是我们估值的依据。"这一估值过程的理论来源于格雷厄姆。

从本书附录四中可以看到，巴菲特是按照资产负债表中的项目进行的，这些项目按照流动性大小依次排列。现金的流动性最强，因此不需要折价：应收账款（登普斯特农机公司客户尚未支付的欠款）项是按85%进行价值估算；存货项在账簿中按成本计，估值时按65%算；"预付费用及其他"只能按25%核算估值。把这些调整过的数据加起来后你会发现，巴菲特在现实世界中给这些流动资产（流动性最强）的估值是360万美元，虽然实际上它们的账面价值有550万美元。

  接下来，他用拍卖估算法对长期资产进行了估值，这些资产一般流动性较差。对于登普斯特农机公司来说，这部分就是那些工业设施设备（正式项目列为资产、厂房及设备）。注意到80万美元的估值和140万美元的账面价值间的对比吗？要记得巴菲特的依据是在即时出售该资产时这些东西值多少钱——账面价值只是告诉你公司为了得到这些东西支付了多少钱。这一估值过程故意做得保守，是为了给估算过程中的错误留出一部分利润空间。

  对另一些公司进行估值时则要求更加保守。比如，一家零售商的存货大部分都是过时的T恤衫，而另一家生产商的存货则是半成品（比如镀层钢板），前者与后者相比，其估值就需要大打折扣。大家可以做一些调查，从而对行业因素进行更准确的调整。《证券分析》一书对错综复杂的资产估值进行了深入介绍。对于实现我们的目标来说，如果你掌握了这一过程运作的基本法则，了

第九章　登普斯特农机公司：资产转型之路

解在估值过程中小心以避免出错的重要性，那么这本书就足够了。也就是说，一旦你进行了估值工作，研究对象的价值应该是能够确定的。正如巴菲特在信中所说的，"我们寻找的是边际利润大的对象——如果只是看上去近似，那我们就应舍弃掉"。[11]

从附录四的表格中可以明显看出，调整后的资产总值为440万美元。在把230万美元的负债扣除后（都是按账面价值），剩余的220万美元就是调整后的企业价值。股份总数为6万股，算下来每股价值就是最初的35美元。巴菲特28美元的平均价格相当于他通过保守计算且调整后的清算价值的80%。换句话说，尽管和账面价值比起来这一数字低得有些离谱，但更重要的是，和调整后或者说内在的价值比起来，这一低价还是很有意义的。

估值现场

在哈里·博特尔接手这项工作6个月的时间里，他有能力为公司带来巨大的进步，使公司运转起来，从附录四中的表格里我们再一次看到，他是如何促使登普斯特农机公司成为一家更具价值的公司的。巴菲特在报告中欣喜地说道："把登普斯特农机公司大笔的资产转为现金，这一成功转型带来的每一美元收入都是实打实的，这已经成为1962年的一大亮点。举个例子，去年年末价值420万美元的存货到今年年底可能只值190万美元左右，在这一项目上的估值就要减少大概92万美元（230万美元贬值的40%）。"在每一个估值项目上都使用相同的调整因素，揭示了这一估值过程究竟是怎么带来每股15美元的增值的。

巴菲特向合伙人解释了这些数字：

值得注意的有三点。第一，虽然由于资产清理和核销（存货核销了55万美元，固定资产出售价格高于账面价值），净资产略有减少，但是我们将资产变现的速度是相当快的，比我们年初估值时的预期要快多了。第二，可以说，我们把不赚钱的制造业务中的资产变现，投入到了能赚钱的股票投资生意里。第三，我们廉价买入资产，用不着变戏法，就能获得极高的收益率。这是我们的投资理念之本："永远不要指望卖出好价钱。就是要买得很便宜，卖出价格不高也能很赚钱，多赚的就算锦上添花了。"

铭记资产负债表

巴菲特教给投资者，把股票看成一种渠道，借此持有组成企业的资产份额。有两种方法用来确定企业的价值：一是如果卖出资产，能值多少钱？二是相对资产价值而言，利润需要达到什么水平。这对一切企业来说都是如此，而且这两种方法存在相互联系。巴菲特说："今年哈里继续把利用率低的资产转变成现金，

第九章 登普斯特农机公司：资产转型之路

不仅如此，他还把那些必需资产的生产效率带动起来了。"

从操作上讲，只有三种方法可以帮助企业提升价值：一是增加销售额；二是减少销售额中成本的比重；三是降低资产在销售额中的比重。当然还有其他因素，如增加杠杆或者降低税率（企业价值的经济驱动力）。这些只是使企业自身价值获得进一步提升的方法。

巴菲特在管理登普斯特农机公司时可谓"全力出击"。提高替换部分的价格同时降低运营成本使用的是上述第一、第二种方法，减少存货（资产）则运用了第三种方法。巴菲特借钱用来买更多的股票是对增加杠杆的应用。在降低税率上，他通过卖出公司全部的运营资产避免了一大笔税收。

当企业赢利能力提上去而所需资本降下来时，企业的收益和价值就会双双飞速提升。巴菲特从根本上明白这一点，对于今天的投资者中着迷于前两点而牺牲第三点的人来说，登普斯特农机公司就是一个有力的例证。摆脱掉公司中利用率低的资产不仅可以带来资金，供其他地方使用，还可以使企业更优秀、更具价值。对于类似的个人投资者和专业投资者而言，这是个很好的提醒，大家应该把关注点首先放在资产负债表上（在一系列财务报表中它处于首位是有原因的）。永远不要忽视一项事实，即如果没有有形资产的话，就没有利润可言。

203

"致股东的信"的经验：登普斯特农机公司

1961年7月22日

我们已经开始进行一笔规模可能很大的投资，现在正在公开市场收集筹码，我当然希望这只股票至少在一年里不要上涨。这样的投资可能影响短期业绩，但是把时间拉长到几年，不但非常有可能实现超额收益，而且还可以拥有极高的防守型特征。

1962年1月24日

登普斯特农机公司

我们目前拥有登普斯特农机公司的控股权，它位于内布拉斯加州比阿特丽斯。我们最开始是5年前把这家公司作为低估值型股票买入，后来买到一大笔股份，4年前，我进入了董事会。1961年8月，我们取得了绝对控股权。从这笔投资中就可以看出来，我们的很多投资确实都不是一蹴而就的。

目前，我们拥有登普斯特70%的股份，一些人联合持有10%。剩余股东人数只有150名左右，这只股票几乎没什么成交量，这个对控股股东来说也没任何意义。在这种情况中，我们的举动就可以令股价发生巨大变化。

因此，我很有必要估算我们的控股权益在年末的价值。无论是新合伙人买入，还是老合伙人卖出，他们的权益变动都以这个

第九章 登普斯特农机公司：资产转型之路

价格为依据，所以我的估算很重要。我们对股票进行估值，不是看我们希望它值多少钱，也不是看对于一个急于入手的买家来说值多少钱，而是看按照现有条件在短期内卖出的话，我们手中的权益会带给我们什么，这才是我们估值的依据。我们将致力于提升这家公司的价值，我们看好它价值提升的前景。

登普斯特生产农具和灌溉系统，1961年的销售额是900万美元左右。近年来，与投入的资本相比，经营利润微不足道。这一方面是因为管理不力，另一方面是因为行业现状不景气。目前，该公司的合并净资产（账面价值）是450万美元左右，相当于每股75美元，合并营运资金是每股50美元左右，我们估算我们的权益在年末价值每股35美元。我不敢说我的估值准确无误，但是我认为对新老合伙人而言，这是一个公允估值。只要赢利能力恢复到中等水平，这家公司的价值就能有所提升；就算赢利能力恢复不了，我们将来也能从登普斯特实现更高的价值。我们买入控股权的平均成本价是28美元左右，按35美元的价值计算，这只股票目前占合伙基金净值的21%。

我们的这部分投资，不可能只是因为通用汽车、美国钢铁涨了也跟着涨。在火热的大牛市中，与买入大盘股相比，控股型投资似乎很难赚钱。但是，在当前的市场水平上，我看到的更多是风险，而不是机会。控股型和套利型可以保证我们在投资组合中有一部分是与这些风险绝缘的。

1962年11月1日

本年年末,我们打算继续使用去年年末的方法对这部分控股权益估值。在计算时,我使用不同的折价率对资产负债表中的各个项目估值,得出短期内清算可实现的价值。在去年的计算中,我将存货打六折,应收账款打八五折,再加上固定资产拍卖估算价,得到的估值是每股35美元左右。

把登普斯特农机公司大笔的资产转为现金,这一成功转型带来的每一美元收入都是实打实的,这已经成为1962年的一大亮点。举个例子,去年年末价值420万美元的存货到今年年底可能只值190万美元左右,在这一项目上的估值就要减少大概92万美元(230万美元贬值的40%)。我将在年度"致股东的信"中详细介绍这笔投资的进展。现在看来,按照去年同样的折价率,登普斯特年末的估值应该至少有每股50美元。

我们的资产变现工作做得如何?或许只要看现金和负债的变化就很明了。1961年11月30日(登普斯特财年年末),我们拥有16.6万美元的现金、231.5万美元的负债。预计今年末,我们会有相当于100万美元的现金和投资(投资风格与合伙公司一致)以及25万美元的负债。我们看好1963年登普斯特的前景,明年将加快扩大登普斯特的投资组合。

按登普斯特每股50美元的估值,截至10月31日(不计算支付给合伙人的利息),合伙公司的收益率是5.5%。如果能将跑赢道

第九章 登普斯特农机公司：资产转型之路

琼斯指数22.3个百分点的这个成绩保持到年末，这将是我们成立以来取得的最大领先优势。在这22.3个百分点中，登普斯特的估值增加贡献了40%，投资组合中的其他部分贡献了60%。

1963年1月18日

登普斯特农机公司

1962年，我们持有登普斯特73%的控股权，这笔投资的表现是1962年的亮点。登普斯特主要经营农具（大部分产品零售价格在1 000美元以下）、灌溉系统、水井设备以及管道铺设。

过去10年，这家公司销售额增长停滞，存货周转率低，投入的资本根本没创造任何收益。

1961年8月，我们取得了登普斯特的控股权，买入均价是每股28美元，一部分是早些年以每股16美元买的，大部分是8月份通过一笔大宗交易以每股30.25美元买的。在取得一家公司的控股权后，公司的资产价值就上升到了首要地位，股票的市场报价就没那么重要了。

去年，我们按照以不同折价率评估各项资产的方法来给登普斯特估值。在估值中，我没看各项资产的赢利潜力，只把它们当成没赢利能力的资产，计算在短期内清算可以获得多少价值。我们要做的是以较高的复利，让这些资产增值。以下为登普斯特去年的合并资产负债表和公允价值计算。

登普斯特的财年结束于11月30日，由于当时完整的审计报告还没出来，我估算了一些数字，最后得出登普斯特去年的价值是每股35美元。

起初，我们希望能和原管理层共同努力提升资本效率、提高利润率、降低开支。我们的努力毫无成效。在徒劳无功地努力了6个月后，我们发现管理层要么是能力不行，要么是不愿改变，对我们的目标只是嘴上应付，什么都没做成。这个状况必须改变。

我有个好朋友，他从来都不过分夸耀谁，但是他强烈向我推荐哈里·博特尔，说哈里能解决我们的问题。1962年4月17日，我在洛杉矶见到了哈里，我和他谈好了目标和报酬，4月23日他就来到比阿特丽斯出任登普斯特总裁。

哈里绝对是我们的年度之星。我们给他设定的每个目标，哈里都达到了，而且总是给我们带来意外的惊喜。他完成了一个又一个看似不可能的任务，而且总是先挑最硬的骨头啃。我们的盈亏平衡点降低了一半，销售缓慢或毫无价值的存货被清仓或核销，营销流程整肃一新，没赢利能力的设备统统卖掉。

哈里的贡献从下面的资产负债表中可见一斑（见附录四）。表中呈现的仍然是不能赢利的资产，依旧按照去年的方法估值。

值得注意的有三点。第一，虽然由于资产清理和核销（存货核销了55万美元，固定资产出售价格高于账面价值），净资产略有减少，但是我们将资产变现的速度是相当快的，比我们年初估

第九章 登普斯特农机公司：资产转型之路

值时的预期要快多了。第二，可以说，我们把不赚钱的制造业务中的资产变现，投入到了能赚钱的股票投资生意里。第三，我们廉价买入资产，用不着变戏法，就能获得极高的收益率。这是我们的投资理念之本："永远不要指望卖出好价钱。就是要买得很便宜，卖出价格不高也能很赚钱，多赚的就算锦上添花了。"

1963年1月2日，登普斯特获得了125万美元的无抵押定期贷款。再加上从登普斯特"释放"出来的资金，我们可以给登普斯特构建一个折合每股35美元的投资组合，远高于我们买入整个公司时支付的价格。因此，我们当前给登普斯特的估值包括两部分：一部分是制造业务，每股16美元；另一部分是证券组合，与合伙公司投资方式类似，每股35美元。

我们会争取让16美元的制造业务以较高的复利增长。我们相信我们有能力实现这个目标。如果按照现在的状况，制造业务将来能赚钱，那就好办了。就算它不赚钱，我们也有办法。

有一点需要大家注意，去年，我们主要是解决登普斯特的资产转化问题，因此，影响登普斯特的绝对不是股票市场的波动，而是我们处置资产的成果如何。1963年，制造业务中的资产仍然重要，但是从估值角度来说，因为我们所做的像在合伙公司所做的投资一样，将登普斯特的大量资金用于买入低估值型的股票，它的表现会明显更接近于低估值型。考虑到纳税问题，我们可能不会将登普斯特的资金用于投资套利。今年道琼斯指数的涨跌会严重影响登普斯特的估值，这和去年不一样。最后，还有一个很重要的问题要告诉大家。我们的合伙公司现在找到了一个善于经营公司的人才，有了他的帮助，我们将来的控股型投资会做得更好。我去邀请哈里之前，他从没想过要管理一家农机公司。他善于适应新环境，工作努力，执行能力强。他希望自己工作做得好，报酬也要高，我喜欢这种人，他不像有的经理人，就知道在总裁办公室配备镀金洗手间。

哈里和我惺惺相惜，他与我们合伙公司的合作是一种共赢。

1963年7月10日

在上一封年度信中，我称赞哈里·博特尔是"年度之星"。哈里岂止是年度之星？去年，哈里出色地将效益低下的资产变现，我们随后就把这些现金投资，买了低估值型的股票。今年，哈里继续变卖效率低下的资产，留下来的资产效益也更好了。经过他19个月的努力，登普斯特的资产负债表发生了质变（详见附录四）。

我们以前给登普斯特估值时，针对各个资产负债表项目使用了不同的折价率，不考虑资产的赢利能力，估算它的短期清算价值。

报表中列出了我们使用的折价率。如报表所示，哈里变现资产得到的价值比我的估值高得多。这说明我的估值比较保守，但

第九章 登普斯特农机公司：资产转型之路

主要得益于哈里的能力。

从报表中还可以看出，上半年登普斯特创造了非常令人满意的营业利润（还有大量证券未实现收益）。毫无疑问，经过大刀阔斧的资产精简之后，现在公司的主营业务至少有一般水平的赢利能力了。由于公司经营受季节性因素影响很大，而且有税款抵减，单纯比较1962年11月30日和1963年6月30日的资产负债表，无法准确推断公司的赢利能力。除了经营的季节性因素，更主要的是，年底登普斯特可能还有新进展。今年上半年，我们仍然将它的估值定为1962年末的51.26美元。今年年底，登普斯特的价值不高于51.26美元就怪了。

我再给喜欢基本面分析的合伙人讲个有趣的事情：合伙公司拥有登普斯特71.7%的股份，成本是1 262 577.27美元。1963年6月30日，登普斯特在奥马哈国民银行有个小保险箱，里面存着价值2 028 415.25美元的证券。我们拥有这2 028 415.25美元的71.7%，即1 454 373.70美元。所以公司土地上面（还有一部分在地下）的所有东西都是我们赚的。我的证券分析师朋友们可能觉得我这个会计方法太原始了，说真的，我还是愿意用我这样数手指头和脚指头的方法，不想痴痴地指望别人明年会给我开出个35倍市盈率的报价，我的原始方法更靠谱些。

致登普斯特农机公司股东的信（未收录于"致股东的信"）[12]

1963年7月20日

随信附上一则通知：1963年7月31日星期三7点整，将在比阿特丽斯举行一场特殊的股东大会。这封信是为了让大家提前了解一些事项，我们将在这次会议上进行相关投票。

信后附有财务报表，展示了本财务年度前7个月的未审计利润；还有一张资产负债表，显示的是1963年6月30日公司的财务状况。很显然，从哈里·博特尔去年接任总裁职务以来，他出色的工作业绩一直持续到了今年。我们公司的业务很大程度上受季节因素影响，因此今年一年下来可能就能实现收支平衡。尽管如此，全年的运作结果显然会是近几年来表现最好的之一。

通过处理掉不赢利的生产线、关掉不赚钱的分公司、省去不必要的经营费用、调整担保价格等一系列措施，运营业绩有了巨大的进步。除了帮助公司恢复到赢利状态，这些举措还降低了公司业务运行的资本需求。因此，到6月30日，我们共计持有1 772 000美元的可流通证券，其市值为2 028 000美元。显然，不需要多久，公司资产中就会只有60%用于制造部门。管理层致力于利用公司拥有的全部资本带来令人满意的利润，而这种过度资本化过程则带来了不可忽视的问题。

管理层已经考虑过很多种选择，想办法充分利用公司的这笔

第九章 登普斯特农机公司：资产转型之路

资金，同时也在探索另一种措施的可能性——在避免缴纳大量普通所得税的条件下，把这些多余资金直接下发到股东手中。把这些资金作为普通股股利按比例分配给股东，纳税显然是不可避免的。我们的法律顾问建议，要把这笔资金分配到登普斯特公司股东手里，最有效的方法就是把公司作为持续经营的企业，卖掉公司的运营资产，而后就会对公司进行清算。这不是说对公司的营运业务进行清算，因为在清算前它就已经按持续经营业务被卖掉了。然后所有资金都会按比例分配给股东，只需要按超过每位股东持有股票起税点的部分缴纳资本利得税。尤其注意，这一过程最好尽快完成，因为按我们的审计师计算，公司的结转税金所剩不多，而且从今以后，我们的营业利润要拿出52%用于缴纳联邦所得税。

　　按现在的管理模式，董事会一致认为，和单纯进行资产清算的价值比起来，登普斯特的业务如果持续经营则具有更高价值。因此，我们相信将其作为持续经营企业卖出去能实现股东、员工和客户利益的最大化。任何买家都可以联系哈里·博特尔，他负责管理这项事务。在公司卖出之前的这段时间里，我们任命哈里负责管理运营事项，这会和我们过去一年里的运营方案保持一致。生产和分配方面与去年的形式一样，而原材料还是照旧采购，生产计划还是正常进行，等等。

　　就在最近，公司执行委员会和几位有购买意愿的代表进行了协商，期待这笔交易以持续经营模式出售。尽管看起来有两家的方案存在的分歧比较小，但是都没有成交。目前有一家财团对此很有兴趣，他们正在对公司的运作进行分析，其意向已经告知我们，他们希望对比阿特丽斯的运营规模进行实质性扩张。

由于我们公司业务本身具有季节性，对任何买家来说，有必要在秋初进行运营交接，以便为来年春天的销售旺季做好充分准备。因此，董事会觉得最近应该采取一些具体措施。

随信附上的特别会议通知中，对以下事项进行了说明：

9月13日前，我们的精力将继续放在公司出售上，在谈判的基础上以持续经营模式卖掉。

这次股东大会之后我们会立即打出广告，广泛告知我们的出售意向。我们打算联系泵机、工具机械以及化肥领域的主要企业。9月13日前我们会一直保留谈判基础上的出售权。这段时间里，可能会根据买方意愿对合同进行调整。

如果9月13日前没能达成谈判出售事宜，那么在9月30日就会举行一场公开出售，届时我们将会提供一份标准的出售合同，所有竞标者都必须严格遵守。买卖将以现金形式成交。合伙公司持有登普斯特公司44 557股股份，如果进行公开出售的话，合伙公司目前打算给出报价，而且打算和其他任何一位或多位给出报价的股东一起，以合伙制或合资企业形式经营，如果他们也愿意的话。当然，登普斯特的所有股东都可以以个人名义进行报价。

第九章 登普斯特农机公司：资产转型之路

我们想再次强调一下，登普斯特将以持续经营模式进行出售，买方购买后将有权以登普斯特的名义进行运营。董事会当前的打算是，在出售公司后，按顺序对实收款项进行分配，同时除去那些以实物分配更方便的资产外，对公司其他资产进行相应处置。

尽管很显然不可能估计出股东最后能实现的收益会是多少，但是可以肯定的是，这会比当前或过去登普斯特农机公司股票的报价高。因此，我们建议各位股东继续持有手中的股份，至少在得知有关出售情况的进一步消息前还是要继续持有。

我们希望所有股东都能出席这次特别会议，我们会尽可能回答所有问题。如果有不能到场的，可以把问题写下来，我们会尽快答复。

你最真诚的

沃伦·巴菲特

董事会主席

1963年11月6日

1963年，一方面，哈里恢复登普斯特赢利能力的速度比我预想的快得多，我们很快就用完了盈亏互抵，需要缴纳巨额税款；另一方面，登普斯特公司有大量流动资金用不完，我们别无选择，只能想办法把公司注销或卖出去。

我们着手在1963年年末之前解决这个问题。注销公司很麻烦，但是我们的合伙人可以多获得一倍的收益，而且不用为登普斯特持有的证券缴纳资本利得税。

我们最初谈了几笔交易，都是快谈到最后时没谈妥。几乎到了最后一刻，我们达成了一笔出售资产的交易。虽说我们对这笔交易里的很多细节并不满意，但是整体来说，我们大概获得了净资产的价值。加上我们通过有价证券投资组合获得的收益，我们实现的价值是每股80美元。登普斯特（已更名为比阿特丽斯第一公司，我们将登普斯特商标出售给了新公司）现在几乎只剩下现金和有价证券了。在巴菲特合伙公司的年末审计中，我们持有的比阿特丽斯第一公司的估值方法是用资产价值（以市价计算证券价值）减去20万美元储备金。

顺便说一句，我认为买方会把登普斯特经营得很好。他们很有能力，针对将来如何拓展业务和提升赢利能力，制订了完善的计划。无论是以非法人的形式经营登普斯特，还是以合理的价格卖出去，我们都很乐意。我们在投资中追求的是买得好，而不是卖得好。

哈里和我一样，我们都喜欢丰厚的奖赏。他目前已经是巴菲特合伙公司的有限合伙人。下次我们再有需要瘦身的公司，就会派哈里上阵。

从登普斯特的故事里，我可以得到以下几点启示：

1.我们所做的投资需要耐心。有的投资组合里都是一路飙升的热门股票,我们根本不买这些股票。在热门股风头正劲时,我们的投资可能看起来乏善可陈。

2.在买入我们看好的股票时,它们的股价几个月甚至几年停滞不动,对我们来说是好事。所以说,要给我们足够的时间,才能看出来我们的业绩如何。我们认为这个时间至少是三年。

3.我们不能透露我们正在做的投资。把我们的投资说出去,提高不了我们的收益,还可能给我们带来严重损失。包括合伙人在内,无论是谁问我们是否看好某只股票,我们都会援引宪法第五修正案保持沉默。

智慧锦囊

很久之后再回顾登普斯特公司的投资,巴菲特说:"启用哈里可能是我曾做过的最重要的管理类决定。登普斯特农机公司在之前的两个经理管理时一直存在很大问题,而且银行总是觉得我们公司会破产。如果登普斯特继续衰退下去,那么我的生活还有财富很可能大不相同。"[13]

这个故事不仅令人振奋,还给了我们这么好的机会能站在巴菲特的肩膀上看明白这项投资的发展过程。我们从故事中了解了格雷厄姆对net-net战略进行估值的基本方法,还看到巴菲特是如何通过调整影响企业价值的 5 项重要因素来提升公司运营能力、增加其价值的。

在接下来的几章中，我们的关注点将会转向合伙公司在如何避免投资过程中的常见错误上带给我们的经验。这些常见错误有：混淆传统思维方式与实际保守操作；对赋税问题考虑过多；认为规模会影响收益绩效。同时我们还要知道，在别人弹尽粮绝时保持自己的投资筹码的重要性。

第十章
保守与传统

民意调查代替不了独立思考。[1]

——1965年1月18日

在大多数情况下，随大溜可能是非常有效的策略。好比你去一所不熟悉的学校看一场大型比赛，在比赛开始前，朝着人多的方向走就是找到体育馆的好办法。类似的还有，如果你看到大家都神情慌张地从电影院跑出来，那很可能暗示着你最好不要进去。下次再见到大家都聚在一起往一个方向看时，看看你能不能克制自己，不去从众。我敢打赌你不行。这种本能已经根深蒂固，我们称其为社会认同效应，而且在大多数情况下，这一效应往往很有帮助。

社会认同也恰恰是把人引入投资地狱的毒药。它使你沉迷于作为人群中一分子的舒适感，然后灭杀掉你获得高于市场收益的机会，因为很显然，处在芸芸众生之间就意味着你的投资视野受到局限，缺乏足够的多样性。对大部分人来说，超过平均收益水平很难。

成功的投资要求你自己去思考，锻炼自己适应那种与众不同的思维方式和行为方式。也可以说，好的结果主要来自自信与谦虚之间的合理调整——足够自信是相信自己可以超过市场的集体智慧，足够谦虚是认识到自己能力的局限性并且在发现错误时愿意及时改变策略。

你必须对事实和环境进行评估，运用逻辑推理形成一种理论，然后当事实与设定的标准相吻合时就采取行动，不要去管大家是否认同你的结论。要做好投资往往会和社会认同的观点背道而驰，这一过程会与人类与生俱来的内在本质相悖。这也部分解释了做好投资的不易之处。

霍华德·马克斯（橡树资本创始人）是与巴菲特同时代的人，他爱好文学，他鼓励读者们要"敢于做大事"，这样才能成为更优秀的投资者。他对读者们说："其实真正的问题在于，你敢去做那些为使你变得更加优秀而必须要做的事吗？你愿意独树一帜，乐于接受错误吗？为了有取得好结果的机会，这两点都是你必须要接受的。"[2] 在巴菲特的职业生涯中，他就是因为敢于与众不同，而且很少出错才获得成功的。

通过这些信件，我们可以洞察到巴菲特一直坚持的独特投资方法中很重要的两点。第一，投资领域的保守派是以准确的事实和可靠的推理为分析依据的——尽管有时这并不传统，还往往不按常理出牌。一项投资必须对你有意义才行，不应该让大众的偏好左右你。实际上,最后那些随大溜的人往往要付出最大的代价。最好的买入时机恰恰与随大溜相反,就是在你发现自己与传统观点或者那些风靡一时的潮流反向而行时。

第二,在条件相当的情况下,集中性的证券组合可能实际上会比多样化的投资组合更加保守。一般而言,学术界的观点常常与这种观点相冲突:他们往往受到精妙的数学计算蛊惑,偏离了"少即是多"带给我们的更好结果;更何况那些数学过程由于是以错误的前提为基础,认为股票的贝塔系数(股票随市场波动的程度)是衡量其风险(一直亏损的概率)的合理标准,因而结论也不对。后者的错误联系经过外推,结论认为,贝塔值较低的证券组合风险更小。因为从数学角度看,增加证券组合的股票数量确实会降低整体的贝塔值,也就是说投资多样性的增加被看成是整体风险的进一步降低。如果A=B、B=C,那么A= C,对吗?认为"贝塔=风险"的观点已经造成(并将继续造成)太多与实际不符的投资观点了。芒格和巴菲特会告诉你这是一个多么明显的错误,因为数学是很简单的。一些业内人士利用金融工程和微积分等工具,把数值精确到小数点后几位,还是会得出错误结论;这些精确的数字导致了对证券的错误认识。正如凯恩斯常说的,粗略的正确胜过精确的错误。

巴菲特的投资非常集中,他觉得自己的操作很保守。在你明明可以以更吸引人的价格买更多你最喜欢的股票时,为什么要去买在你心里排第十（更别说排第一百的了）的股票呢？在边际投资的风险和机会成本管理方面，还有很多需要跟巴菲特学习的，这些可以从他关于保守投资真谛的评述中找到。

为自己考虑

对巴菲特来说，理性就是保守。有时候这种方法最终可能是传统的，有时又不是。如他所言："如果你的假设是正确的，所依据的事实是正确的，而且推算过程也是正确的，那么在众多交易过程中，你的投资策略也会是正确的。只有知识和理智才可能成就真正的保守派。"在投资领域，一般很多人都理解错了这一点。买入证券的最佳时机是在大众都恐慌之时。如果连出租车司机都在谈论自己的证券投资，那么此时小心谨慎才算明智。

华尔街有句老话，"开始时最好的观点到头来往往是个馊主意"。当有一大批人认同巴菲特的观点时，他一点都不觉得舒服；他不在乎那些举足轻重的政要是怎么想的。他认为一般来说，当有许多人，包括那些专家观点一致时，就需要保守派来检验其结果了。这一观点十分有力，使他在保守派问题上的观点从那些传统观点中脱颖而出。

"致股东的信"教给投资者的一点经验是，任何人只有在一种情况下才可以做投资，即完全了解清楚当时的重要事实，同时明确了每一步操作过程后。否则就直接放弃。举个例子，在投资桑伯恩公司时，巴菲特以七折的价格买进证券组合，还免费附带整个地图公司，他认为自己十分确定能从这只股票上赚钱，于是就进行了大手笔投资。当他发现登普斯特农机公司的股票价格低于其过量存货的价值时，就开始建仓买进。每个案例中，只要是在他的能力范围之内，在了解清楚影响潜在收益的主要因素后，他就开始行动了。我们什么时候能面带微笑，真正放松了，就说明我们真的透彻了解了是什么情况，这些事实也都确定而且一目了然，未来走势也显而易见了。在这种情况下——不管是传统还是非传统，不管别人是否认同，我们都觉得自己的投资是稳稳当当往前走的。

建　仓

巴菲特告诉过合伙人，如果他能有 50 种不同的机会获得高于道琼斯指数 15% 的收益，而且成功率还相当高，那当然再好不过了。那样的话，即便他在一两项投资中出现失误，收益结果依然会相当可观。但是正如他所说："事实并非如此……我们不得不为了找到极少的几个吸引人的投资项目而兢兢业业地拼命工作。"

在把 6~8 家业务不相关的生意（股票）添加到证券组合中后，投资多样性带来的好处很大程度上就消失殆尽了。我们这里讨论的多样性是指影响公司利润的因素,而不是公司股票的协方差或者其他一些类似的技术指标。你找几只股票就能把那些无关因素抵消掉。比如,如果你同时持有埃克森美孚公司(美国炼油公司)和宣伟公司(建筑涂料公司)的股票,可能你就不用关心油价走势了。一般来说,油价上升对埃克森美孚是利润增加的好事,但是对宣伟公司来说就是坏消息,因为石油及其衍生品构成埃克森美孚收益的主要来源,同时也是宣伟公司制造成本的最大组成部分。假设你不考虑石油价格走势(我也不知道)这一问题,而只是出于某种原因投资到这两家公司股票上,且其他条件都相同时,把这一可能影响你的投资组合的因素抵消掉显然更好。如果你能找到6~8只不同的股票,就能抵消掉大部分无关因素了。

但是,随着这一批后加进来的股票不断降低投资组合的风险,利润也因为投资组合期望收益的降低而被吞掉了很多。事情的真相就是,好的投资目标——低风险、高回报的潜在投资机会——并不会经常出现。大多数时候,排在第七位的股票期望收益会远远低于你最看好的那一个。

巴菲特越来越相信在条件合适的时候及时建仓买入的好处了。1965年,他修订了投资基本原则,增加了一项条款,就是在我们的事实依据和推算过程保证高度准确,同时保证投资项目的潜在价值不会出现剧烈变动的条件下,允许合伙公司净值中最高40%可以用来投资到一只证券上。换句话说,在事实确切清晰、未来

第十章　保守与传统

走势明朗，以及损失概率最小的时候，就可以放手去建仓。

20世纪90年代末，巴菲特给一群大学生提出了以下建议：

> 如果你真的能找到6家生意不错的公司，那就是你实现投资多元化所需要的数量。我保证你会因此而赚很多钱。把钱放在第七家公司上，而不是把更多的钱投在最好的那家公司里，绝对是个错误。几乎没有人因他们第七好的投资目标而赚钱，很多人却因为他们找到最好的那家公司而发财。所以我认为，对任何一个拥有常规资金量的人而言，如果他们真的了解自己投资的生意，6个已经绰绰有余了，在拥有的股票中，有一半左右是我最看好的生意。[3]

和合伙公司年代一样，现在还有大批的激进派投资经理管理着包含100多只股票的投资组合。在"致股东的信"中，巴菲特嘲笑这群人说：

> 任何拥有这么多股票还像模像样地研究过每一只股票的人，估计是学了某种投资价值观（我才不管这些人有多著名），我称之为挪亚学派的投资哲学——任何东西都来一对儿。这种投资者应该去开挪亚方舟。虽然挪亚每种生物都选一对儿的方式是根据经过时间检验的某种生物规律，但挪亚方舟派的投资者这么做却偏离了数学的基本原理。（我平面几何差点挂科，但是我已经仔

细筛选过我们的合伙公司，把数学家排除在外了。)

检验保守性投资

巴菲特很快意识到自己的想法非常主观，于是为解决问题提供了量化方案："对以往策略的保守性进行理性估计的方法之一就是在市场下跌时分析收益绩效。"而后他列出了自己的证据，向大家展示在市场行情不好时，合伙公司是怎样做到一直超越市场表现的。这对任何投资者检验过去的保守性投资都是一个好办法。

从合伙公司成立到1965年，道琼斯指数有三年是下跌的。如果把那三年的收益绩效加在一起，巴菲特合伙公司的同比累计利润率是45%，而道琼斯指数是–20%，巴菲特经常用来做参照的那些经理获得的同比收益率从–9%到–24%不等。

尽管他承认这种比较并没那么重要，但他还说："评价任何一个投资项目或者管理（包括自我管理）的保守性，都应当以理性客观的标准为基础，而我觉得市场下跌时的收益表现至少应该成为一个有用的检验标准。"

在经营合伙公司期间，巴菲特的投资从来没有哪一年出现亏损，这一事实确实可圈可点。斯坦利·德鲁肯米勒和乔治·索罗斯先前也赚了上百万美元。斯坦利在杜肯资本管理公司（Duquesne）管理了20年资金，这一对冲基金也从没在哪年出现过亏损。乔尔·格林布拉特（Joel Greenblatt）是又一位著名的投资人，他管理的戈坦资本（Gotham）年平均收益率达50%，1985—1994年从未出现过亏损。能够在市场下跌时仍然取得不错的收益，是这三位伟大的投资者所共有的特点。

最佳打算影响下个选择

在考虑把一只新公司股票加入到你已有的投资组合中时，比较一下它和你手中持有的最好的那家公司的股票各自的特点。用这种方法深入了解你持有的股票，能够避免过于分散地投入到太多股票中而稀释掉你的期望收益。

如果你从前没听说过"权益资产成本"或者"资本资产定价模型"，那简直太好了。这些都是那群看数字说话的人创造出来的复杂计量工具，就是为了解决一个非常简单的问题：不管在什么时候给出可选的投资项目，如果值得加到我们的投资组合中去，我们需要从中获取的最小期望收益是多少。那些用计算器或电子表格算出这些数的人又一次把贝塔系数和风险混为一谈了，而且他们设计出的这些计量工具尽管从数学角度看很精妙，但是往往没什么用。别想那些东西了！当你新发现一家不错的公司时，只有当它比你手中现有股票还要吸引你时，再出手买入。

巴菲特在真正的保守性问题上的观点与传统理念形成了鲜明

的对比。从根本上说,他的观点是以自己的独立思考和保守推理的应用为基础的。确定一项操作是否保守的依据是事实,而非其流行程度。这也使得巴菲特与众不同,因为他更关心自己最看好的公司。

"致股东的信"的经验:传统与保守

1962年1月24日

保守性问题

在上述三类投资中,你可以对我们投资组合的保守程度有个大概了解。很多年以前,许多人买了中期或长期市政债券或国债,以为自己很保守。这些债券的市值多次大跌,很多人肯定也没做到资产保值或提升实际购买力。

现在,很多人意识到通货膨胀的问题了,但可能又担心过头了,他们几乎不看市盈率或股息率就买入蓝筹股,以为自己很保守。那些以为买债券就是保守的人,我们看到他们后来的结果了;现在以为买蓝筹股就是保守的人,结果如何还不得而知,但我认为这么投资风险很大。猜测贪婪善变的大众会给出多高的市盈率,毫无保守可言。

不是因为很多人暂时和你意见一致,你就是对的;不是因为重要人物和你意见一致,你就是对的。当所有人意见都一致时,

第十章 保守与传统

正是考验你的行为是否保守的时候。

如果你的假设是正确的，所依据的事实是正确的，而且推算过程也是正确的，那么在众多交易过程中，你的投资策略也会是正确的。只有知识和理智才可能成就真正的保守派。

我们的投资组合和一般人的不一样，完全不能证明我们是否比一般人更保守。是否保守，必须看投资方法如何、投资业绩如何。

我认为，要客观评判我们投资的保守程度，就应该看我们在市场下跌时业绩如何，最好是看我们在市场大跌时的表现。1957年和1960年，市场温和下跌，从我们的业绩可以看出，我说得没错，我们的投资方法确实极为保守。我欢迎任何合伙人提出客观评判保守程度的方法，看一下我们做得如何。我们的亏损从来没超过净资产总额的0.5%或1%，我们实现的收益总额与亏损总额之比约为100∶1。这表明我们一直处在上行的市场中，但是，在这样的市场里，一样可能出现很多亏钱的交易（你自己就能找到一些例子），所以我觉得这个比例还是能说明一些问题的。

1965年1月18日

保守性问题

看到上述大基金的业绩，有人可能会问："这些大基金的业绩是差一些，但是它们的投资是不是比我们更保守？"要是你这

231

么问基金经理,他们会绝对坦诚地告诉你,基金公司更保守。要是你这么问100位分析师,我相信他们大部分人也会说基金公司更保守。我不同意!我90%的净资产都在巴菲特合伙公司里,我的很多亲戚都在合伙公司里有投资,当然,这只能说明我的诚意,证明不了我的投资更保守。

没错,与我们相比,大基金的投资方式更符合常规。很多人以为符合常规就是保守,我觉得这种想法错了。一种投资方法是否保守,不在于是否符合常规。

真正的保守投资源于聪明的假设、正确的事实和可靠的逻辑。按照这三点做出的投资,有与常规相符的时候,但更多时候是与常规背道而驰的。在世界的某个角落,地平说协会或许还在定期开会呢。

我们不会因为重要的人、善辩的人或大多数人赞同我们而感到踏实,也不因为他们不赞同我们而感到踏实。民意调查替代不了独立思考。我们什么时候能面带微笑,真正放松了,就说明我们真的透彻了解了是什么情况,这些事实也都确定而且一目了然,未来走势也显而易见了。在这种情况下——不管是传统还是非传统,不管别人是否认同,我们都觉得自己的投资是稳稳当当往前走的。

上面的论述有很强的主观色彩。没错,大家应该要求我进行客观分析,我也愿意进行客观分析。如何合理地评估既往投资策

第十章　保守与传统

略是否保守,我的建议是研究市场下跌时的业绩表现。表格中市场下跌的年份只有三年,而且都是温和下跌,不足以用于此项检验。在这三年里,我们的投资业绩都明显优于更常规的投资组合。

如果我们把这三年连在一起,则累计业绩如下所示:

特瑞科集团	−9.7%
道琼斯指数	−20.6%
马萨诸塞投资信托基金	−20.9%
雷曼兄弟公司	−22.3%
投资者股票基金	−24.6%
巴菲特合伙有限公司	45.0%

这个比较算不上多重要,但是可以说明一些问题。不谈价格,只说"我们拥有美国电话电报公司、通用电气、IBM和通用汽车,所以很保守",这样的观点,我们不敢苟同。总之,评估投资方式或资产管理人(包括自己管理)是否保守,要以合理的客观标准为依据,衡量下跌行情中的业绩表现是一种行之有效的检验方法。

1966年1月20日

关于分散投资

去年,在讲到大多数基金经理的业绩还不如随机选股时,我给出的分析是，在多数情况下，绝不是基金经理头脑或品行的问题。我把这个现象的原因归结为如下几点："（1）群体决策——这或许是我的偏见：我认为，只要是一个群体，所有成员共同参与决策，投资管理工作几乎就不可能达到一流水平；（2）力求与其他声誉卓著的大型机构保持一致的倾向（某种程度上），无论是策略，还是部分投资组合；（3）机构框架的束缚——平均水平很"安全"，对个人而言，特立独行的回报与风险毫不相称；（4）僵化固守某些不理智的分散投资策略；（5）最后一点，也是最重要的一点——惰性。"

在今年11月份给各位寄送的材料中，我特别提醒各位注意，我新增加了一条基本原则："7.与大多数同行相比，我们的分散程度远远更低。一笔投资，我们掌握了事实和逻辑，正确的概率极大，与此同时，这笔投资的内在价值不可能出现根本变化，出错的概率很小。在这种情况下，我们可能最多拿出40%的净资产用于这笔投资。"

在分散投资方面，我们遵循的策略显然与几乎所有公募投资机构截然不同。说实话，要是有50个不同的投资机会摆在我面前，每个机会都有每年领先道琼斯指数15个百分点的数学期望值，这再好不过了。要是这50个投资机会的期望值是不相关的（在其中一个投资机会中发生的事件不会影响其他投资机会），我可以把我们的资金分成50份，每个机会投资2%的资金，然后就

第十章 保守与传统

可以高枕无忧了,因为我们的整体业绩会非常接近于领先道琼斯指数15个百分点,这个确定性极高。

实际上不是这么回事。

经过一番艰苦的努力,我们也就能找到寥寥几个可能赚钱的投资机会。按照我们的目标,对于这样的投资机会,我的要求是拥有领先道琼斯指数至少10个百分点的数学期望值。这样的机会本来就不多,在找到的机会里,每个机会的数学期望值又存在巨大差异。我们总要回答这个问题:"按照相对收益的数学期望值,排名第一的要分配多少仓位?排名第八的要分配多少仓位?"这主要取决于第一和第八的数学期望值相差多少,还要考虑第一有多大的概率会出现极其糟糕的相对收益。两只股票的数学期望值可能相同,但是其中一只有5%的概率落后道琼斯指数15个百分点以上,另一只出现这个情况的概率只有1%。前者亏损的概率较大,这就会降低我集中投资这只股票的意愿。

上面的论述把投资说得好像是非常精确的操作,其实不然。我们做投资就是确定事实,然后用经验和理智分析事实,得出数学期望值。这个过程不精确,受情绪影响,但这就是投资。一位投资者,无论是否有意识地进行这样的估算,他在股市摸爬滚打很多年,对许多股票做过决策,从他的长期业绩里就能看出他估算水平的高低。有的投资者有着非常清晰的思维过程,我相信他们在投资中有明显优势。

有一点我非常肯定。就算不以追求良好业绩为首要目标，无论资金量是1 000美元，还是10亿美元，一个投资组合中要是包含了100只股票，就肯定不符合逻辑。在投资组合中加入第100只股票，会拉低整个投资组合数学期望值，这种情况要远远大于平滑组合业绩波动所带来的利好。

任何拥有这么多股票还像模像样地研究过每一只股票的人，估计是学了某种投资价值观（我才不管这些人有多著名），我称之为挪亚学派的投资哲学——任何东西都来一对儿。这种投资者应该去开挪亚方舟。虽然挪亚每种生物都选一对儿的方式是根据经过时间检验的某种生物规律，但挪亚方舟派的投资者这么做却偏离了数学的基本原理。（我平面几何差点挂科，但是我已经仔细筛选过我们的合伙公司，把数学家排除在外了。）

别人持有100只股票的做法不符合逻辑，这证明不了我们就是对的。别人的投资过度分散可能是错的，但我们必须从正面证明，按照我们的目标，我们如何分散才是正确的。

一个最佳投资组合有两个决定因素：一是各种股票的不同数学期望值，二是对业绩波动的容忍程度。选的股票越多，每年的实际收益率与预期收益率越接近，波动越小。既然各只股票具有不同的业绩数学期望值，选的股票越多，预期收益率也越低。

为了追求更高的长期整体收益率，我会放弃以每年的业绩波动为参考（请注意，我这里所说的"业绩"是指相对道琼斯指数的表现)。简单点说，一旦看准了最佳投资机会，我愿意下重注集中投资。我很清楚，我这么操作可能偶尔一年业绩特别差，要是分散了，就没这个情况。这样操作，我们的业绩波动幅度会更大，但是从长期来看，我们的领先优势也更大。

各位从过去几年的业绩里就看得出来，我们相对道琼斯指数的领先优势，最低的是1958年的2.4个百分点，最高的是1965年的33个百分点。再看一下基金公司和道琼斯指数的比较情况，你会发现我们的波动幅度大得多。要我降低我们的波动幅度，我完全做得到，也能保证收益率仍然比基金公司高很多，但我们的整体收益肯定会降低。结合过去几年的投资经历思考这个问题，我有一种感觉：我以前应该再集中一些。于是，我新增加了一条基本原则，又在这里解释了这么多。

再重复一遍，我的逻辑有些不合常规（是对是错，不能通过是否符合常规来判断，你必须独立思考），我尊重你们的不同见解，但如果你们和我看法相左，合伙公司就不适合你们。我们能投入40%的仓位，肯定是遇到了特别罕见的情况。正因为罕见，抓准了机会，才要下重注。合伙公司成立9年来，我们仓位超过25%的投资也只有五六笔。能成为集中投资的机会，首先是与其他机会相比，它们相对道琼斯指数的预期收益率必须远远更高。除此之外，它们还必须是通过定性和定量分析挑选出来的一等一的好机会，出现严重永久性损失的风险极低（短期的市场报价多高多低都有可能，所以说集中投资，每年业绩的波动风险更大）。在安排仓位时，任何一笔投资，我都要对它的仓位进行限制，尽可能降低一笔投资（或相关的一组投资）导致整体组合落后道琼斯指数10%的概率。

目前，我们有两笔投资仓位在25%以上，一个是我们控股的公司，另一个是我们将始终保持被动投资的大型公司。值得指出的是，我们1965年的收益绝大部分来自5笔投资。1965年，这5笔投资对收益的贡献在80万～350万美元（其中有几笔投资的收益是前几年就有了）。要是只算1965年我们规模最小的5笔低估值型投资，我们的业绩就黯然失色了。

有个奇怪的现象，关于最佳分散选择的推理计算这个问题，在投资管理文献中竟然鲜有论述。所有材料都建议"充分"分散，但是提出"充分"分散的人从来不讲他们是怎么得出结论的。我们关于过度分散的论述这就讲完了，最后就用著名学者比利·罗斯的话结尾："你的后宫要是有70个女人，你不会懂任何一个女人。"

1967年1月25日

去年，相对低估值型投资相对来说取得了此类别设立以来的最高收益，主要得益于一笔投资，它是我们1965年年末规模最大的一笔投资，也是我们1966年年末规模最大的一笔投资。我们

第十章 保守与传统

持有这笔投资以来,它每年(1964、1965、1966)都遥遥领先市场。任何一年的表现都很难说,但是我们认为,把时间拉长到三四年,这笔投资将来取得优异表现的概率非常大。正是因为看好这只股票,而且比较有把握,1965年11月,我在"基本原则"中加入了第七条,允许单笔投资最多占我们净资产的40%。我们投入了大量精力,对这家公司各个方面的评估从未停止,与其他投资的比较从未停止,我们一直在检验我们的结论是否正确,即这只股票是所有投资里的最佳选择。在我们的投资中,这种持续不断的评估和比较是必需的。

我当然希望能这样向各位报告(并告诉大家我对未来很看好):我们的相对低估值型投资包含10个行业中的15只股票,它们都跑赢了市场。我们根本没找到这么多好机会。刚才也说了,我们总是把新机会和已有机会做比较,如果新机会只能降低预期收益,我们不会将就。这几年,我们很看好我们持有的这笔规模最大的投资,也没找到更好的,所以我们也没什么新的动作。早些年,好机会层出不穷,那时候实现的收益在总收益中占比较高,现在就少多了。

在相对低估值型投资中,我们集中投资,所以必然给短期业绩带来巨大的波动,有些波动肯定是令人不快的。我向合伙人报告的周期是一年,其实在一年之内,我们有过较大的波动。报告得太频繁不是好事,我们的投资着眼于长远,总盯着短期业绩容易走偏。

就我个人而言,我坚持去年的信中谈分散时所说的理念,在此基础上,我愿意承受短期波动的痛苦(欢乐我都不谈),以换取长期收益的最大化。但是,我不愿为了追求更高的长期收益,去承受严重的本金永久损失风险。我想把话说清楚:既然我们选择了集中持股的投资策略,合伙人就应当做好充分准备,我们的表现会有遥遥领先的时候(例如1965年和1966年),也会有远远落后的时候(特别是在市场大涨时),这是我们为了追求出色的长期表现而要付出的代价。

我总是谈长远,一位合伙人对我说:"要是脑袋浸在水里,5分钟都太长。"没错,所以我们在投资中对于借钱谨小慎微。1966年,我们从银行借贷的资金远低于合伙公司平均净值的10%。

智 慧 锦 囊

巴菲特指出,只要实现了尽可能小的分散化投资(6~8家不同行业的公司),每年的收益波动可能会逐年增加,但是累计期望收益应该也会更高。他说:"回过头来看,我又继续考虑了这个问题,觉得如果有什么要说的话,那就是我的投资应该比过去更加集中一些。"

斯坦利·德鲁肯米勒回忆起自己作为一名投资者取得的不可思

议的巨大成功时说，获得更高利润的唯一途径就是进行高度集中的投资。他认为："今天那些商学院教给大家进行分散化投资以及其他东西，无论如何都是误人子弟的。如果大家看看那些与众不同的伟大的投资者，比如沃伦·巴菲特、卡尔·伊坎、肯·朗格尼（Ken Langone），他们的投资筹码都非常集中。他们看中了之后就买进，经常是出手就下重注……要我说，资金经理和散户中有98%的人错就错在，他们觉得自己得在一大堆东西中间进行操作才行。"[4]

巴菲特关于保守性和传统性的观点包含了许多核心主题，这些主题对价值投资的成功至关重要：独立思考，避免盲从，相信自己的结论。其中的最高境界就是平衡好鹤立鸡群的极度狂妄与自知之明的谦逊。当他们发现那些朝他们招手的机会时，他们就会以大筹码买入。

那些过度分散投资的人认为自己是在降低风险，但是分散化投资的好处十分有限，我们需要提醒自己的是，投资并不是做数学练习。尽管数学计量工具随处可得，但是它们是在错误的前提下得出错误的结论。

同样，过分考虑税收因素也是同一类型的错误。我们在下一章中将会看到，投资者常常会为了降低纳税额而走向极端，结果他们往往要承担税后收益率降低的风险。

第十一章
税收费用

在投资上出现的失误大部分都是那些相当聪明的人干的，不因为别的，就因为他们过多地考虑了税收问题。[1]

——1965年1月18日

如果有两个完全相同的投资项目供你选择，显而易见，税率更低的一个会给你带来更好的回报。另外一个事实可能没那么明显，但也一样正确，那就是：如果税率相当，可以晚纳税的投资会带来更高的收益。虽然说只要一项投资开始赢利就肯定附带税费，但是只有你卖出之后才需要真正去缴税。

未实现资本收益项中的递延所得税负债（DTLs）被当成是从政府那里获得的极具吸引力的免息贷款，其中的条款对公司方面实在有利，以至根本没有银行会提供此类业务。递延所得税负债不需要缴纳利息费用，也没有具体的还款日期，它为你提供了一种可以掌握更多资产的贷款形式。

递延所得税负债是这样产生价值的：假设有两只股票，每只都以15%的年收益率复利增长30年（为了计算简便，我们假设每个人的资本利得税税率都是35%）。那些每年在这两只股票之间换

来换去的投资者也要每年缴纳所得税。15%的税前收益率在税后会下降到9.75%,即:

$$15\% \times (1-35\%) = 9.75\%$$

现在投资10 000美元的话,按这个收益率算,30年后就是150 000美元。还不算差。但是,如果投资者没有来回换股票,而是30年里一直拿稳一只,只需要在最后卖出的时候缴一次税,那他们的税前收益率都一样是15%,但是税后收益率会高达13.3%。同样的10 000美元就会按照比先前高出3.55%的收益率复利增长,30年后得到的最终税后收益将会是前面那种情况的2.5倍。延迟缴税形成了一种财务杠杆,使第二种投资者在更长的时间里掌握更多的资产。如果每年的收益按年度缴税,不存在递延情况的话,自然就没有财务杠杆带来的好处了。这就解释了递延所得税负债的吸引人之处。

巴菲特很欣赏这一好处,但并不过分纠结于此,同时对那些出于税收考虑而做出的错误决定,他也会谨慎地指出来。虽然正如我们刚刚看到的,税费最小化策略毫无疑问能够使你收入增加,但是如果投资者在考虑复合收益率前先考虑的是税率最小化,最终收益率可能反而不高。避免向美国政府缴税可能成为诱人的陷阱,所以巴菲特说了我们在本章开头强调的那句话。考虑税收常常会导致聪明人做出糟糕的投资决定。

混淆手段与目的

"致股东的信"中教给投资者的一点就是,在评估自己持有的股票时,务必把公司当成已经被清算的企业。巴菲特会跟你说,你所持有的股票净值等于其市场价值减去销售额应缴税款。[2]这才是估值的正确方式。你在计算时必须要从收益中扣除当前的税款,即使之后才真正去纳税。举例来说,如果你投入 50 000 美元买了一些股票,最终收益翻倍,那么你获得的净值并不是 100 000 美元,即使你的证券公司账户交易清单上显示的很可能是那个数字。假设我们使用 35% 的资本利得税税率,尚未支付的 17 500 美元(50 000 美元利润的 35%)税款会在你卖出股票时扣除。你必须得训练自己,以习惯从净值角度看待你持有的股票,或者看看如果你明天把所有股票清仓,缴完税后还剩下什么。在我们的例子中,最后剩下的就是 82 500 美元。这是你持有的真正价值,用巴菲特的话来说就是,可以拿来买东西的钱——这就是身为投资者努力将之实现最大化的东西。当你获利后卖出投资的股票时,就必须要把自己先前的递延所得税负债全部清偿。用这种方式考虑税费问题——还贷而不是纳税——就能让你不再混淆净值最大化(主要目标)与税费最小化(次要目标)两者之间的关系了。

下意识地追求税费最小化,代价往往是错过那些最佳的证券。这个错误的代价可能会特别高昂。巴菲特把这一点说得很清楚,

"除了在某些极其不寻常的情况下（我承认确实有这样的情况），一般而言，如果可以预计到的收益很大，那么税费的多少往往是微不足道的",[3] 而且 "如果把低成本股票隔离出来，相当于把净值中的一部分资产冻结了，它们的复利收益率也被隔离了。被隔离的个股最终可能表现很好，也可能表现糟糕，这么做会让投资管理完全失效"。[4] 显然，为了规避根本逃不掉的税费单而拿着一把没什么吸引力的股票实在是一个糟糕的策略。

巴菲特甚至说得更直接明了：

我们投资到底追求的是什么？在投资过程中，虽然我们要考虑税收因素，但投资肯定不是为了缴最少的税。我们追求的是最高的税后复合收益率，不能舍本逐末。要是有两种情况，税前复合收益率相同，一种情况要缴税，另一种情况不需要缴税，无疑后者更合适。现实中很少有这种情况。

现在，从3 000只股票中选出20只来构建一个最佳投资组合。一年后，所有股票的价格都会变化（无论是组合里的，还是组合外的），这时候，这20只股票仍然是最佳组合吗？不可能。既然我们的目标是实现税后复合收益率最大化，我们就必须持有按当前价格计算最有价值的股票。3 000多只股票，每一只都在变化，所以我们必然要对投资组合进行调整（我们当然希望调整投资组合时，卖出去的是赚钱的，这时候就要缴税）。[5]

第十一章　税收费用

尽管在其他条件都相同的情况下，递延所得税负债的出现会提高你税后的复合收益率，而实际上，其他条件往往不会完全相同。当税前收益一直很高而且投资时间跨度够长时，递延所得税负债只不过是锦上添花罢了。但是，如果你有机会买进那些你能找到的最好的股票，从而通过优化手中的投资组合来提高税前收益，这往往是明智之选。

让我们回到前面的例子里，看看那个买入后一直持有的投资者和另一个频繁交易的投资者。当这两种投资策略的收益率同样是15%时，那个一直持有的投资者获得的收益是频繁交易者的2.5倍。让我们假设那个一直持有的投资者原以为可以从手中的股票上获得15%的回报，而实际上最后只有10%的收益。如果他不去在意实际收益没有预想的高，而一直坚持持有的话，那么最终的税后复合年增长率可以达到8.4%。现在，我们假设另一位投资者，也就是那个每年都会买卖股票的人，能够实现15%的年复合增长率，但是他每年都在两只股票间换来换去，你应该还记得，他的税后收益率是9.75%。从这里你可以看到，15%的收益率虽然需要每年都纳税，但是依然比那个收益率只有10%、只需要缴税一次的最终收益率更高。30年后，这一收益率差距会扩大到40%。随着投资的时间跨度缩小和复合年增长率降低，递延所得税负债带来的好处也会随之变小。如果你能够优化自己的投资组合，就应该对其进行优化，即使这可能会带来税费问题。这就是我们的底线。

永远会怎样？

从20世纪70年代开始，巴菲特就一直说他最喜欢的持有期限是永远。鉴于我们关于税费问题的讨论，尽管这种说法可能会让人有点意外，但是实际上这和他之前对合伙人讲过的话是一致的。在巴菲特合伙公司的大部分年份里，为了实现复合年收益率的最大化，巴菲特不断从一只"烟蒂"股跳到另一只，再从一个免费的"泡芙"转换到下一个。对于早期的合伙公司来说，"永远"并不能实现。在做过这类免费泡芙型的股票后，巴菲特不得不往前看。如果他没有这样做，那么收益无疑将会十分惨淡。这些并不是好买卖，它们只是利用均值回归进行的交易罢了。那些格雷厄姆派的坚守者一直在寻找和投资于低估值型，和那些选择追随高质量股票的分散策略投资者比起来，更有可能获得高利润。

吸引投资者转向那些巨大商机——合伙公司大份额持有的美国运通公司股份，以及今天对伯克希尔的控股——的一部分原因在于，这些公司能够在很长时间里以高收益率实现复利增长，而且它们的递延所得税负债可以带来杠杆效应优势。实际上，因为这些公司一直以相对更高的增长率增加自身价值，才使得它们有很棒的收益表现，而不是因为那些递延所得税负债。

伯克希尔公司和合伙公司有两点不同，这两点影响了其持有时间，进而影响了对递延所得税负债杠杆效应的利用。首先是伯克希尔公司一般有多余的现金，有时候数额很大，而合伙公司基本上总是满仓投资的。对于伯克希尔公司来说，根本没必要为了买其他股票而放弃当前持有的一只好股票，因为他们那些现金完全可以使其同时持有这两只股票。其次是伯克希尔公司的规模，市场上股价合理的大公司数量有限，巴菲特可选的投资范围也就受其限制。合伙公司则有机会从那些小公司里找到期望复合收益率高的，这对大公司来说往往是不可行的。更多的选择，自然就伴随着更多的纳税。

避税计划

收税人员最后还是来了，巴菲特教给我们：

要彻底避免缴税只有三个办法：（1）把资产留到死——我觉得这个办法太极端了，就算狂热的避税分子对这个办法也一定很纠结；（2）将资产赠予他人——这样你就不必缴税了，当然你也别想买东西、交房租了；（3）把赚来的钱再亏回去——要是你听到这个避税办法眼前一亮，那我很佩服你，你真有坚持信念的勇气。[6]

巴菲特为我们进行了这么棒的分析，我们还是接受纳税吧，毕竟这是我们投资成功后理所当然要做的事。然而，还是有很多

251

投资者把赋税看成是财富被没收充公,而不是偿付贷款。华尔街早就抓住了后一种思路,源源不断地设计出各类创新型避税产品,以此赚取高额费用。不管投资者想要什么,可以肯定的是,华尔街那群人都会满足你的需要。2004年,在伯克希尔的年会上,巴菲特和芒格都对那些名声显赫的审计公司设计出的避税方案嗤之以鼻,并进行了强烈批判。据芒格说,有一部分避税方案只提供给那些公司最顶端的20位客户,所以监管者不会注意到。[7]

20世纪60年代,刚刚引入"互换基金"的概念时,这种创新本能也一样风靡一时。巴菲特在信中对这类现象进行了饶有趣味的描述,他说:"销售员在推销这种基金时力推的卖点是,用一只股票交换一个分散的投资组合可以延期缴纳资本利得税(销售员在说延期缴税时,说得好像不用缴一样)。"[8]他紧接着展示了这些基金不尽如人意的收益表现,同时对他们的高收费进行了声讨。

巴菲特关于赋税的评述为我们提供了充足的理由,让我们在考虑可能的投资选择时,把重点放在实现投资组合收益最大化上。"别让赋税之汗白流"多年来一直是巴菲特的口头禅。在他投资生涯的最初几十年里,巴菲特创造了不菲的收益,也缴了很多税;他缴的赋税越多,说明他做得越好。在做投资时,要放眼于以尽可能低的税率缴纳尽可能多的税。如果你能做到这一点,就说明你做得相当棒了。

第十一章 税收费用

"致股东的信"的经验：赋税

1963年7月10日

今年我们有可能有大笔投资已实现收益。这笔收益也可能根本不会实现，但和我们今年的投资业绩毫无关系。所得税缴得越多越好，我绝对愿意多缴所得税，只是要享受低税率。考虑所谓的税收因素，人们做了许多充满困惑、糊里糊涂的投资决策。

我的资产净值是持仓市值减去出售时的应付税款。资产是实实在在的，负债也是一分钱都少不了，除非资产价值下降（心疼啊）、把资产捐赠出去（不予置评），或者我把钱留到死。最后这个方法多少有点惨胜的意味。

做投资决策应该考虑怎么才能以最低的风险，让税后净值实现最高的复利。如果把低成本股票隔离出来，相当于把净值中的一部分资产冻结了，它们的复利收益率也被隔离了。被隔离的个股最终可能表现很好，也可能表现糟糕，这么做会让投资管理完全失效。各个低成本股票的组合收益肯定会接近大盘，也就是以道琼斯指数的收益率复合增长。我们认为这算不上最佳税后复合收益率。

我以前和大家说过，如果来自合伙公司的赢利可能占你应纳税总收入的很大一部分，在做今年的纳税估算时，可以使用去年的实际纳税金额，这样比较稳妥，不会受罚。不管怎样，1963年

1月1日新加入的合伙人需要缴的税很少,因为我们的合伙协议规定,先将资本利得分配给拥有未实现增值的合伙人。

1964年7月8日

税 项

1964年年初,我们有2 991 090美元未实现收益,这些都属于1963年的合伙人。从年初到6月30日,我们实现了2 826 248.76美元的资本收益(其中96%是长期资本利得),这样看来,1964年1月25日所报告的归属各位合伙人的所有未实现增值今年应该都会实现。我要再提醒一下各位,收益的实现与我们的业绩表现无关。其实,在我们实现大量资本收益的同时,各位在合伙公司的权益市值可能是大幅缩水的,所以,别因为实现的资本收益多就欢欣鼓舞,也别因为实现的资本收益少就愁眉苦脸。我们从不搞提前缴税或延迟缴税的手段。我们做投资决策是综合考虑,选取能实现利润最大化的概率组合。如果最佳选择是缴税,那就缴,好在长期资本利得税还比较低。

1965年1月18日

税 项

今年,有不少合伙人齐声抱怨缴的税太多。要是税单一片空白,可能也会有不少人抱怨。

很多人本来脑子很清楚，一到要缴税的时候就糊涂了。我有个朋友是西海岸有名的哲人，他说，人生中的绝大多数错误是因为忘了初心。人们面对税收，被情绪冲昏了头脑而犯错，就属于这种情况。我还有个朋友是东海岸有名的哲人，他说，他不在乎有没有人代表他的权益，只在乎要缴多少税。①

还是回到西海岸哲人说的那句话。我们投资到底追求的是什么？在投资过程中，虽然我们要考虑税收因素，但投资肯定不是为了缴最少的税。我们追求的是最高的税后复合收益率，不能舍本逐末。要是有两种情况，税前复合收益率相同，一种情况要缴税，另一种情况不需要缴税，无疑后者更合适。现实中很少有这种情况。

现在，从3 000只股票中选出20只来构建一个最佳投资组合。一年后，所有股票的价格都会变化（无论是组合里的，还是组合外的），这时候，这20只股票仍然是最佳组合吗？不可能。既然我们的目标是实现税后复合收益率最大化，我们就必须持有按当前价格计算最有价值的股票。3 000多只股票，每一只都在变化，所以我们必然要对投资组合进行调整。我们当然希望调整投资组合时，卖出去的是赚钱的，这时候就要缴税。

现在是否要持有一只股票，它去年或上个月的表现如何并不

---

① 这句话源于"无代表，不纳税"（No taxation without representation），是18世纪60年代英属北美殖民地反抗英国统治的一句口号。——译者注

重要。一只股票下跌了，没办法回本，也不重要。去年一只股票赚了大钱，你很欣喜，可是在考虑它是否能纳入今年的最佳投资组合里时，你因为它赚了大钱而喜爱它，也不重要。

只要是取得了收益，调整投资组合时就要缴税。除了极其特殊的情况（确实有这样的情况），只要预期收益很高，缴的那点税根本不算什么。我总是搞不懂，为什么那么多投资股票的人对缴税如此深恶痛绝。其实，长期资本利得税比大多数行业的税率都低（从税收政策的规定来看，做苦力的对社会的贡献不如炒股票的）。

我知道合伙人里有不少是特别务实的，所以我还是说点有用的吧。要彻底避免缴税只有三个办法：（1）把资产留到死——我觉得这个办法太极端了，就算狂热的避税分子对这个办法也一定很纠结；（2）将资产赠予他人——这样你就不必缴税了，当然你也别想买东西、交房租了；（3）把赚来的钱亏回去——要是你听到这个避税办法眼前一亮，那我很佩服你，你真有坚持信念的勇气。

综上所述，我们的合伙公司将一如既往地追求实现投资收益最大化，而不是把税款降到最低限度。我们愿意尽全力为国库创收，但也会尽全力按税法规定的最低税率缴税。

提到投资管理中的税收问题，前几年有这么件趣事。有些基金公司推出了"互换基金"，投资者可以用自己手里的股票交换基金的份额。销售员在推销这种基金时力推的卖点是，用一只股票交换一个分散的投资组合可以延期缴纳资本利得税（销售员在说延期缴税时,说得好像不用缴一样)。只有赎回互换基金份额时才需要缴税。要是有人走运,实现了上面提到的三种可以避免缴税的情况,那就真不用缴税了。

这些互换基金投资者的逻辑真是有意思。他们显然不喜欢自己手里的股票,要不也不会拿出去交换(更别说要交数额不小的手续费了,通常是4%,最高可达10万美元)。他们换到手里的同样是一袋子烫手的山芋,是其他不愿意缴税的投资者丢掉的。说实在的,这些互换基金的投资者要是看看换来的是些什么股票,他们很可能不会买,我知道真会看的人没几个。

自从第一只互换基金1960年成立以来,一共出现了12只互换基金,现在有几只新成立的正处于募集期。它们的总销售额超过了6亿美元,还是很有市场的。这些基金都聘请基金经理,收取资产的0.5%作为管理费。互换基金的基金经理面对的问题很有意思:投资者付给他们薪水,要他们管理好基金(5只规模最大的基金,每年的费用为25万~70万美元),但是因为投资者提供了股票,基金的课税基础很低,基金经理无论怎么操作都会产生资本利得税。基金经理也清楚,他们的操作会产生税项,尽管基金的投资者都是非常不愿意缴税的,要不他们根本就不会买互换基金。

上面的话我说得有些重了,在有些情况下,有的投资者在处理纳税和投资问题时,或许互换基金是最佳解决方案。不过,我觉得这对那些受人尊敬的投资顾问是个挑战，他们怎么才能既少缴税，又管好钱呢？

三只规模最大的互换基金都是1961年成立的，现在管理的总资产规模是3亿美元左右。其中有一只是多元化基金（Diversification Fund），它的财年和日历年不一致，很难进行对比。另两只是联邦大街基金（Federal Street Fund）和威斯敏斯特基金（Westminster Fund）（分别是规模第一大和第三大的），它们由专业投资顾问管理，这些投资顾问还为机构投资者管理20多亿美元的资金。

下面是这些基金成立以来每年的收益表现：

年份	联邦大街基金	威斯敏斯特基金	道琼斯指数
1962	−19.00%	−22.50%	−7.60%
1963	17.00%	18.70%	20.60%
1964	13.80%	12.30%	18.70%
复合年收益率	2.60%	1.10%	9.80%

这单纯是管理业绩，其中没扣除手续费，包含基金替投资者缴纳的税金。

找谁能少缴税呢？

智 慧 锦 囊

搞不清楚赋税问题的状况有时候反而让我们得到自己真正追

求的东西——尽可能高的税后复合收益率。一般而言，你挑选股票的过程是决定这一结果的主要因素，而赋税只是一个小角色。你的基金规模，更贴切的说法应该是外部经理管理的基金规模，其大小可能也有影响。规模问题基本不会像你想的那样简单明了——这是我们下一个话题。

第十二章
规模vs绩效

我们看到的投资机会似乎总是比我们的银行账户余额多 10%。如果情况有变,我一定会告诉大家。[1]

——1964年1月18日

合伙公司存续的这些年里，市场在稳步上行，巴菲特也在不断地评估着合伙公司资产的快速增长会给他未来的收益表现带来什么影响。很多年来，他招徕了一些新投资者，把基金规模的增加看成是件好事。可是，一旦合伙公司的资产增长到超过他的投资项目所能承受的范围，他就不再接纳新的合伙人了。随着对巴菲特有关这件事说过的话进行一步步探索，我们会发现，复杂庞大的投资规模和市场周期在期望收益方面到底有多么接近。一个有趣的问题是，从哪一个临界点开始，资本规模的细微增加就会开始产生负面效应呢？一般而言，这一临界点往往出现在资本规模过大而不适用于投资目标的时候。从实践角度看，答案很大程度上取决于你自己处在市场周期的哪个阶段。这并非是一成不变的，而是由市场决定的。在熊市里，即使是管理资金规模最大的基金经理也能很容易地操控好大笔的资金；在投机行情顶点，则通常只有那些规模最小的基金才能找到真正高回报的投资目标。

如果合伙公司基金的规模一直保持在几百万美元以下，巴菲特很可能一直是满仓投资，即使在市场行进到投机行情顶点时也一样。这种思维很可能导致了巴菲特在市场行情到达技术泡沫顶点时说的话，他说：

无论我管理着100万美元，还是1 000万美元，这都没有关系，我都会满仓投资。在20世纪50年代时，我曾经实现过最高收益率，完胜道琼斯指数。你们确实该看看那些数字。但是话说回来，我当时的投资微不足道。没有太多钱确实有相当大的好处。我觉得我一年应该能在投入的100万美元中赚50%。不对，是我知道我能。我可以保证这一点。[2]

有人认为，"基金规模越大，就越不容易管理"。这种看法只有在跨过了某个特定门槛后才有道理。不管市场环境是什么样，做几千美元或是几十万美元的投资几乎不会说多么难。但是举一个极端的反例，当我们的资金规模和伯克希尔一样大时，不管我们处于市场周期的哪个阶段，这么庞大的资金规模基本上都会拖我们收益绩效后腿。对那些富余的几千万美元资金来说，只有少数几家规模足够大的公司才能算得上投资标的，这些公司管理得很好，它们的股票价格都能有效地反映其自身价值。

第十二章 规模vs绩效

1962年，一篇题为《规模问题》(The Question of Size)的文章引出了这一话题，巴菲特以其特有的幽默就这一话题说道："合伙人问我最多的两个问题，一个是我死了怎么办（我对这个问题很感兴趣，又觉得这东西很玄乎），另一个就是'合伙人资金迅速增长，会对业绩产生什么影响'。"[3]

合伙公司的起步资金是10万美元，在他写出这句话时合伙公司的资产已经增长到700万美元（相当于2015年的5 950万美元）多一点。这个时候巴菲特仍然觉得规模再大一点会更好。其实问题的关键既不只在于资金规模的绝对水平，也不只在于市场所处的阶段，而是由两者共同决定的。他当时的投资目标仍然比他手头的资金要多，所以规模当然越大越好。

但是当时还是出现了一些不利因素。在处理那些流动资产有限的、名不见经传的小公司股份时，即使用于投资的资金只多出来一点，要想在合适的价位买进足够数量的这类股票也很难。因此，随着合伙公司规模增加，特别是因为当时好的投资项目也越来越少，产业资本定价的低估值型股票很早受到了不利影响。这就再一次提醒我们，投资资金规模适中是有好处的。因为你可以投入到别人无法涉足的领域中去。

资产规模增加也会带来一定好处，它为我们成为控股股东创造了条件。巴菲特坚信，成为控股股东的机会将会随着基金规模的增长而增加，因为要想参与进来需要必要的资金支持，因而竞争会随之被削弱。有些人嘲笑他们这样做，但是要记得，当时合伙公司的资金相当于今天的几百万美元时，巴菲特就成为控股股东了。

被动型投资获利减少，控股型投资获利增加，哪个更重要呢？这个问题，我无法给出确定的答案，因为这主要取决于我们处于什么样的市场中。我现在的想法是，这两方面肯定会此消彼长。如果以后我有新想法，会再和大家说。有一点我是非常肯定的，1960年和1961年，如果不是因为我们的规模比1956年和1957年大了，业绩不会有这么好。[4]

1966年，牛市行情可谓如火如荼，由于更多的合伙人加入，加上不俗的收益表现，合伙公司的规模也呈现出指数级增长。巴菲特管理着4 300万美元的资产，他的思维也有所变化。就在那个时候，在"致股东的信"中名为"复利的悲哀"的部分，他终于宣布不能再接受新的合伙人加入了。规模已经成为一个影响因素了。他解释说："从当前的环境来看，我强烈地感觉到如果继续扩大当前的规模，将来拖累业绩的可能性比提升业绩的可能性更大。真正受影响的或许不是我的个人收益，而是各位合伙人的收益。"[5]

最后一句话让我们深刻感受到巴菲特不仅是一位投资者，还是一个人。你应该还记得，拒绝向基金中引进新资本往往对投资经理来说不是最好的选择，即使这对投资者的利益而言可能是最好的。对巴菲特来说，即使他相信增加资产会损害收益绩效，但是除掉基础的6%的利润，他可以从后续利润中抽取25%，也就是说他管理的钱越多，他自己获得的佣金也就越多。从这里我们又发现了一个说明巴菲特和合伙人的利益紧密联系在一起的例子。

随着市场持续升温，合伙公司规模日益庞大，巴菲特小心翼翼地开始了下一步行动——他在1967年10月下调了合伙公司的官方期望收益率。当时拥有大概6 500万美元的资产，他仍然明确表示规模不是最主要的问题，市场才是。他认为即使他操控着1/10的资金，他也只会期望收益稍微好一点点。市场环境明显是更大的影响因素。

但是，对投入平均规模资金的个人投资者而言，不管在什么样的市场条件下小规模资金都有巨大优势。这使你可以在专业投资者受限的领域中猎取投资项目，因为对机构投资者而言，这部分公司实在太小。2005年，巴菲特被问起6年前曾经说过"运营小规模资金一年可以赚到50%的利润"，如今是否还坚持这一观点，他回答说：

没错，我现在还会说同样的话。实际上，我们的小规模投资依然在实现着这类收益。最好的10年就是1950—1960年，当时我在小规模资金上赚到了超过50%的利润。今天用小规模资金投资我也一样可以实现这种收益，可能在当前的环境下，要实现那么多收益反而更容易，因为现在获取信息更加简单便捷了。要想找到那种不一般的小公司你得翻遍所有信息。你得从不容易找到的信息中去搜寻这些公司——它们太难找到了。你可能会找到一家没什么问题的本地企业。我找到的一家公司叫作西部保险证券，它当时每股收益高达20美元，但是股价只有3美元。我尽可能多地买进这只股票。没人会告诉你这类公司在哪儿，你必须自己去找。

但是，总会出现一个临界点使得大数定律开始起作用，那些多加进来的资金会导致收益降低。当冲破那道门槛时，基金规模越大，潜在收益就越低。如果你投资的是自己的钱，这应该不太会成为一个问题；但如果你是把钱投资到一个基金里，这个问题就需要好好关注了。这一临界点会随市场周期波动，在熊市的低点它会变高（大型基金经理可以投入大笔资金，然后获得高额利润），市场行情到顶时它会变低（只有规模最小的那些投资才能幸存）。不管你在市场周期中处于什么位置，利用合伙公司的历史经验可以解决规模方面的问题：当你的投资标的规模超过你手中的资金时，规模越大越好；但是当资产超过投资标的规模时，扩大规模就会使未来的收益降低（指收益率，而不是绝对收益）。

因此，考虑受规模大小影响的投资项目时，记住下面两点：

第十二章 规模vs绩效

一是要意识到在其他条件都相同的情况下,管理小规模资产的专业投资者的收益水平自然会更高;二是要考虑到他们当前的资金规模可能会对未来的收益表现产生的影响。专业投资经理对资金规模的增加存有偏见,有时候这点可能会与你的利益产生冲突。

"致股东的信"的经验:规模问题

1962年1月24日

关于规模

合伙人问我最多的两个问题,一个是我死了怎么办(我对这个问题很感兴趣,又觉得这东西很玄乎),另一个就是"合伙人资金迅速增长,会对业绩产生什么影响"。

资金规模增长有利有弊。就被动型投资而言,我们不打算通过大量持股来影响公司决策,资金规模增长会降低我们的收益率。基金或信托公司投资大盘股,庞大的资金规模对收益率的影响很小。买入10 000股通用汽车的成本(按数学预期值计算)只比买入1 000股或100股略高一点。

在我们买的股票里,有些股票(不是所有股票)买入10 000股比买入100股难多了,甚至根本买不到。因此,对我们的一部分投资来说,资金规模增长肯定是不利的。我认为,对我们更大的一部分投资来说,资金增长产生的不利影响很小,包括大部分套利型和一些低估值型。

但是，就控股型投资而言，资金规模增加绝对是有利的。没有足够的资金实力，我们不可能做成桑伯恩地图这笔投资。我深信，随着资金规模增长，控股型投资机会也会更多。原因有两点：第一，需要的资金量越大，就会有越多竞争对手被拒之门外；第二，公司规模越大，股权越分散。

被动型投资获利减少，控股型投资获利增加，哪个更重要呢？这个问题，我无法给出确定的答案，因为这主要取决于我们处于什么样的市场中。我现在的想法是，这两方面肯定会此消彼长。如果以后我有新想法，会再和大家说。有一点我是非常肯定的，1960年和1961年，如果不是因为我们的规模比1956年和1957年大了，业绩不会有这么好。

1963年1月18日

有的合伙人担心我们的规模会影响业绩。我在去年的年度信中讲过这个问题，当时我的结论是：有的投资类型，规模大有帮助；有的投资类型，规模大是累赘，此消彼长，规模不会影响我们的业绩。我说了，如果我的看法变了，我会告诉大家。从1957年年初到1962年年初，合伙公司的总资产从303 726美元增长到7 178 500美元。我们的资产一直在增加，尽管如此，到目前为止，我们相对道琼斯指数的优势并没有减少的迹象。

第十二章 规模vs绩效

1964年1月18日

我们今年年初的初始净资产是17 454 900美元。随着资产的迅速增长,总有合伙人担心我们将来的业绩是否会受到影响。到目前为止,合伙基金的规模增长没拖累我们的业绩,而是帮助我们取得了比道琼斯指数更大的相对优势。不过,请各位不要对我们的长期相对优势寄予厚望。规模大,有时候是优势,有时候是劣势。在我看来,如果我们现在的资产是100万美元或500万美元,我们当前的投资组合不会得到改善。我们看到的投资机会似乎总是比我们的银行账户余额多10%。如果情况有变,我一定会告诉大家。

1965年1月18日

过去,我们规定允许现有合伙人的亲戚投资,不设最低资金限制。今年,我们不得不接纳大量合伙人的儿孙,这个规定看来要改一改了。因此,我决定对现有合伙人的亲属设置25 000美元的最低投资限额。

1966年1月20日

复利的悲哀

在每年的信里,写到这部分的时候,我都要停下来,纠正一下过去四五百年里关于复利投资的错误。每年只有几段的篇幅,这是个艰巨的任务。不过，我觉得我已经尽力了，世人对哥伦布、伊莎贝拉、法兰西斯一世、彼得·米纽伊特和曼哈顿的印第安人应该有了新认识。在分析这些案例的同时，我们也见证了复利的巨大威力。为了吸引读者的注意，我给这部分选的标题是"复利的喜悦"，眼尖的读者可能发现今年的标题变了。

这些年来我们的复合收益率相当好，另外合伙人还追加了大量投资，今年年初，我们的资金量已经达到43 645 000美元。资金的增加是否会影响我们的业绩？这个问题我之前说过几次。以前每次我都说，不会有影响，而且保证什么时候我不这么想了，一定会立即告诉大家。

到目前为止，资金的增加并没有降低我们的收益。其实，过去几年里，要是我们的资金量小得多的话，合伙公司的业绩可能会更差一些。因为有几笔投资正好适合我们的体量，它们的规模不算小，能对业绩做出较大贡献；它们的规模又不算大，正好我们能掌控得了。我们运气很好，这几笔投资收益都不错。

现在我觉得我们的资金量已经很大了，可能就快产生不利影响了。这里面涉及很多变量，我也没办法说准。随着市场和商业环境的变化，最合适的规模也会相应变化。一个环境里的最佳规模，换到另一个环境里，可能就完全不一样了。过去几年里，有时候，从非常短的时间看，我觉得要是我们规模更小会更好。但更多时候，我还是觉得我们规模大些比较好。

第十二章 规模vs绩效

现在我们的规模更大了，从当前的环境来看，这样的规模将来拖累业绩的可能性比提升业绩的可能性更大。真正受影响的或许不是我的个人收益，而是各位合伙人的收益。

综上所述，除非环境变化了（在有些情况下，新增资金有助于提升业绩）或新合伙人能为合伙公司带来资金以外的贡献，我打算停止接受新合伙人加入巴菲特合伙公司。

这项措施要执行到底就必须一视同仁，我已经告诉苏茜，要是我们的子女再想加入，由她为他们寻找其他投资途径。

一方面，现有合伙人的资金提取（用于支付税款等）和资金追加规模应当不相上下；另一方面，我预计随着资金增加，预期收益率只会轻微降低。目前，我没有任何理由限制现有合伙人追加投资。

智 慧 锦 囊

规模适中的资金投入有着显而易见的优势。管理不善的不知名的小公司往往会出现股票定价无效的情况，而其中蕴藏着非常大的赢利机会。早些年间，巴菲特把合伙基金的很大一部分资金都投入到了桑伯恩地图公司和登普斯特农机公司，照今天的标准来看，这两家公司都属于微型服公司。久而久之，这种规模公司的机会变得越来越少。对个人投资者来说，从中赚到足够利润是可以的，但是合伙公司即使投资到这类公司中，赢利规模也还是太小，基本对整体收益没有什么实质性影响。但是对于愿意搞投资的个人投资者来说，往往可以关注这些公司，在大多数情况下都能从市场中发掘到价值。

然而，当基金规模跨过某一门槛时，市场周期就会对投资者的潜在收益产生更大影响，寻找那些足够好的投资机会也将变得更加困难。巴菲特强调，当时很难找到合适的投资标的，主要是市场环境因素导致的，而受他运作资金规模大小的影响要少得多。市场行情在积极与消极之间的轮回常影响着好的投资机会的出现，这也是我们下一章要讨论的重点。尽管"市场先生"一直在贪婪与恐惧之间徘徊，巴菲特却坚定不移地守住自己的投资原则，只在他认为合理的情况下才会进行投资，而不管市场环境如何。正如我们下面要看到的，永远是市场周期围着投资原则转，而不是反过来。

第十三章
投机还是投资

我宁愿承担因为过度保守而受到的损失,也不想因为犯错而吞下恶果。相信所谓树能长到天上去的新时代哲学,就可能遭受无法挽回的本金亏损。[1]

——1960年2月20日

蔡志勇（Jerry Tsai）是一位 29 岁的美籍华裔，他已经在富达集团工作了 5 年，到 1957 年时，他见证了美国共同基金新黎明的开启。那一年，富达资本基金引入了一种不同于过去传统稳健型的新形式的投资。蔡志勇很快因为自己对市场有着"像猫一样优雅而迅速"的反应及其在短期拆借市场进行反转操作的能力而声名大噪，[2] 他打破了传统的基金管理模式，重点关注那些投机型成长类公司，比如施乐、宝丽来、利顿工业、国际电话电报公司等。这些公司在那群传统投资者眼里一点都不成熟，风险大，不适合进行投资。当时他的操作被看成是近乎赌博行为，而不是投资行为，[3] 但是当时市场刚刚从大萧条时代复苏，风险刚刚开始渗透。蔡志勇以及这种新型投资产品的出现刚好迎合了那些蠢蠢欲动的投机者的胃口。他们把这种投资产品叫作绩效基金。

如果说合伙公司期间有谁算得上是巴菲特的反面教材，那就是蔡志勇了。这俩人都是从20世纪50年代后期开始进行投资操作的,到60年代就结束了,但是在其他方面俩人就没有什么共同点了,特别是在他们所运用的方法、收益结果,以及跟随他们投资的人这些方面更是有天壤之别。如果说巴菲特是在亲吻小宝宝们,那么蔡志勇就是在偷他们的棒棒糖。

通过对这两个人进行比较,我们可以更清楚地了解20世纪五六十年代,合伙公司是在怎样的大环境下运作的,可以看到合伙公司的特别之处,还有助于突出巴菲特在操作和思维过程中表现出的一些独一无二的层面。

随着20世纪50年代接近尾声,先前愿意直接买股票的投资群众开始更倾向于投资共同基金,这一行业的发展可谓是顺风顺水。1946年时,富达集团管理的资产有1 300万美元,到1966年时,其资产已经增长到27亿美元。[4] 随着20世纪60年代大牛市的发展,那个时期就成为大家所熟知的"沸腾的岁月",之所以这样说是因为当时市场的特点就是快节奏且疯狂。蔡志勇的新型基金出现的时机和他信奉的投机性运作,再结合公众投资偏好的转变,共同推动着他管理的基金、他的事业,以及他的名声走向巅峰。巴菲特合伙公司就是在这样的投资大背景下,仍努力以本杰明·格雷厄姆的方式进行着稳健操作。那个时候,传统派观点认为蔡志勇是那个时代的先锋,而巴菲特只是一个默默无闻的投资者。

第十三章 投机还是投资

与巴菲特合伙有限公司同行

我们知道,巴菲特在 1956 年 5 月成立了自己的公司。当时,他和蔡志勇面对的是同一个市场,但是两个人却看到了不同的东西。道琼斯指数已经从 1956 年之前三年的衰退低谷几乎增长了一倍,很难说市场还具有明显的吸引力。实际上,格雷厄姆自己早在 1955 年就先于美国参议院的富布莱特委员会证明了市场点位已经过高。巴菲特一般也很谨慎,但是由于早年间资本规模不大,市场中还是有很大选择空间,他还是有很多可投资的公司。在接下来的 10 年里,股票继续走高,他的警告也越发频繁。

以下摘自他写于 1956 年的第一封"致股东的信":

> 我对市场整体水平的观点是,当前点位已经超过了市场内在价值。这一观点与蓝筹股有关,如果我的观点是正确的,后续可能会带来全部股票价格的持续下跌,包括低估值型股票还有其他类型。不管怎样,我觉得从现在往后 5 年内,大家都不太可能会认为当前的市场处于低位水平。[5]

随着时间一步步向前推进,市场继续向前发展,合伙公司的资产也在继续增长。新的可投资标的越来越稀缺,巴菲特变得越来越小心谨慎。从 20 世纪 50 年代后期到 60 年代中期,大盘上涨的速度比美国经济基本面的发展快很多,一定程度上导致了投机的出现,而这种行情不可能持久——巴菲特知道,这种市场纠正可能在任何时候出现。虽然他从未宣称自己知道什么时候发生,但是他确实希望合伙人能准备好应对他所预见的必然结果。

10年来,巴菲特的警告只是以一种谨慎的表达出现过,但是当市场在1966年创下新高时,他最终被迫采取了行动。第一步就是宣布他不会再接纳任何新合伙人了——运作现有合伙人的资金变得难上加难。后来,在1967年秋天,巴菲特采取了行动。他把合伙公司之前设定的目标收益率——比道琼斯指数收益率高10%——进行了减半处理,同时还声明他在任何年份里都不太可能实现超过9%的绝对收益率。在那个时候之前,合伙公司一直以平均每年29.8%的利润率进行着复利增长;现在巴菲特却说他们基本没什么可能实现与之前差不多的收益了。那封宣布他下调合伙公司目标的信中,在谈到市场整体水平时,他的语气极其严肃。

尽管他跟合伙人说了,鉴于他下调了期望收益(以及一些实质性的资金抽出),如果合伙人有更好的地方去投资他都能理解,但是他这种谨慎的表达并没有反映到他的真实收益结果上。仅1968年一年的利润率就有58.8%——他曾取得的最佳成绩。他撒下"弥天大谎"的这一年里,他不仅实现了最高收益率,还在这一年管理着有史以来规模最大的一笔资金。1968年的利润是4 000万美元。短短两年的时间,合伙公司的资产就又增长了一倍。在

第十三章 投机还是投资

获得最近这笔收益的同时,他手中合适的投资标的也几近枯竭。虽然合伙人并不知道这一点,但是真的离结束不远了。"有件事我再怎么强调都不为过,就是可投资标的的质量和数量当前正处于有史以来的低点,我在 1967 年 10 月 9 日的信中提到过的具备这些(危险)因素的股票,从那时起已经很大程度上加剧了。"[6]

联合企业

20 世纪 60 年代,合伙公司基金可投资标的的公司中很大一部分都被吞没了,因为当时市场上出现的大型联合企业——利顿工业、特利丹电子、德事隆集团、国际电话电报公司等——发展迅猛,其中一些直至今日仍然发展良好。约翰·布鲁克斯(John Brooks)在《沸腾的岁月》[①]一书中对那个时期进行了描绘,总结了这些联合大公司在当时肆无忌惮的行径:"60 年代,华尔街正在经历一场迅速的革命,这场革命使得华尔街成为世界历史上第一个真正的公开证券市场。在此过程中,股票交易中还有一个新的重要情况,就是数百万的新投资者对金融和会计一无所知。"[7]

从某种程度上说,布鲁克斯讨论的主要是在那 10 年里出现的一种新概念,即市盈率(PE),其数值等于公司股票的价格与每股

[①] 《沸腾的岁月》一书已由中信出版社于 2010 年出版。——编者注

281

盈利的比值。拿1961年桑伯恩地图和伯克希尔-哈撒韦公司的年报举例，这两家公司当年年报甚至都没有包含每股盈利。把PE作为投资工具的重要缺陷就是在使用折现现金流法（DCF）时利用的假设都很模糊，一点都不明确，这就意味着假设的现金流增量和支持这一增量所需的投资额都是不明确的。两家公司很容易出现市盈率都是10倍的情况，但是产生的利润等结果却大相径庭。就市盈率本身而言，并不是一个糟糕的度量指标，只不过它用起来确实不怎么精确。我认为它就像是在用魔术笔做笔记——既然你可以用钢笔干吗还要用它呢？

不管怎样，这些联合企业很快发现了这一点，有一段时间它们就利用市盈率去蛊惑市场。它们发现可以收购那些低市盈率的公司，而后这些公司的股价就会上涨，因为这些联合企业要保持在更高的市盈率上——收购交易带来的额外收益会按照更高的资本化率反映在市盈率上面。现在你可能会想，假如两家规模相当的公司进行了合并，其中一家公司的市盈率是10，另一家是20，合并后的公司市盈率就是二者的平均数15。一般情况下是这样的，但是市场在联合企业出现早期的很多年里都被愚弄了，所以大家没有想到这些。

会计是布鲁克斯描述的第二类无知者。这些联合大企业通过各式各样的会计方法以及某种混合型证券，在收购其他公司的时候就能够报告出远远高于收购交易实际价值的利润贡献。这在今天肯定是不允许的,而那些会计方法如今早已被禁止。和现在不同,当时那些混合型证券也不一定要计算在公司流通股之内。后来会计规则变了,但是在那段沸腾岁月里,许多公司利用当时的会计标准和市盈率的把戏,为参与收购与兼并的企业带来了绝对巨大的动力,促使了公司股价上涨。这些联合型企业收购的很多都是那些低市盈率的公司,这些正是巴菲特热衷的投资标的,只不过是基于其他原因罢了。仅1968年一年,就有4 500家美国企业进行了合并,比之前10年间任何一年的合并交易量的3倍还多。[8]

尽管过分简单化的估值加上可怕的会计手法让一般大众在投资上受阻,但是巴菲特看透了这一点,感到很震惊。他用自己特有的风格对这一点进行了有趣的描述,道破了其中的天机。

去玩这个游戏的都是容易上当、掩耳盗铃、见钱眼开的人。为了制造假象,账目经常被动手脚(有一位想法特别新潮的企业家,他对我说,他觉得做账就得大胆、有想象力),资本欺诈手段层出不穷,企业的本来面目被重重伪装所掩盖。最终制造出来的产物很流行、很光鲜、很赚钱(流行、光鲜、赚钱,这几个词的先后顺序该怎么排列,留给哲学家思考吧)。

他接着承认说,投机行为虽然间接帮助合伙公司提高了业绩,但是确实不光彩,因为与此同时,任何一家不错的公司在这种行为作用下都会被收购。

坦白地说,此类行为对我们产生了间接影响,我们的业绩被极大地抬高了。连锁信的规模要不断增加,需要更多的公司做原料,因此很多本来很便宜和不太便宜的股票就活跃起来了。如果我们正好持有此类股票,就得提前收获市场的奖赏,否则要等更长时间。然而,市场对此类公司的胃口越来越大,最后剩下的,从基本面上吸引人的公司越来越少……各位应该知道,我在这里说"皇帝没穿衣服",大多数投行机构和飞黄腾达的基金经理肯定不这么想(或者他们会不以为然地说"那又怎么样""今朝有酒今朝醉")。在当前的投资环境中,我们周围都是这样的投资者:他们相信某事而不管是否合乎逻辑,他们是一群盲目乐观、没有主见、贪得无厌的人,找各种借口骗自己。[9]

1969年5月,合伙公司的资产接近1亿美元,因为有很多可投资的目标企业都被那些联合型公司收购(或者凭自己已有的优势进行提升),巴菲特宣布了对合伙公司进行清算的想法。结果,1969年只是平凡的最后一年,巴菲特感到很失望,他这样说:

要是真有特别好的投资机会,我愿意1970年甚至1971年继续管理合伙公司。不是因为我还想接着做，只是因为我太想完美收官了，不想以业绩惨淡的一年谢幕。可惜，我看不到任何机会，也看不到任何希望，没办法把最后一年的业绩做好。我也不想拿别人的钱碰运气。我和现在的市场环境不合拍，不想为了作为一个英雄谢幕而做自己不懂的投资，不想毁了这么多年的好业绩。[10]

看绩效基金历程

现在我们再关注一下蔡志勇，从他作为富达资本基金经理的角度看一下这一时期。大家都记得，富达资本成立于1957年，大概和巴菲特合伙公司是同一时期。那些年在蔡志勇看起来是不一样的，一部分原因在于他的投资方法和那些价值投资者太不一样了。在格雷厄姆和巴菲特看来，他就是一个投机者。作为一个摇摆不定的交易员，他关注的是那些华丽的名字还有价格动量，他还会炫耀自己能够在市场中快速进出。他接受的就是这样的训练。他在富达资本的上司兼导师埃德·约翰斯顿二世（Ed Johnston II）曾经用下面这段话描述他们所使用的方法："我们买一只股票的时候，不想弄得好像我们是娶了它一样。你可以把我们的关系看成是'试婚'。但是这也还不够，可能有时候我们也想'私通'一下，甚至在极少数情况下还想'一夜情'。"[11] 尽管巴菲特关注的是市公司基本面，从中探寻其潜藏的内在价值，并且愿意长时间持有这些公司的股票,但是蔡志勇关注的则是股价走势图和技术面指标,进而形成决策。这种方法对蔡志勇来说是有效的……在一段时间内。

蔡志勇在多只股票间灵活地买进卖出,把手中的资金在他相中的各种目标公司之间来回转移,每年达到超过100%的换手率(这在当时算是异常高的周转率),他努力实现了数年的高收益率。1962年年初出现了一个关键性的时刻——市场暴跌25%,随之倒下的还有蔡志勇那一把野心勃勃而耀眼的股票投资组合。

巴菲特则一如既往保持着竞争力,他在年中"致股东的信"里提到了蔡志勇的收益表现:

上半年,最受伤的是所谓的"成长"基金,它们比道琼斯指数跌得惨多了,几乎无一幸免。前几年业绩最好的三只"成长"(这里真该用引号)基金,Fidelity Capital Fund、Putnam Growth Fund和Wellington Equity Fund,上半年平均下跌32.3%。说句公道话,这些基金在1959—1961年业绩亮丽,到现在为止,它们的总体业绩还是比指数高,将来也可能领先指数。令人匪夷所思的是,许多人被这几只基金前几年傲人的业绩吸引,争先恐后地买入,正好赶上了今年的业绩大跌,那些能享受到前几年优异业绩的人肯定是少数。这恰好证明了我的观点:评判投资业绩必须经过一个牛熊周期看它们的长期表现。股市总有牛市和熊市,和6个月前相比,可能大家现在更能明白这个道理。[12]

蔡志勇抓住了 1962 年年初的下跌机会,在那年 10 月份又冷静地追加了 2 800 万美元。随着市场逐渐恢复,到那年年底,蔡志勇管理的整个基金惊人地上涨了 68%。看起来蔡志勇似乎把握住了市场的脉搏,让自己出人头地。接下来的牛市行情很完美,他对时机的把握也是无懈可击。1965 年又是蔡志勇表现惊人的一年,相对于道琼斯指数当年 14.2% 的涨幅,他实现了大概 50% 的超额收益率。[13] 绩效基金作为一个新兴流派的最热门类型的地位得到了确立,而蔡志勇则成为其代表人物,对他来说是时候利用自己的名声来赚钱了。

他辞去富达集团的职位,在纽约建立起自己的资金管理公司。他住在丽晶酒店那一系列奢华的套房里,把公司总部定在处处洋溢着奢侈气息的公园大道 680 号一处华丽的办公楼里。[14] 蔡志勇在投资界实在太有名了,以至 1966 年他刚向投资者开设新基金时就募集到了将近 10 倍于预期的资金。本来投放 2 500 万美元已经够好了,但是蔡志勇创立"曼哈顿基金"时募集到了 2.47 亿美元,创下了新成立基金募集资金的纪录。[15]

不幸的是,他之前都可以完美地掌控时机,而这一次则是要多糟糕有多糟糕。1966 年 2 月,曼哈顿基金开始首笔交易,这个月正是道琼斯指数创下 10 年来新高的时间段。不出所料,蔡志勇的表现随着市场上升劲头的减弱而消失殆尽。然而，当时他的名气实在是太大了，从首次募集资金到 1968 年夏天，投资者们又陆续投进了 2.5 亿美元资金，却无视基金可怕的表现。那时候，可能蔡志勇自己看明白了，知道他的投资模式不再适用于缺乏价格动量的市场，于是他明智地决定卖掉公司。那年秋天，总资产超过 5 亿美元的持有曼哈顿基金的控股公司，最终以 2 700 万美元的价格被卖掉了，蔡志勇自己赚得盆满钵满，从中抽身而出。可悲的是，他的投资者远没有这么好的运气，在后面的几年里，曼哈顿基金的价值又继续下跌了 90%。[16]

迥异的结尾

虽然巴菲特不可能知道所谓的时机，也不知道蔡志勇的投资者们的损失将会达到什么程度，但他对这种新潮投资方式的憎恶有增无减。在过去的 10 年里，他就清楚地说过他觉得这种形式的投资很可能以惨败收场，只是不知道什么时候。他从一开始就尽量降低大家的期望值，尤其是他自己的那些合伙人的期望值。在 1968 年年中的信里（要记得蔡志勇在这之后没几个月就把手下的基金卖掉了），他又一次提到了蔡志勇，这次是指名道姓地提出。巴菲特说道：

前几年高歌猛进的一些基金最近偃旗息鼓了。在投资风格激进的基金公司中,蔡志勇的曼哈顿基金最负盛名,但它1968年只取得了亏损6.9%的业绩。1968年,很多规模较小的基金继续大幅跑赢大市,但是与1966和1967年那两年跑赢大市的基金数量相比就少多了……在往年的信中,每次写到基金公司这部分,我经常斥责基金公司慵懒散漫,现在很多基金公司来了个180度大转弯,变得高度紧张了……那些掌管着大笔资金的人像打了鸡血一样,而且这样人的越来越多,但是合适的股票数量有限,谁都不知道最后的结果会怎样。从某种角度看,这个场面看起来很热闹,但是另一方面也很吓人。[17]

虽然巴菲特和蔡志勇在20世纪60年代都赚了大概3 000万美元,蔡志勇的钱是通过出卖基金获得的,而巴菲特只是从合伙公司中提取他的份额而已——从一开始他就把几乎所有的绩效佣金都重新放回到合伙基金里了,这些钱连同其他人的一起在合伙基金里按复利增长。当然,如果他也决定卖掉合伙公司的话,肯定会赚得更多,可是他最终选择了关闭公司。显然肯定有人提出过收购合伙公司,但是巴菲特拒绝了。[18] 这样做,巴菲特就得以维持与合伙人之间特有的联盟,在他看来这才是最重要的。他和他们一起赚钱,而不是从他们那里赚钱。关闭合伙公司而不是卖掉它是正确的选择。如果巴菲特认为他不值得被投资,那他为什么还让大家在他这里投钱呢?

他珍惜与合伙人之间可靠的联盟，这使得他在运作公司以及与合伙人交流过程中都诚实而且堂堂正正，就像所有投资者和受托人之间的关系一样。对合伙公司的前景进行坦诚的讨论，即使与自己的经济利益产生冲突，他作为管理者也仍然为实现合伙人的最大利益而进行操作。巴菲特又一次向金融服务业的人们展现了作为榜样应有的品质。

情商指数

除了在为人正直方面领教了巴菲特的品行，从他的评述中我们学到的另一点也很重要。通过研究他在整个市场周期中的行为表现，我们可以明白，随着市场环境的起伏波动，我们的投资方法（不是投资原则）也应该随之改变。随着牛市逐渐形成，资本投放的合适机会越来越少，这个时候如果"因为音乐不止，所以舞不能停"就是一个错误。作为现代读者，这就是从历史观点中挖掘到的价值。通过浏览13年来的诸多信件（类似于观看延时照片的方式），我们就会明白在别人都相信树能长到天上去的时候，巴菲特是怎样保持高度理性，一直坚持自己的投资原则的。

这强有力地给我们提了个醒，让我们清楚地记住保持自律和愿意独立思考、做到与众不同的好处。很多人认为格雷厄姆的观点——把股票看成是一桩买卖，还有"市场先生"——从理论上看是符合逻辑的,然而讨论价值投资和实际操作完全是两码事。如果真那么容易,大家都去做了。这些信件为我们提供了一张路线图和一个范例,可以帮助我们将语言付诸行动。它为我们设定了标准:不是我们希望做什么,甚至也不是我们想要做什么,而是不管投资环境如何变化,我们都得知道我们必须要做什么。路线清晰的时候我们就前进,而前途未卜的时候我们就不做投资,无一例外。巴菲特作为我们这个时代最伟大的价值投资者,早在合伙公司成立之前就把他的基本原则刻在了"石头"上,从那以后市场就只是围着他转了。他自己能看明白的投资标的才能通过他的筛选,而且公司股票价格必须合理;否则,他就淘汰掉。

巴菲特确保他的合伙人完全明白一点,就是在涉及他的基本投资方法时,他的标准不会有任何摇摆:

在证券投资中,试图预测市场走势、忽略商业估值的行为经常盛行。我们不会效仿。近年来,这种投资风气经常能迅速赚大钱,在我写这封信的这个月就是如此。这个投资方法是否合理?我无法证实,也无法否认。我的理智(或许是我的偏见)不认可这种投资方法,我的秉性也不适合这种投资方法。我不会拿自己的钱这么投资,也绝对不会拿各位的钱这么投资。[19]

在合伙公司存续的最后几年里,他仍然坚持自己的原则,以一种令人钦佩的方式隐退了。他没有为了使合伙公司存续下去而转换成债券或现金，他只是不玩了，他拿好自己的"球"回家了。从 1968 年年底的高点到 1970 年的低点，道琼斯指数下跌了 33%。随后在 1973 年的第一个月，它又呼啸着反弹到了有史以来的新高位，而到了 1974 年年底，道琼斯指数又巨幅下跌了 45%。他赶在那些"亮丽五十"（nifty fifty，指品质优良的股票）暴跌之前及时撤离了市场。那些平均指数掩盖了真正的下跌深度——很多股票的表现比道琼斯指数放射出的糟糕信息还要可怕得多。能够在这两次暴跌中保住自己的资金，为巴菲特的资产净值做出了重要贡献。

谈及投资，关键的一点就是不能勉强。市场周期轮流转，有时候你会觉得跟不上市场的脚步，就像 20 世纪 60 年代末的巴菲特一样。你会发现，在牛市尾声市场狂热的那段沸腾的岁月里，虽然绩效的压力导致巴菲特身边很多极其优秀的投资者都崩溃了，但是他自己的标准依旧屹立不倒。

在市场周期到达顶点时，想不放弃自己的原则都很难，因为你的价值策略已经明显无效了，而你身边的每个人似乎都能很容易把钱赚到手（这就是为什么很多人放弃自己的原则）。但是，这多半是一种"高买低卖"的策略罢了。巴菲特设定了自己的计划，建立了自己的标准，然后进入战场，不管发生什么都坚定不移地守住自己的阵地。

"致股东的信"的经验：赌一把还是慢慢来

1956年12月27日

我对市场整体水平的观点是，当前点位已经超过了市场的内在价值。这一观点与蓝筹股有关，如果我的观点是正确的，后续可能会带来全部股票价格的持续下跌，包括低估值型股票还有其他类型。不管怎样，我觉得从现在往后5年内，大家都不太可能会认为当前的市场处于低位水平。但是，即使是市场整体处于熊市行情中，套利型投资的市场价值也不应该受到实质性影响。

如果整个市场回归到价值被低估状态，我们可能会把所有资金都投入到低估值型股票中，可能还会借一部分钱来买低估值型的股票。反之，假如市场继续大幅走高，我们的策略是，随着低估值型股票不断获利我们逐步减少其投资比重，并增加套利型投资组合的比重。

上面几句话是关于市场分析的，但是我首要考虑的不是市场分析。无论什么时候，我都把主要精力放在寻找严重低估的股票上。

1958年2月6日

去年，股市出现了温和下跌，我要强调的是"温和"二字。我们听新闻或与刚进入股市的人聊天时，会产生股市跌了很多的感觉。实际上，在我看来，与当前经济情况下公司赢利能力下跌的幅度相比，股价的下跌幅度太小了。公众仍然对蓝筹股和宏观经济强烈看涨。我无意预测经济或股市。我只是想告诉你们，不要产生这样的错觉，以为股市已经出现了大幅下跌，也不要以为整体市场目前处于较低水平。从长期投资价值出发，我仍然认为当前股市整体高估。

1957年投资回顾

随着股市下跌，投资低估值型股票的机会越来越多。总体上，与去年相比，我们的投资组合中低估值型所占比重高于套利型。下面我解释一下什么是"套利型"。套利型投资与低估值型投资不同，它的获利不是来自一般意义上的股价上涨，而是取决于公司的某些活动。套利投资机会出现在出售、并购、清算、要约收购等公司活动中。在每一笔套利投资中，风险不是经济形势会恶化，也不是股市下跌，而是可能出现意外事件，打乱原有计划，公司不按原计划行事。1956年年末，我们持有的低估值型和套利型仓位比重为70∶30，现在比例是85∶15。

去年，我们买了两只股票，我们在这两只股票上的持股数量已经达到可以影响公司决策的规模。其中一只股票在一些合伙人账户中占比为10%～20%，另一只占比约5%。这两只股票都大概需要3～5年时间实现利润，但是现在看来，它们都风险极低，而且可以实现很高的年化收益率。虽然它们不属于套利型，但这两只股票受大盘影响非常小。当然，如果大盘大幅上涨，预计这部分投资会落后于市场涨幅。

1958年2月6日

我可以肯定地说，与1956年年末相比，1957年年末我们的投资组合价值更高了。原因有两方面：一是股价整体更低了，二是我们有更多时间来收集严重被低估的股票，收集这种股票需要耐心。我前面提到，我们最大的这只股票占一些合伙人账户仓位的10%~20%。我计划将这只股票配置为所有合伙人账户仓位的20%，但是这不可能一步到位。毫无疑问，无论是买哪只股票，我们最希望看到的都是这只股票价格不变或下跌，而不是上涨。正因为如此，无论什么时候，我们的投资组合中都有相当一部分处于沉寂阶段。这个投资策略需要耐心，但会给我们带来最高的长期收益。

1959年2月11日

我有位朋友，他管理一个中等规模的投资信托公司，最近他写了这样一段话："阴晴不定，这是美国人典型的性格特征。1958年，他们的情绪变化很大，要用一个词来形容1958年他们在股市上的情绪，这个词就是'兴高采烈'。"

这句话很好地总结出了1958年股市的主要情绪变化，无论业余投资者还是专业投资者，都是如此。在过去一年里，人们找各种理由来证明"投资"股市是正确的。和前些年相比，现在股市里性格阴晴不定的人更多了，只要他们觉得能轻松赚大钱，就一直不会离开。还有更多这样的人在不断涌入股市，把股价炒得越来越高，这个现象什么时候才能停止不得而知。但有一点我是确定的，股市里这样的人越多，持续时间越长，将来的后果越严重。

1960年2月20日

大家知道，这几年我一直很担心股市处于高位。到目前为止，我的这个担心并没有影响到我们的投资。按照传统的标准来衡量，当前蓝筹股的股价中有很大一部分是投机性质的，暗藏着亏损风险。也许新的价值标准正在形成，旧标准将被彻底取代。其实，我认为这样的事不会发生。我说的很可能是错的，但是，我宁愿承担因为过度保守而受到的损失，也不想因为犯错而吞下恶果。相信所谓树能长到天上去的新时代哲学，就可能遭受无法挽回的本金亏损。

1961年1月30日

1960年是我们战胜市场平均水平的一年，这并不意外。去年，道琼斯工业平均指数整体下跌6.3%，我管理的7个合伙人账户取得了22.8%的收益。

第十三章 投机还是投资

1961年7月22日

我希望大家都理解,如果股市继续保持1961年上半年这样的上涨节奏,我怀疑我们不但跑不赢,甚至还会落后于平均指数。

我始终相信,与一般的投资组合相比,我们的持仓更保守,而且大盘越涨,我们越保守。无论什么时候,我都尽量在投资组合中专门安排一部分资金,投资至少在一定程度上独立于大盘的证券。大盘越涨,这部分投资所占比重就应该越高。然而,独立于市场有利有弊,市场这口大锅越是热气腾腾,业余的厨师做的饭菜越是可口,不管这些业余性投资表现得如何出色,我们大部分投资组合都不在这口锅里。

1962年7月6日

上半年,最受伤的是所谓的"成长"基金,它们比道琼斯指数跌得惨多了,几乎无一幸免。前几年业绩最好的三只"成长"(这里真该用引号)基金,Fidelity Capital Fund、Putnam Growth Fund和Wellington Equity Fund,上半年平均下跌32.3%。说句公道话,这些基金在1959—1961年业绩亮丽,到现在为止,它们的总业绩还是比指数高,将来也可能领先指数。令人匪夷所思的是,许多人被这几只基金前几年傲人的业绩吸引,争先恐后地买入,正好赶上了今年的业绩大跌,那些能享受到前几年优异业绩的人肯定是少数。这恰好证明了我的观点:评判投资业绩必须经过一个牛熊周期看它们的长期表现。股市总有牛市和熊市,和6个月前相比,可能大家现在更能明白这个道理。

1962年11月1日

读到这里,我该向各位报告一下我们从年初到现在的投资情况了。从年初到10月31日,将股息计算在内,道琼斯指数整体下跌16.8%……截至10月31日(不计算支付给合伙人的利息),合伙基金的收益率是5.5%。如果能将跑赢道琼斯指数22.3个百分点的这个成绩保持到年末,这将是我们成立以来取得的最大领先优势。在这22.3个百分点中,登普斯特的估值增加贡献了40%,投资组合中的其他部分贡献了60%。

无论是老合伙人,还是新加入的,我希望大家都清楚地认识到,上述业绩纯属异常的极少数情况。我们能取得这个业绩,主要是因为在道琼斯指数下跌时,我们将大部分资金投入到了控股型和套利型中。如果道琼斯指数1962年大幅上涨,我们的相对业绩会很差。到现在为止,我们1962年的业绩优异,这不是因为我能猜出市场的涨跌(我从来不猜),只是因为当时低估值型价格太高,我没选择,只能加大其他类型的仓位配置。要是后来道琼斯指数继续飙升,我们现在就只能仰视道琼斯指数了。我们肯定会有跟不上指数的时候,并且已经做好了充分的心理准备。我相信从长期来看,我们不可能落后道琼斯指数,否则我早就低头认输去买指数了。

我就不多说了,只是希望大家别以为我们能一直保持过去几年的业绩纪录,我们将来不会领先道琼斯指数这么多。

1963年1月18日

由于市场在最后几个月大涨,按照道琼斯指数涨跌幅来看,大盘的下跌幅度没有很多人想的那么恐怖。道琼斯指数年初731点,6月份下探到535点,但年终收于652点。道琼斯指数1960年的收盘价是616点,虽然过去几年点数上蹿下跳,但从整体来看,股市投资者又回到了1959年或1960年附近。1961年,持有道琼斯指数的投资者市值下跌79.04点或10.8%。去年,还有人在炒那些股价在天上的股票,我猜他们中应该有人后悔还不如买指数基金。持有道琼斯指数的投资者还得到了大约23.30点的股息,加上股息,去年道琼斯指数的整体收益率下跌7.6%,而我们的整体业绩上涨13.9%。

1964年1月18日

我们已经连续7年大丰收。抱歉了约瑟,我们不打算相信《圣经》中的金科玉律①。(我对像挪亚方舟一样分散投资的做法也一

---

① 在《圣经》故事中,上帝向埃及法老托梦,埃及将迎来7个丰年,随后是7个荒年,约瑟受命在丰年存粮,为荒年做准备。——译者注

直不敢苟同。）

不开玩笑了。过去几年，我们跑赢了道琼斯指数17.7个百分点。大家一定要注意：根据我的判断，我们不可能长期取得这样的领先优势。只要能长期跑赢道琼斯指数10个百分点就很了不起了，就算领先优势不到10个百分点，也能创造惊人的收益，这个我们稍后会讲到。我的判断是主观的，不管我有什么依据，都是主观的。但是我们要清楚，按照我的判断，在很长时间内，我们相对道琼斯指数的领先优势很可能大幅缩小，甚至有些年可能大幅落后道琼斯指数，我们必须做好准备。

1965年1月18日

合伙公司成立8年以来，由于股票价值的整体重估，股票投资实现了很高的整体收益率，这个收益率在今后10年不可持续。在我们的基金成立以来的这短短几年里，道琼斯指数的收益率是11.1%。我认为，把时间拉长到二三十年，道琼斯指数比较合理的整体收益率应该在6%~7%。

1965年1月18日

从长期来看，我们不可能始终保持合伙公司领先道琼斯指数16.6个百分点的优势，或有限合伙人领先道琼斯指数11.2个百分点的优势。自从开始投资以来，我们已经连续8年跑赢道琼斯指数，其中有一年，扣除利润提成后，有限合伙人没有跑赢大盘。我们的合伙公司肯定有落后道琼斯指数的时候，而且落后的年份肯定不只一两年。我们的业绩弱于大盘指数，作为普通合伙人我一定会气得咬牙切齿（希望各位有限合伙人不要太懊恼）。出现这样的情况时，我们的平均相对优势就会显著下降。我也相信，有的年份，我们仍然会取得明显的领先优势。到目前为止，我们没有一年的业绩是平庸或糟糕的，所以我们的平均收益率较高，显然，期望永远如此是不现实的。

1965年11月1日

在写这封信时，我们正沿着正常轨道运转，一切都很顺利。我们超越道琼斯指数的领先优势远高于平均水平。哪怕是再保守老派的合伙人，即使使用净利润这样原始的衡量标准，也会对我们的业绩非常满意。不过，没到年末，一切都没有盖棺定论。

1966年1月20日

包含股息在内，道琼斯指数的整体收益率是14.2%，我们的整体收益率是47.2%，这是巴菲特合伙公司有史以来取得的最大超额收益率。我当着大家的面犯下这样一个错误，换作是谁都会感到惭愧。以后应该不会再有这样的事了。

1966年1月20日

去年收益率这么高,合伙人自然会问:"我们后面还有什么高招?"投资这行有一点不好,前一年强劲的势头对下一年基本没什么用。如果1965年通用汽车在国内上牌新车中占54%,由于用户忠诚度、经销商能力、产量、品牌形象等因素,可以相当肯定地说,1966年,通用汽车的销量应该和去年不相上下。我们的合伙公司不一样。每一年,发令枪一响,我们都一切按市值计算,从零开始。1964年和1965年,我们也努力了,但来到1966年,对于新老合伙人来说,我们过去的努力带不来多少收益。过去的赚钱方法和机会就是过去的,将来总要找新的方法和机会。

长期而言,我仍然希望我们能实现去年信中所说的"我们的目标"。(如果需要去年的年度信,请联系我们。)要是有人相信1965年的收益率能频繁出现,他们可能是在出席哈雷彗星观测者俱乐部的每周会议。亏损的年份,落后道琼斯指数的年份,我们肯定会有。但是,我仍然相信我们将来的平均业绩能战胜道琼斯指数。假如有一天,我认为我们达不到这个目标,我会立即告诉各位。

1966年1月20日

整体来说,在相对低估值型股票中,我们1965年的运气还是不错的。我们在这类投资中找到的机会不多,但是找到的都是相当好的。由于情况变化，我们加快了对其中几个投资机会的步伐。进入1966年，我看到的机会不是很多，但刚才也说了，有几个大机会可能是相当好的。主要看市场情况是否有利，我们能不能买到比较多的货。

但是，总而言之，大家都应该看到，1965年已用过的投资机会多，新找到的投资机会少。

1967年1月25日

第一个10年

1966年是合伙公司成立10周年。这一年，我们创造了我们领先道琼斯指数的最高纪录（这是过去的最高纪录，也是将来的最高纪录），这是献给成立10周年最好的礼物。合伙基金上涨20.4%，道琼斯指数下跌15.6%，我们领先36个百分点。

我们之所以能取得如此喜人且无法重现的成绩，部分原因是道琼斯指数表现欠佳。1966年，几乎所有基金经理都跑赢了道琼斯指数。道琼斯指数是按照30只成分股的市值加权计算出来的。市值最高的几只成分股可以左右指数（例如，杜邦和通用汽车），但它们去年跌得很惨。另外，人们普遍回避传统的蓝筹股，导致道琼斯指数表现比一般投资水平逊色，这个现象在最后一个季度尤其明显。

1967年1月25日

投资情况进展

要是有谁很好奇，非常认真地解读第一页中的数字，他可能得出很多错误的结论。

在下一个10年里，我们绝对没任何机会复制甚至接近第一个10年的业绩。我们起步时，我才25岁，充满饥饿感，最初管理的资金只有105 100美元，在这10年的商业和市场环境里，我的投资理念如鱼得水。

10年之后，我现在已36岁，小有成就，合伙基金的规模达到54 065 345美元，虽然我的投资理念没变，但现在能找到的好机会只有以前的10%~20%。

巴菲特联合有限公司于1956年5月5日成立于密西西比河西岸。最初的几个合伙人都是我最坚定的支持者——4位家人、3个好朋友，我们一共投资了105 100美元。（我找到了1957年1月的信，想从里面发现一两句闪光的话，能在这里引用一下。一定有人把我这封信给篡改了，要不里面的金句怎么没了？）

合伙公司成立之初以及随后的几年里，按照我们低估值型的标准，遍地都是远远低于产业资本所能给予的估值的股票。套利机会也接连涌现，都是胜算非常大的机会。机会太多，我都挑不过来了。于是，我们买入15~25个品种，构建胜券在握的组合。

第十三章 投机还是投资

过去几年里，环境彻底变了。现在我们基本找不到我能看懂、规模合适，而且符合每年收益率能领先道琼斯指数10个百分点这个条件的投资机会了。在过去三年里，我们每年只能找到两三个符合这个条件的新投资机会。好在我们充分利用了其中的一些机会。成立之初那几年，这样的机会不怎么费劲就能找到一大把。自己发掘投资机会的能力降低了，很难做到客观地分析其中的原因。但有三个原因是比较明显的：第一，市场环境变化了；第二，我们的规模增加了；第三，竞争更加激烈了。

过去的好机会像奔腾不止的大河，现在的好机会像潺潺流淌的小溪，与过去相比，当然不能同日而语。这几年，没了奔腾的大河，从潺潺溪流中我们也同样汲取了养分，没少赚钱。为什么？原因有两点：首先，一个人的饭量是有限的（几百万美元的资金才能利用的投资机会，对只有几千美元的人来说没多大用，我年轻时对这一点感触很深）；其次，好机会越少，投资的时候就越珍惜，越要把少量的机会用好。显然，这几年我们靠的就是第二个原因。虽说如此，与大河相比，小溪太容易干涸。

我不会因为现在的情况变了，就去做我不懂的投资。（有人说"斗不过，就入伙"，这不是我的作风，我是"不入伙，斗到底"。）有些投资机会，一定要懂高科技，我对高科技一无所知，所以就不做这样的投资。

在证券投资中，试图预测市场走势、忽略商业估值的行为经常盛行。我们不会效仿。近年来，这种投资风气经常能迅速赚大钱，在我写这封信的这个月就是如此。这个投资方法是否合理？我无法证实，也无法否认。我的理智（或许是我的偏见）不认可这种投资方法，我的秉性也不适合这种投资方法。我不会拿自己的钱这么投资，也绝对不会拿各位的钱这么投资。

有些投资很可能产生严重的人际冲突，这类投资就算利润前景很可观，我们也不会进行相关操作。

有一点，我可以向各位合伙人保证，我将努力保住眼前的潺潺溪流，尽最大可能利用有限的机会。然而，如果溪流可能干涸，我会在第一时间如实相告，以便我们另寻出路。

1967年1月25日

我们各位员工对合伙公司利益的关心不是口头上的。1967年1月1日，合伙公司员工和我，还有我们的配偶、子女为合伙公司共投资1 000多万美元。我自己家庭在合伙公司的权益占我们家庭净资产的90%以上。

1967年7月12日

上半年业绩

和往年一样，因为我们一家要去加州度假，这封信也是6月末

第十三章　投机还是投资

写的。为了与往年相称（对于损益表，我总是克服我对美感的追求，不讲究内容整齐），有些地方我先保留了空白，等补上数字后，相信我的结论也不会有问题。

1967年，我们一开局就很受伤，一月份表现惨淡，道琼斯指数上涨8.5%，合伙基金上涨3.3%。尽管开局不利，上半年结束之时，我们还是取得了21%的收益率，领先道琼斯指数9.6个百分点。今年上半年和去年一样，打败道琼斯指数比较容易（很多人觉得战胜道琼斯指数很容易，但不可能每年都如此），很多基金经理都跑赢了道琼斯指数。

1967年7月12日

今年有个特殊情况，为了引起各位的注意，我会在10月份专门给大家写一封信。我要说的不是修改合伙协议，而是由于环境变化，"基本原则"需要进行一些修改。我希望提前通知大家，让大家在安排1968年的计划之前有足够的时间消化。合伙协议代表我们在法律上达成的一致，"基本原则"代表我们在个人理念上达成的一致。从某些方面来说，我认为"基本原则"这份文件更重要。在我看来，如果有可能影响合伙公司的活动或业绩的变化，一定要事先告诉大家，把一切都讲明白，这就是我为什么10月份会专门写一封信给各位。

1967年10月9日

致各位合伙人：

过去11年里，我给巴菲特合伙公司设定的目标始终不变，即我们的业绩平均每年领先道琼斯指数10个百分点。在过去的环境中，我认为这个目标有难度，但可以实现。

现在情况发生了如下变化，我们的目标应该随之改变：

1.过去10年里，市场环境日渐改变，用定量分析方法判断，一眼看上去就很便宜的股票骤然减少。

2.人们一窝蜂地追逐投资业绩（几年前，倡导衡量投资业绩的人没几个，我是其中之一，没想到现在变成了这样），市场变得极度亢奋，我的分析方法没了用武之地。

3.我们的资产规模已经达到6 500万美元，好的投资机会却如同一条日渐干涸的小溪，水越来越少。这个问题我在1967年1月的信中讲过，它一直困扰着我们。

4.当年的我，比现在年轻、比现在穷，为了追求更好的投资业绩不顾一切，现在我对更好业绩的追求已不像当年那么强烈。

下面我们逐一分析上述变化。

在投资中，对证券和公司进行评估时，总是既有定性因素，又有定量因素。极端纯粹的定性派主张，"挑好公司买（前景好、行业状况好、管理层好），不用管价格"；极端纯粹的定量派认为，"挑好价格买，不用管公司（和股票）"。证券投资是个好行当,两种方法都能赚钱。其实,所有分析师都会或多或少同时用到这两种方法,没有只使用一种,不用另一种的。至于一个人到底算是定性派还是定量派,就看他在分析过程中更强调哪种方法。

有意思的是,虽说我认为我自己基本上算是定量派的,这些年来我真正抓住的大的投资机会都是特别偏向定性的,都是我"看准了的大概率机会"。这些机会是给我们赚大钱的。这样的机会不会常有,能真正看准的机会本来就少。至于通过定量分析发现的投资机会,用不着看得多准,数字应该一目了然,就像当头棒喝一样。所以,真正能赚大钱的,是那些定性决策把握得准的。不过,在我看来,通过定量分析,找到那些明显的投资机会,赚钱赚得更稳。

给我们造成困难的第二个变化是人们越来越看重投资业绩。多年来,我一直说衡量投资业绩很重要。我一直告诉合伙人,如果我们的业绩超不过平均水平,就不应该把钱交给我投资。这几年,投资界(特别是投资者)日益认识到衡量投资业绩的重要性。过去一两年,这简直成了潮流。衡量投资业绩是理所应当的,但人们走偏了,我们拭目以待吧。

我总是提醒合伙人,在衡量我们投资业绩的时候,至少要看三年,才能看出来我们行不行。不出所料,大众不关注投资业绩则已,一关注就走极端。他们的预期时间越缩越短,衡量大资金的表现时,看一年、一个季度、一个月,甚至更短的时间(产生了所谓的"即时分析")。亮丽的短期业绩能获得巨大回报,不但业绩报酬高,而且下一轮募集资金时会备受追捧。由此形成了一种自我循环,参与短线的资金越来越多。这种现象产生的后果令人不安:在越来越快的投资节奏中,投资什么(具体的公司或股票)越来越不重要,有时候甚至全凭运气。

我个人认为,由此产生的是大规模的投机。这不算什么新鲜事,但是这一次,越来越多的职业投资者(很多甚至是以前很温和的投资者)都认为自己必须要"上车"。借助各种仪式、名人和词汇,这场游戏被美化得冠冕堂皇。到目前为止,这样投资的人非常赚钱。或许这会成为将来市场的新常态,但是,我了解自己,我知道这么投资,我做不来。正如在上一封年度信中所说:

"在证券投资中,试图预测市场走势、忽略商业估值的行为经常盛行。我们不会效仿。近年来,这种投资风气经常能迅速赚大钱,在我写这封信的这个月就是如此。这个投资方法是否合理?我无法证实,也无法否认。我的理智(或许是我的偏见)不认可这种投资方法,我的秉性也不适合这种投资方法。我不会拿自己的钱这么投资,也绝对不会拿各位的钱这么投资。"

在证券市场中,大量资金无论以任何形式亢奋,都可能给所有市场参与者带来伤害。我无意预测股市走向,一年后道琼斯指数到底会是600点、900点,还是1 200点,我一无所知。就算当前以及未来的投机活动会导致严重后果,经验告诉我们,猜测具体什么时候发生毫无意义。我明确知道的是:按照当前的市场状况,从中期来看,市场活动会给我们造成更多困难。

　　上面说的这些话可能只是一个"老顽固"的想法(怎么说我现在都37岁了)。游戏不按自己的规则进行了,他们就会说新方法一无是处,早晚会出问题。我自己以前就对这种老顽固非常不以为然。我也看到过,有些人用老眼光看问题,不正视现实,结果遭到了惩罚。说到底,我与当前的市场环境不合拍。但我很清楚的是:我不会放弃原来的投资方法而接受新的投资方法,哪怕会因此错过唾手可得的大量财富。原来的投资方法,虽然在现在的环境中很难发挥作用,但我懂它的逻辑。新的投资方法,我不完全明白,也没成功用过,还可能导致严重的本金亏损。

　　我们面临的第三个变化是我们现在的资金规模大多了。前些年,我找到的投资机会总是我们资金量的110%到1 000%。我很难想象会有现在的情况。我当初向合伙人保证,如果情况变了,会告诉大家。在1967年1月的信中,我履行了承诺。主要由于上述两个情况的变化,现在我们更大的资金规模已经开始或多或少地拖累我们的业绩。我总结了4点原因,其实这是最不重要的。就算我们的资金只有当前的1/10,我们的业绩也不会提高多少。但是,在当前的情况下,增加的资金规模在一定程度上是一个负面因素。

　　最后一个变化,也是最重要的一个变化,就是我没有年轻时的那股冲劲儿了。合伙公司成立时，我把跑步机的马达设置在"跑赢道琼斯指数10个点"。那时，我比现在年轻、比现在穷，可能也比现在更争强好胜。就算没有前三个影响我们业绩的因素，我还是觉得，考虑到我个人的情况变化，应该降低跑步机的速度。根据我的观察，在各种各样的商业活动和日常生活中，很多旧习惯、老路子早就行不通了，但仍然一成不变甚至愈积愈深。伯特兰·罗素（Bertrand Russell）讲过一个故事：有两个立陶宛女孩，"二战"后住在他的庄园里。虽然罗素家不缺吃的，但每天天黑后，她们都跑出去偷邻居的蔬菜，藏到自己的屋里。罗素勋爵对这两个女孩说，在陷入战乱的立陶宛，她们有必要这么做，但是这里是英国乡村，用不着这么做。这两个女孩点头表示明白了，但还是继续偷菜。

后来罗素想明白了，虽然在邻居看来这两个女孩的行为很怪，但其实老洛克菲勒不也这样吗。[1]

我很清楚自己，别人把资金交给我打理，我说好了要实现一个目标，就不可能不全力以赴。现在我越来越不想全力以赴了。我希望重新设定一个经济目标，多做一些与经济利益无关的事。可能是投资之外的事，也可能仍然做投资，但不追求最高收益。例如，我可能一直经营一家我很满意（但远远算不上多优秀）的

---

[1] 罗素认为，老洛克菲勒年轻时经历过贫穷的痛苦，所以成年后不停地敛财。——译者注

第十三章 投机还是投资

控股公司，因为我喜欢这里的人和这个生意，就算其他投资可能更赚钱。以低廉的价格买入公司，然后转售出去，这样更赚钱。但是，一直做公司的所有者，通过一些财务决策，让公司一点一滴地进步，这样更快乐（特别是不用投入太多的个人精力）。

因此，我可能只做比较简单、安全、赚钱而且快乐的事。这样一来，我们的投资活动不会比过去更保守。我的想法有我自己的偏见，但我一直认为我们的投资始终非常保守。从长期看，我们将来向下的风险也不会变小，但向上的潜力会变小。

具体说，我们的长期目标是每年取得9%的收益率或领先道琼斯指数5个百分点，二者取其较低者。也就是说，如果今后5年道琼斯指数的平均收益率是−2%，我希望取得+3%的平均收益率。如果道琼斯指数的收益率是+12%，我们能取得+9%的收益率，我就满意了。这些目标定得不高，但是在今天的情况下，我认为我们无法再做到领先道琼斯指数10个百分点，也很难实现这个不算太高的新目标。另外，我希望目标定得低一些，我也可以少努力一些。（我很明白，我只会更努力。）

我会把新目标写在"基本原则"里，大概在11月1日左右，连同1968年的承诺书一起寄给你们。我希望尽早把这封信寄给各位，给大家留足时间斟酌思考，有不明白的地方，可以提前问我。请各位一切都清楚了，再做1968年的投资决定。我还是一样，把我所有的资金（除了Data Documents股票的投资）以及我家人的所有资金都留在合伙公司。一个目标——我感到满意，认为能做到，你可能未必认同。要是合伙人有更好的投资选择，当然可以把资金投到别的地方，这再正常不过了，我完全支持和理解。

关于目标和追求，我对当面说一套、背后做一套的行为极其反感。正因为如此，我总是尽量毫无保留地告诉大家我的目标和我的想法，大家根据我所说的做投资决策，我不会讲虚伪的话（我在投资过程中遇到过几次虚伪的行为）。我在这封信里讲的这些情况变化都不是一夜之间就出现的。有些东西，我冥思苦想，琢磨了很长时间。相信各位都理解我，我是想在过去承诺的目标达到后再谈降低未来的目标。目标都定好了，如果没达到，我不会降低跑步机的速度。

信中有任何难解之处，请随时联系我，我帮你解读。

沃伦·E. 巴菲特谨上

1968年1月24日

按照大多数标准衡量，我们1967年的业绩都相当好。我们整体上涨35.9%，道琼斯指数上涨19%，超过了我们原来定下的领先道琼斯指数10个百分点的业绩目标。我们的整体收益是19 384 250美元，即使在今天通胀日益加剧的情况下，也能买很多百事可乐。我们卖出了一些长期重仓持有的有价证券，实现了27 376 667

美元的应税收入,这与1967年的业绩无关,但是4月15日那天,各位都应该会有一种积极参与了"伟大社会"①建设的感觉。

我们为我们的业绩感到欣喜,但近距离观察一下1967年的股市,就会冷静下来。或许历史上没有哪一年像去年这样,市场中有那么多人的收益远远超过道琼斯指数。1967年,对于许多人来说,天上掉金子了,盆子越大的,接住的越多。现在我手里还没有最终的统计数据,但是估计95%以上的股票型基金都取得了领先道琼斯指数的业绩,很多甚至把道琼斯指数远远甩在了后面。去年,赚钱多少和年龄大小成反比,理念像我这样的,得被送到老年病房了。

我在去年的信中说过:

"有一些基金和一些私募机构,它们创造的业绩记录远远高于道琼斯指数,其中有些也远远高于巴菲特合伙公司。它们的投资方法一般和我们不一样,不在我的能力范围之内。"

1967年,这个情况更加明显。许多机构的业绩远远领先巴菲特合伙公司,收益率高达100%以上的不在少数。在如此亮丽的收益面前,大量公司、人才和精力汇集到一起,不遗余力地追求在股市迅速捞一笔。在我眼里,这是投机风气盛行,其中隐藏着风

---

① "伟大社会"(The Great Society)是1946—1965年民主党总统林登·约翰逊提出的旨在消灭贫穷和种族歧视的一系列政策。4月15日是美国申报个税的截止日。——译者注

险,但是许多当局者肯定会矢口否认。

我的导师格雷厄姆过去常说:"投机行为既不能说是非法,又不能说是丧失道德,但这种行为并不会为我们带来多大油水(经济回报)。"过去一年,通过投机可能取得了不错的经济回报,但这好比一直吃糖果增肥一样。我们吃的一直都是燕麦片,但是如果吃糖果增肥这种不良的饮食习惯开始成为常态,那么还期望我们的身体一直感到舒适显然是不现实的。

1968年1月24日

收到10月9日的信后,有些抽回资金的合伙人(还有许多没有抽出资金的合伙人)问我:"你说的到底是什么意思啊?"不管问这个问题的人是谁,我听到这样的问题都会感到有些受伤。我告诉他们,我真的没别的意思,就是我写的那些。还有人问我,我是不是打算逐步解散合伙公司。我的回答是"绝对没这个打算"。只要合伙人愿意把自己的资金和我的放在一块儿,而且我做得很开心,还有什么比这更好的呢!你们从我还穿球鞋时就支持我,我愿意一直和你们做合伙人。

1968年7月11日

当前的环境

我不做预测股市涨跌或经济波动的事,也不做解释。对于现在的情况,我很担心。当前的股市和商界中有一些行为愈演愈烈,虽然短期内不知道会怎样,但长期内很可能带来恶果。

有的合伙人对金融领域的事件不太感兴趣(也不必感兴趣),有的合伙人则比较关注金融领域。我随本信附上了一篇文章,这篇文章有真知灼见,写得简单明了,对当前正在肆意蔓延的现象进行了深刻揭露。如今股票炒作风气盛行,如同连锁信恶作剧一般[①]。无论是发起者、高层员工、专业顾问、投资银行还是股票投机者,只要参与其中的,都赚得盆满钵满。去玩这个游戏的都是容易上当、掩耳盗铃、见钱眼开的人。为了制造假象,账目经常被动手脚(有一位想法很新潮的企业家,他对我说,他觉得做账就得大胆、有想象力),资本欺诈手段层出不穷,企业的本来面目被重重伪装所掩盖。最终制造出来的产物很流行、很光鲜、很赚钱(流行、光鲜、赚钱,这几个词的先后顺序该怎么排列,留给哲学家思考吧)。

坦白地说,此类行为对我们产生了间接影响,我们的业绩被极大地抬高了。连锁信的规模要不断增加,需要更多的公司做原料,因此很多本来很便宜和不太便宜的股票就活跃起来了。如果我们正好持有此类股票,就得提前收获市场的奖赏,否则要等更长的时间。然而,市场对此类公司的胃口越来越大,最后剩下的,从基本面上吸引人的公司越来越少。

---

① 通过不断收购,虚增每股利润——译者注

当后人记录这一时期的股市和商业历史时,马文·梅(Marvin May)先生描述的现象一定会留下浓重的一笔,甚至被认为是一场狂潮。各位应该知道,我在这里说"皇帝没穿衣服",大多数投行机构和飞黄腾达的基金经理肯定不这么想(或者他们会不以为然地说"那又怎么样""今朝有酒今朝醉")。在当前的投资环境中,我们周围都是这样的投资者:他们相信某事而不管是否合乎逻辑,他们是一群盲目乐观、没有主见、贪得无厌的人,找各种借口骗自己。

最后,我要说的是,现在赶快去买一本亚当·斯密写的《金钱游戏》(*The Money Game*)。这本书以精彩的文笔描绘了当前金融领域的众生相,书中充满了深刻的见解和高超的智慧。(备注:虽然我很想参与"支持本地邮局"的活动,但我没有随本信附赠此书。这本书售价6.95美元。)

1968年7月11日

1968年的业绩

谁都有犯错的时候。

1968年年初,我对巴菲特合伙公司的前景感到前所未有的悲观,但是,去年我们实现了40 032 691美元的总收益,主要是因为我们抓住了一个很简单、很合理的机会,这个机会正好成熟了(投资机会像女人一样,招人喜欢,却难以捉摸)。

第十三章 投机还是投资

我相信各位都保持着知识分子的纯洁性，不会把上面的收益数字当回事，而是希望我报告一下相对道琼斯指数的表现。去年，将股息计算在内，道琼斯指数的收益率上涨了7.7%，我们的收益率上涨了58.8%，创造了新纪录。大家应该把这个业绩看成是极端异常情况，就像在桥牌中一连摸到了13张黑桃，你叫到大满贯，却不动声色，把钱装在兜里，继续打下一局。我们也会有运气不好的时候。

1968年7月11日

前几年高歌猛进的一些基金最近偃旗息鼓了。在投资风格激进的基金公司中，蔡志勇的曼哈顿基金最负盛名，但它1968年只取得了亏损6.9%的业绩。1968年，很多规模较小的基金继续大幅跑赢大市，但是与前两年跑赢大市的基金数量相比就少多了。

1968年7月11日

当前的机会，无论从质量上看，还是从数量上看，都是历史新低。我已经说过很多遍了，但还是要说。具体原因我在1967年10月9日的信中讲过了。这个现象越来越严重。

得州仪器公司的达拉斯总部挂着一块牌子，上面写着："我们不相信奇迹，我们创造奇迹。"有时候，我甚至觉得我们的办公室上也应该挂一块这样的牌子。一个棒球选手，岁数大了，身体发福了,脚步慢了,眼神也不好了,作为替补出场,他也可能精确地打出一记本垒打,但是谁都不会因为这个把他当成首发。

展望未来,我们面临着诸多重大不利因素。我们不至于一事无成,但也很难取得良好的收益率。

智慧锦囊

马克·吐温有一句名言,"历史不会重演,但它总是惊人地相似",股票市场也是同样的道理。优秀的投资者摸透了市场的历史走势,因而可以在这些循环往复中发现共性,明白该避免什么。比起自己犯错误,从别人的错误中吸取教训的代价要小得多。所有严谨的投资者都应该看明白过去100多年来证券市场周期性的起起落落。伯克先生在说到那些不了解历史的人注定会重蹈覆辙的时候,显然是有所指的。

1967年1月,巴菲特在年末"致股东的信"里回顾了早年经历,当时有大量特别好的可投资标的公司,低估值型和套利型都有,当时的问题一直是投资哪个,而不是投资什么。10年过去了,情况都变了。开始那些汹涌而来的好公司如今已经缩减成涓涓细流,这仅存的小细流还极其可能完全干涸,不会变成一股水流。他确保合伙人都明白一点,就是他不打算改变投资策略。这是我们需要好好学习的一点。

1967年，这场投机行情进入巅峰状态的时候，巴菲特意识到很多投资机构的收益表现比合伙公司要好得多——有些比合伙公司收益多一倍。巴菲特看到了市场中确实存在大量泡沫。他提醒说："在如此亮丽的收益面前，大量资金、人才和精力汇集到一起，不遗余力地追求在股市迅速捞一笔。在我眼里，这是投机风气盛行，其中隐藏着风险，但是许多当局者肯定会矢口否认。"

巴菲特清楚地感觉到跟不上市场的脚步了。蔡志勇连同当时的那些绩效基金一起，已经把道琼斯指数推到了一个过高的位置，这时的巴菲特已经找不到足够多的好公司来投资了。他看到的是规模不断庞大的越来越危险的投机行为。对所有资金管理经理来说，"上车"的压力肯定相当巨大。虽然巴菲特不知道这种情况会持续多久，也不知道这是否只是市场新形态的开始，但是他知道自己永远不会因为看到大家都涌进市场里就也跟着一头扎进去。

相反，他选择了关闭合伙公司，我们接下来就会看到他这样做的经过和原因。

第十四章
分之智慧

在当前的投资环境中,我们周围都是这样的投资者:他们相信某事而不管是否合乎逻辑,他们是一群盲目乐观、没有主见、贪得无厌的人,找各种借口骗自己。[1]

——1968年7月8日

巴菲特选择了关闭合伙公司，这一决定在当时比市场水平和他相中的那些可投资标的都要重要。合伙公司已经完成了它的使命。巴菲特通过合伙公司赚钱积累了自己的资产，而后又把自己的绩效佣金重新投放进去，到1969年5月，他的资产净值已经攀升至惊人的2 600万美元了。[2] 芒格曾经说过："如果你是一个责任感极强的人，不想让别人失望，那么依靠绩效佣金吃饭就会感到压力极大。"[3] 合伙公司曾一度很适合巴菲特，但是他现在准备好走下一步，去探索出一种更好、更公正的结构。他后来回忆起当时他感受到的来自合伙公司内部的强大压力，也再没有拿过绩效佣金了。[4] 在伯克希尔公司，他只是挣一份合适的工资，不过是用其他方式直接与股东形成联系的。

在1969年秋天，巴菲特强调说：

我在1967年10月9日的信中说了，我之所以要调整目标有几个原因，其中最重要的原因是个人因素。我一直把100%的精力投入到巴菲特合伙公司中，这是我自己强加给自己的。在那封信中我说，我想摆脱这种压力。在过去这18个月里……我心里明白，我不想自己一辈子都在比拼投资，都在和一只兔子赛跑。要慢下来只有一个办法：结束。

首先，巴菲特选择了关闭合伙公司这条路，从几个不同方面看都是独树一帜的。对于新人来说，尽管他告诉合伙人鉴于1969年的股价表现，他对股市前景并不看好，但是他也意识到很多人会不管这些，仍然继续留着手里的股份。他亲自选派了比尔·鲁安（Bill Ruane）接手这些合伙人，最终鲁安在合伙公司里持有2 000万美元资金，他在1970年创立了红杉基金（Sequoia Fund）。[5]这一选择很妙——鲁安的赢利记录在10年间很出色（之后很长时间也是）。他凭自己的本事变成了一位传奇性的投资者。

表面上看，向合伙人引荐另一位经理的做法似乎不太合乎情理。巴菲特自己也意识到这一举措"不像巴菲特的作风"，但是，鉴于很多合伙人几乎把全部净资产都投入进来了，他明白，不管多么不合常理，这才是正确的决定。了解巴菲特是如何对鲁安进行评估的，也为我们提供了宝贵的经验，让我们在日后选择任何一位专业经理的时候就知道需要考虑哪些重要因素了。

第十四章 分之智慧

其次，巴菲特那时候认为市场前景很不乐观，还说了一些在他投资生涯里尚无先例的话。他认为未来10年里，股票的收益会和风险更低的免税市政债券的收益相当。这确实不同寻常，在大多数市场环境下，投资者不得不放弃股票的高期望收益来换取债券带来的稳定性和可预测性。巴菲特不仅向合伙人解释了他是怎样得出关于债券的这一结论的（当然这个过程很精彩），还给大家发了一份简单精确、容易理解的10页的备忘录，里面包含了一本100页的有关免税市政债券的书。任何想了解债券是怎么一回事的人，无论是否支持投资债券，都能通过认真研读这份材料有所收获，完整材料文字可在附录五中找到。

再次，他又提出，对于那些想听从他的建议买入市政债券的合伙人，他可以做他们的债券经纪人兼顾问。他根据每位合伙人自身的需求和投资环境的不同，选择性地买进了一篮子适合他们的债券，直接记到合伙人的银行账户上。尽管这一切肯定都是令人印象深刻的客户服务，但这一过程还是让我们对投资产品的可交换性有了更透彻的了解。巴菲特正在最后一次提醒合伙人，投资目标是以尽可能小的风险获得最高的税后收益率，而不管这一目标是通过投资股票、债券、自助洗衣店还是其他，不是所有人都更喜欢投资股票。你要买的是对你有用的东西，这就够了。

最后，对合伙公司中控股股份的分配方式反映出巴菲特的公平和真正沟通的风格，这也是每个人在投资公司和上市公司中一直苦苦追寻的东西。诸如伯克希尔-哈撒韦、多元零售公司和蓝筹印花公司等控股型公司股票都按比例分配给了合伙人。由于控股股份是巴菲特自己按公平原则确定其在合伙公司账簿上的价值，他希望让合伙人来选择是想按比例拿到公司的股份，还是按账面价值拿到现金。这就好像在生日派对上，一个人切分好蛋糕后大家一起来选自己的一份。巴菲特留给合伙人完全的自由选择权利，让他们判断控股公司和现金之间哪块蛋糕更大。就在芒格的公司和另一家律师事务所了解此事后，觉得不可能有选择时，巴菲特向大家极其坦率地对每一家公司的前景进行了阐述，在这之前他对此都是谨慎而有所保留的。

让我们更清楚地看看这四项举措的细节。

比尔·鲁安简介

1971年，巴菲特成为美国政府雇员保险公司董事会某个职位的候选人，在针对他的一项背景调查中，他们要求格雷厄姆谈谈自己对巴菲特的看法，格雷厄姆这样说："我完全赞同这个决定。很多年来我和巴菲特关系都很亲密，我必须说，我还从来没见过其他任何人能像他这样，既有高尚的品德，又有聪明的商业头脑。"[6]

看起来巴菲特在介绍鲁安的时候，又一次与格雷厄姆在精神上达成一致，他也把为人正直（而不是商业敏锐性）作为基本条

第十四章 分之智慧

件摆在首位。在挑选经理时,这是第一位的,也是最重要的。"致股东的信"中对鲁安的介绍是这样开始的:

> 我们是1951年认识的,当时我们都在哥伦比亚大学向本·格雷厄姆学习。我们相识多年,我对他的品格、性情和才智非常了解。如果苏茜和我身故,我们的孩子成了孤儿,我们委托了三个人全权负责投资事宜,比尔·鲁安是其中之一……看人不可能一点不出错,要判断一个人将来会怎样就更难了。这样的判断我们还必须得做,无论是主动的还是被动的。我认为,从他的品格上看,选比尔,有特别高的概率是对的;从他的投资业绩上看,选他也有很高的概率是对的。

在投资过程中,和其他事情一样,巴菲特把为人正直摆在第一位。这一点直到今天也一样重要。你肯定会大爱他所描述的那种经理,这也正是他为伯克希尔公司苦苦寻觅的人:"我们寻找的有三样东西:智慧、活力和正直。如果这些经理不具备第三点的话,那你也别期望他们具备前两点特质。如果一个人品格不正直,那你就会巴不得他们又蠢又懒。"[7]

巴菲特完全清楚,引荐鲁安是一件冒险又不合常理的事:"把比尔引荐进来,就会使我卷进之前自己在合伙公司的投资组合运作中一直尽力避免的事——一旦做出一项决定,自己什么好处都没有，却承担着巨大的损失风险。"如果鲁安的业绩表现不错，巴菲特不太会落下什么好名声，但是如果鲁安搞砸了，那巴菲特很可能会受到指责。这就会形成一种"有福不同享，有难要同当"的处境。但是，从道德角度来讲，他觉得自己没有选择余地，什么都不做似乎也不是一个可行的选择。"我要是什么都不做，眼看着你们在1970年被最能说会道的推销员引诱，我就太对不起你们了。"

对于委派鲁安可能带来的风险和不利因素，巴菲特保持小心谨慎的态度。首先就是规模问题——额外增加一位经理，就可能在绩效和资本增加的共同作用下使得合伙公司资产规模增加，而这会不可避免地拉低收益率水平。1982年时，鲁安不再接受新投资者加入基金，从而解决了这一问题。除了规模过于庞大的问题，鲁安在管理基金项目的同时还经营着一家投资咨询公司，也就是说他的精力不会完全放在红杉资本上。这种精力分散在巴菲特看来是一种风险，他很谨慎地指出了这一点。

引荐新经理这件事最终花了几年才初显成效（鲁安的业绩表现可参照附录三）。最开始的4年间，他每年的业绩都比不上标准普尔指数，直到第7年他才终于追上大盘指数，累计业绩开始超越大盘。从历史大背景下看，其业绩表现是一回事，而真正经历这一过程则完全是另一回事，但那些坚持下来的人值得好好奖励。10年的时间里，鲁安完胜市场指数，每年获得两倍于平均回报率的收益。

第十四章 分之智慧

如果你打算选别人来管理你的基金，你必须对他们的人品和能力有坚定的信念，同时对他们的运作过程有透彻的理解。鲁安是格雷厄姆的门徒之一，是一位真正的价值投资者，很可能在牛市顶点的后期业绩表现弱于市场。这样一来，你就可以在意识到市场中出现投机行情时，在自己的法则（比如3~5年的相对收益率检验）里设定例外。

乔尔·格林布拉特发现的一组数据很有意思，他观察了过去10年间业绩表现超过市场水平的前25%的投资经理，发现其中有97%的人至少有3年的业绩表现处于平均水平以下，而有47%的人至少有3年的业绩处于最底部的10%。[8] 巴菲特设定的3~5年的检验区间只是一种经验法则。如果你把资金交给其他人管理，收益还低于市场平均，那你就该好好考虑一下你自己的选择了。

有人加入市政债券吗？

把鲁安请来是为那些想继续留在股票市场的合伙公司合伙人着想，但是巴菲特希望他们能从另外一个角度看待整个市场："我现在相信了，在把钱交给专业管理机构打理和被动投资债券之间，对普通投资者来说并没有什么可选择的余地，在我的投资生涯里，这种想法还是头一次。如果这种想法正确，那将会产生重要的影响。"在过度膨胀的市场里，进行普通股权投资时值得想一下芒格

331

的法则：如果一件事不值得去做，那当然不值得去做好它。

1969年，在看到当时的投资者平均纳税等级达到40%的税率时，巴菲特描述了一下当前的境况。当时免税市政债券的收益率是6.5%~7%。在他看来，股票每年的涨幅不太可能超过6%，同时还支付3%的股利。为了使免税市政债券的收益率具有可比性，需要对股票9%的最高税前收益率进行调整——资本利得的6%税后变为4.75%，股利的3%税后变为1.75%，两项合起来的税后收益率大概是6.5%，和投资债券可得到的收益率相当。

如果巴菲特对股票的看法是对的，那他的市政债券就可以给出相同的收益。股票上6.5%的收益率是他期望市场指数能达到的，他还指出90%的基金业绩表现会差于市场。他得出的结论是："与历史相比，当今的情况不同寻常，被动投资于免税债券取得的收益率，与职业基金经理投资股票的预期收益率完全不相上下，只比最优秀的股票投资收益率略为逊色。"

巴菲特就市政债券市场写了一篇短评，建议合伙人如果决定在买这些债券时接受他的协助，就要反复阅读几遍这篇评论。他们可以选择购买债券、购买股票，或者是留存现金。不管合伙人们怎样决定，他都尽量使他们免遭狡猾的销售人员的欺诈，那些收益都是他辛辛苦苦工作为他们积攒下来的。

巴菲特承认在资产分配方面存在难题，他在10月份的信中这样说道：

第十四章 分之智慧

如何在债券和股票中分配？投资股票的话，要交给谁打理？这些问题，必须由各位自己决定。我觉得，在很多情况下做决定的时候，你首先要考虑自己有形和无形（性情方面的）的需求，是否需要定期获得收入，是否不想本金出现大幅度波动，然后还要考虑自己的心理需求，是否想享受可能获得超高收益率的兴奋和乐趣。如果想和我谈谈这个问题，我非常乐意帮忙。

很多年来，许多聪明人在资产分配问题上都花费了大量精力，进行了大量思考。从巴菲特这里我们发现其实并没有什么神奇的数学公式。你不可能用 100 减去自己的年龄，然后把得数当成投资资金里放在股票上的份额，或者是依赖其他的把戏或数学等式。虽然一般而言债券风险要小于股票，但这并不是永恒的真理。看看 2015 年中期的情况就知道了——债券市场上根本没有收益。有时候债券风险小，有时则不然。你选择的证券投资形式只是达到最终目的的手段，不要把两者混淆了。在任何投资中都有两个关键问题：最可能实现的收益是多少？风险是什么？

现在，10 年期的美国政府债券收益率是 2.4%，这一水平仅仅高出预期通货膨胀率一点点，也就意味着实际收益率可以忽略不计。而股票通常被看成是风险更高的投资，其收益率不到 6%。不看过去怎样，如今政府债券显然是风险更大的资产形式。我们早就知道，不能说因为一种东西是传统的，所以它就是稳健的、正确的。你必须自己在心里进行掂量。1970年年初，在巴菲特看来，使得股票比市政债券更具吸引力的唯一一点就是股票可能带来的兴奋刺激感。

控股股份事宜

1969年12月，巴菲特对合伙基金持有的两家公司的控股股份进行了汇报说明，然后重点回答了合伙人的问题。这是他对单只证券给出的最为详细的前景分析之一，很类似于一项投资建议，我们之前没见他这么做过。

我的个人看法是，多年以后，多元零售公司和伯克希尔-哈撒韦公司的内在价值会实现巨大增长。谁都不知道未来会怎样，但如果它们的增长率达不到每年10%，我会很失望……我认为这两家公司都值得长期持有，我把自己的大部分净资产投入到这两家公司中，很放心……如果我继续持有这些股票的话，我很希望这么做，我还有其他事要做，不一定会在多大程度上参与这两家公司的活动。我有可能会参与重大决策的制定，但是我不想有道义上的承诺，就想当一个被动的股东……

最初巴菲特是想把选择权交给合伙人，让他们选择是按比例

第十四章 分之智慧

获得控股公司的股份,还是选择按账面价值对控股公司股份进行折现。简直没有比这更公平的了,因为股票价值是由巴菲特确定的。他觉得合伙人们应该能够从这两者中选出自己认为价值更高的一个。不幸的是,律师不允许这种做法。所有的合伙人都只能得到他们的股份,如果想出售股票则必须自己进行转让。

这就出现了一个有意思的问题,为什么巴菲特不进行股份登记从而使这些股票实现自由流通呢?这个问题的本质其实就是股票具有更强的流动性——如果巴菲特进行了股份登记,股份转让会更容易。巴菲特在这个问题上考虑的重点是,对那些想要卖出股票的合伙人来说,不进行股份登记的话收益会更好。鉴于当时的市场环境,他可能觉得"这两只股票会因此陷入一片混乱"。他继续说道:"我们将股票出售限制在非公开配售,与现在通过承销发行上市相比,合伙人要是想卖出的话,可以卖得更值……我们接到了几个电话,有几个人打算通过转让的方式卖出自己的股票。我们估计,按照年末的估值,他们可以顺利转让自己的股票。"如果巴菲特进行了股份登记,那些想要或者需要卖出股票的人极有可能得按比不进行股份登记要低的价格卖出。

在涉及该如何处理他们的控股股份的决定时,巴菲特确保所有合伙人都处在同等地位上。他杜绝同某个合伙人单独讨论这三家公司,他希望大家能在平等的地位上接收到完全一样的信息。他以书面形式回答问题,然后把答案附在信中,保证所有合伙人都能从中受益。

他在伯克希尔-哈撒韦继续以这种方式与大家进行沟通。迄今为止，虽然对大型机构投资者来说，通过参与上市公司管理层定期举行的非公开会议比小散户能够获取更多信息和利润是极其常见的现象，但是巴菲特拒绝这样做。每年一次在奥马哈举行的股东大会上，所有的投资者都有同等的机会来提出自己的问题，巴菲特会当着大家的面进行解答。这种形式无论在当时还是今天都是独树一帜的，它表达了管理者的一种信念——有选择的信息披露即使无关实质性问题，也是不道德的。

鉴于巴菲特已经声明在关闭合伙公司后计划积累更多的股票，什么都不说才对他最有利。他说得越少，合伙人就越有可能会把他们的股票卖掉。很难想到（尤其事后再来看）真的会有人卖掉手中的股票，尽管很多人确实卖掉了。巴菲特最终在这三家公司中持有了大量股份，其价值在合伙公司关闭后一年的时间里就增长了一倍，后来这些股票都陆续归入伯克希尔公司了。

"致股东的信"的智慧：关闭合伙公司

1969年5月29日

致各位合伙人：

大约18个月前，我写信告诉大家，因为环境的改变和我个人

第十四章 分之智慧

情况的改变,我有必要调整一下我们未来的业绩目标。

我在那封信里讨论了当时的投资环境。在后来的信中,我也多次分析投资环境。总的来说,从那时起到现在,投资环境越来越恶劣,越来越艰难。或许是我脑筋死板不灵活。(有人这么评价40岁以上的证券分析师:"他们知道的很多东西都过时了。")

我现在看到的情况是:第一,通过定量分析能找到的投资机会,在过去20年里稳步减少,现在几乎找不到了;第二,我们现在有1亿美元的资产,本来投资机会就少,还有很多我们买不了,因为300万美元以下的投资对我们的总体业绩没什么意义,市值1亿美元以下的股票,我们都不能买;第三,追逐投资业绩的人越来越多,股市的眼光越来越短,投机氛围越来越重。

我在1967年10月9日的信中说了,我之所以要调整目标有几个原因,其中最重要的原因是个人因素。我一直把100%的精力投入到巴菲特合伙公司中,这是我自己强加给自己的。在那封信中我说,我想摆脱这种压力。在过去这18个月里,我发现我根本做不到。我在信中说:"我希望目标定得低一些,我也可以少努力一些。"目标低了,但我的努力没少。只要我"在场上",定期公开业绩,承担为众多合伙人管理资产的责任(很多合伙人把自己全部的资产都交给我打理),我就永远不可能无拘无束地去做合伙公司以外的事。只要我是公开参与,就忍不住要争强好胜。我心里明白，我不想自己一辈子都在比拼投资，都在和一只兔子赛跑。要慢下来只有一个办法：结束。

年底之前，我会向所有有限合伙人发出正式通知，就我退休的打算发出声明。清算合伙公司涉及的大量纳税和法律问题，但是我最关心的是做好下面几件事。

1.最重要的一件事是，有许多合伙人不想自己打理资产，我要为他们推荐一个资产管理的途径；有些合伙人自己就有很多选择，他们对自己的选择很自信，也很放心；但是，有些合伙人则不然，我不能就把钱还给他们，说声"祝你好运"就完了，我打算向他们推荐另外一位资产管理人。无论是我的亲戚，还是我一生要为其提供投资建议的其他人，我都会放心地把他们的资金交给这个人管理。他人品和能力都很好，他将来的业绩可能和我继续做下去差不多（但肯定不如他或者我过去取得的业绩）。我们的任何合伙人都可以投资给他，没有账户最低金额的限制。将来，我会和他保持一定的联系，对他的投资情况有个大概了解，但只是偶尔关注，而且我提建议基本上也只限于否定意见。

2.我希望所有合伙人都可以自由选择，愿意获得现金的可以获得现金，愿意获得有价证券的可以获得有价证券。有价证券中应该只有一只是可以随时卖出变现的。这些股票的前景和价格是我都非常看好的，但是合伙人可以自由选择是否将有价证券变成现金。

第十四章 分之智慧

3.我也希望所有合伙人能有这个选择,即按权益比例获得我们的两家控股公司(多元零售公司和伯克希尔-哈撒韦公司)和一家规模较小的"受限制的"公司的股份。因为这些股票的公允价值完全是我估算的,所以我认为一定要给各位这个选择权。如果愿意,各位可以根据我的估值,按权益比例获得控股公司的相应股份。

但是,这些股票并不能在市场上自由买卖(美国证券交易委员会对控股股东的股票和未注册上市的股票有各种限制规定),而且在很长时间里可能也不能转让、不能带来收入。在清算过程中,我希望给各位提供自由选择权:留下受限制的股票或获得等价的现金。我特别欣赏我们控股公司的经营者[我们又多了两个新成员:伊利诺伊国民银行(Illinois National Bank)和罗克福德信托公司(Trust Company of Rockford)。伊利诺伊国民银行是一家资产规模在1亿美元以上、经营特别出色的银行,是伯克希尔-哈撒韦今年年初收购的],希望和他们的关系可以地久天长。控股公司有我欣赏和敬佩的经营者,就算别人出价再高,我都无意出售。但是,在特定情况下,可能会出售控股公司下面的某个业务部门。

在清算过程中,我们应该能把上面这几件事做好。我们的清算活动不会对各位1969年的纳税安排产生影响。

我还有一件非常想做的事,我特别想画一个圆满的句号,可惜事与愿违。我不想结束的这年业绩惨淡，但是1969年就是这样的一年。我估计到今年年末，算上控股公司价值的大幅上升（除了我之外，所有合伙人都可以选择变现），不算向合伙人支付的每月利息，我们的业绩也就是持平而已。即使从现在起到年末股市大涨，我们也不会受益。我们不会投入任何重大仓位，所以无法从上涨中受益。

今年我们的套利型投资做得特别不顺，我感觉我像误入羽毛球场的一只小鸟。有这样经历的不只是我们，但是我们今年在套利型中的投资占比达到了历史最高水平，结果却出了这样的事。

谁都不愿意在白纸黑字上把自己的错误写出来，但是我看不起报喜不报忧的行为。我们今年的投资失利完全是我的错，不是运气不好，是我的评估失误了，误判了一个发展变化很快的政府趋势。这里其实有个矛盾。我一直认为，政府最后做的这件事早就该做了（我的意思是，政府解决的这个问题是早就该解决的，但并不认同政府使用的手段）。换句话说，政府做了这件事，我们亏了很多钱，但我认为政府做这件事对社会有好处，也一直倡议政府做这件事。但是，在此之前，我认为政府不会做这件事。我一贯的主张是：做决策的时候，根本不应该把自己认为应该怎样（对社会有益）和实际会怎样混为一谈。要是我不这么想的话，我们就能少亏几百万（美元）了。

说实话，虽然前面说了这么多，要是真有特别好的投资机

第十四章 分之智慧

会，我愿意1970年甚至1971年继续管理合伙公司。不是因为我还想接着做，只是因为我太想完美收官了，不想以业绩惨淡的一年谢幕。可惜，我看不到任何机会，看不到任何希望，没办法把最后一年的业绩做好。我也不想拿别人的钱碰运气。我和现在的市场环境不合拍，不想为了作为一个英雄谢幕而做自己不懂的投资，不想毁了这么多年的好业绩。

话已至此，在今年剩下的时间里，我们将对持股进行清算，最后只留控股公司、一只未上市的证券以及一只长期前景良好的有价证券，还有一些套利型中零碎的投资，它们总价值很小，但需要几年才能清理完。

这封信就算今年的年中信了，写得比平时早，因为我决定好了，就想告诉各位。我也希望各位在收到这封信后，还能在奥马哈停留一段时间，以便我能回答各位提出的问题。7月，我会去加州。

有的合伙人可能会问："你打算做什么？"这个问题，我没答案。我只知道，有些东西是20岁的我非常想要的，但当我60岁的时候，应该有不一样的追求。我现在做的事，是我长大成人以后就一直在做的，18年了，它消耗了我的所有时间和精力。今后的我要过一种新生活，除非我与现在做的事一刀两断，否则我适应不了今后的生活。

秋天，或许在10月份左右，我们会给大家写一封信，详细介绍清算情况、投资建议等。

沃伦·E. 巴菲特谨上

1969年10月9日

除非市场出现大跌，我仍然认为，不计算每月的利息，我们的收益会持平。我们运气很好，如果不是今年清算了，我们的业绩会差很多。之前，我发现了一些"长期"看好的机会。到目前为止，这些机会整体表现欠佳。在我们持有的仓位中，现在规模较大的股票只剩两只了：其中一只，在我写这封信时，我们正在卖出；另外一只是蓝筹印花（Blue Chip Stamps），我们持有其流通股的7.5%，它现在流动性有限，但是今年年底可能会发行上市，到时看市场情况如何，我们可能会把这部分股票卖出。

1969年10月9日

比尔·鲁安——我们是1951年认识的，当时我们都在哥伦比亚大学向本·格雷厄姆学习。我们相识多年，我对他的品格、性情和才智非常了解。如果苏茜和我身故，我们的孩子成了孤儿，我们委托了三个人全权负责投资事宜，比尔·鲁安是其中之一。我们还有另外两个委托人，但他们无法一直为所有合伙人打理资产。

看人不可能一点不出错，要判断一个人将来会怎样就更难

第十四章 分之智慧

了。这样的判断我们还必须得做,无论是主动的还是被动的。我认为,从他的品格上看,选比尔有特别高的概率是对的;从他的投资业绩上看,选他也有很高的概率是对的。我也认为比尔应该会长期做资产管理工作。

最近,比尔成立了一家纽约股票交易所会员公司,公司名是Ruane. Cunniff & Stires Inc.,地址在纽约市百老汇街85号,电话是(212)344-6700。约翰·哈丁将在1970年3月1日为该公司在奥马哈设立办事处。比尔为付费私人客户管理资产,也经营券商业务,目前他的经营模式是客户的佣金可以抵免一部分管理费。他也像巴菲特合伙公司一样,允许每月按资金比例提现(与实现的收益或亏损无关)。他可能会把所有账户合并到一起管理,如果你们打算把资金交给他管理,具体怎么做,要由你们商量。我完全不会参与他的管理工作。我会把我们的合伙人名单寄给他,他很快就会给各位写一封信。他打算年末之前到奥马哈、洛杉矶和芝加哥这几个地方,和你们见一下面。如果你们这几个月打算去纽约,可以顺路直接拜访他。

比尔的整体业绩相当好,平均业绩和巴菲特合伙公司不相上下,但是波动幅度大得多。从1956—1961年和1964—1968年两个时间段看,他管理的个人账户平均整体收益率是每年40%以上。但是,1962年,或许是前几年业绩好得有些过分了,他下跌了50%左右。经过总结和反思,1963年,他取得了持平的业绩。

在一张业绩表里，两年看起来好像很短，但是自己的资产下跌50%，这样的两年很难熬。在我看来，不管是选哪个资产管理人，只要是投资股票，都会遇到这样的短期风险。在决定自己将多少资金用于投资股票时，这个因素要考虑到。到目前为止，比尔1969年的收益率下跌了15%左右，大多数基金经理差不多都是这个业绩。比尔没做控股型和套利型投资，我们有控股型和套利型，它们有平滑合伙基金年度波动的作用。就算不考虑控股型和套利型，我也觉得比尔的业绩波动比我们更大（这当然不等于他的业绩不如我们），他的风格不一样。在大多数情况下，他的投资组合和我的只有一小部分重合，整体是非常不一样的。

在比尔实现上述业绩期间，他管理的资产规模平均下来在500万~1 000万美元。我认为，在他将来的资产管理工作中，最大的不利因素有三点。首先，他管理的资金可能比现在多得多。一个基金经理只要做得好，很快就会面临这样的问题。管理资产规模的增加容易拖累业绩。比尔的公司现在管理的资产为2 000万~3 000万美元，而且他管理的资产还会增加。其次，比尔可能要拿出更多精力做公司的日常管理工作，这样就无法把所有时间都投入到思考资金管理中。他是一家纽约证券交易所会员公司的负责人，也管理着众多私人账户，他也可能像大多数投资顾问一样身不由己，不得不做许多对提升投资业绩没用的事。我已经请比尔接

第十四章 分之智慧

受所有巴菲特合伙公司的合伙人了,无论他们资产规模是大还是小,比尔都答应了。但是,我也和比尔说了,他要是觉得哪个客户影响了他的工作,他有自由处理的权力。最后,在今后10年,很可能会出现这样一种情况:主动投资做得再出色,或许都不会比被动投资强多少。这一点,我要详细说一下。

我一共说了三个不利因素,这最后一个不利因素,不是说业绩会多糟糕,而是说业绩可能只有一般水平。这是把投资交给比尔打理的最大风险。不过,业绩这个风险一般算不上特别严重。

有的决策是这样的:做得对,得不到什么;做错了,会失去很多。在管理巴菲特合伙公司的投资组合时,我总是尽量避免做出这样的决策。但是我向各位推荐比尔,我做的这件事可能就是一个对我个人没什么好处的决策。我有一些朋友在我们的合伙公司里没有投资,他们劝我别推荐,将来的业绩好,我得不到什么好处,将来的业绩差,我倒会被牵连。如果你我之间只是简单的商业关系,这样的逻辑很合理。但是,想到合伙人这些年来对我的信任、从方方面面对我的支持,我不能撒手不管。你们中的许多人自己有相当高的投资水平,有的还是职业投资者,你们不需要我推荐资产管理人,自己可能会有更好的选择。但是,有些合伙人不懂投资,我要是什么都不做,眼看着你们在1970年被最能说会道的推销员引诱,我就太对不起你们了。

1969年10月9日

十多年前，我预计道琼斯指数平均每年的收益率是7%左右，我可以毫不犹豫地把目标设为每年领先道琼斯指数10个百分点。也就是说，我们当时的预期收益率是17%左右，当然了，每年可能有巨大的波动，而且不承诺一定能做到，但不管怎么说，我们还是有这样的预期。当时，免税债券的收益率是3%左右，股票虽然比债券波动更大，但整体来看，买股票还是比买债券合适得多。当时，我在学校里讲课以及和别人讨论的时候，都表示更看好股票。

现在我认为，对于普通投资者来说，对于把钱交给职业基金经理还是被动买入债券，这两者之间没什么好选的。我投资这么多年了，还是第一次遇到这个情况。如果我判断对了，那么这个情况会产生深远的影响。下面，我特别简单地分析一下我看到的情况。

第一，在我讲的情况中，我是以联邦所得税税率为40%并且需要缴纳所在州所得税的个人为例。税法改革正在进行，将来税法改革后，按照现在的税法计算的免税收入、资本利得以及其他投资收益可能会减少。税法改革会越来越深入。整体而言，将来税法改革后，也不会影响我对当前免税债券与股票税后收益的对比预期，甚至会对我的预期有微小的推动作用。

第二，我这里说的预期是今后10年，不是今后几个星期或几个月。在一个较长的时间里会发生什么,这个比较容易想明白;但要知道短期内会发生什么,就比较难了。正如本·格雷厄姆所说:"短期市场就好比一台投票机,表盘数字时刻波动;长期市场则更像一台体重计。"重量是由基本面决定的,这个比较容易评估;投票是由心理决定的,这个比较难以捉摸。

第三,目前,被动投资免税债券可以获得6.5%的收益率。相应标的的质量特别好,而且想买多长时间的都可以。等到三月份,比尔和我帮大家挑选债券的时候不一定还存在这个情况,但现在是这样。

第四,今后10年,股票投资的整体收益率可能不会超过9%,其中包括3%的分红以及6%的价值提升。国民生产总值每年的增长速度不会超过6%,公司利润的增长速度不可能比国民生产总值增速高多少,在市盈率不变的情况下(按上述假设以及当前利率,市盈率应该不会变),美国公司整体价值的长期复合增长率应该不会超过每年6%。按照股市这个整体水平,对于上述纳税人而言,股息税后收益率是1.75%,资本利得税后收益率是4.75%,整体税后收益率是6.5%。股息和资本利得的税前收益率也有可能分别是4%和5%,这样的话,整体税后收益率就要更低一些。历史水平大致如此,而且我认为将来税法可能会规定征收更高的资本利得税。

第五,今后10年,在所有投资股票的资金中,或许有一半将由职业基金经理掌管。投资者把资产交给基金经理掌管，他们获得的整体业绩不可能和平均水平有多大差别（即税后6.5%，如果我的假设正确的话）。

第六，我的判断是：在未来整个10年里，在职业基金经理掌管的资金中，不到10%（领先的这部分资金规模约400亿美元）能超过整体预期水平，每年平均领先两个百分点。那些风格激进的基金的收益率不太可能比一般基金的收益率高多少。目前，各种风格的基金掌管着500亿美元，规模是10年前类似风格基金的100倍。500亿美元的规模根本不可能取得超额收益。

第七，如果你运气特别好，选到的基金经理能把业绩做到全国最高的1%~2%（因为他们业绩太优秀了，必然会管理大量资金），我觉得你每年的收益率最多也就比整体预期水平高4个点。比尔·鲁安有很大的概率能成为这些最优秀基金经理中的一员。按我的估算，在今后10年中，真正特别优秀的基金经理能为"一般纳税人"带来1.75%的股息税后收益率和7.75%的资本利得税后收益率，即整体收益率为9.5%。

第八，于是，我们可以得出这样一个令人吃惊的结论：与历史相比，当今的情况不同寻常，被动投资于免税债券取得的收益率，与职业基金经理投资股票的预期收益率完全不相上下，只比最优秀的股票投资收益率略为逊色。

第九，关于通货膨胀：通货膨胀与上述计算无关，但是与上

第十四章 分之智慧

面假设的国民生产总值6%的增长率有关,而且也是当前免税债券收益率达到6.5%的原因之一。如果股票的税后收益率是8%,而债券的收益率是4%,无论股价上涨、下跌还是横盘不动,持有股票都比持有债券好。但是,当债券的税后收益率是6.5%,而股票的收益率是6%时,那就反过来了。有一个最简单、最实际的道理:无论美元上涨、下跌还是横盘不动,我们最应当关注的应该是哪项投资的预期税后收益率最高。

对待关于未来的评估,一定要持合理的怀疑态度,对于我的上述预测也不例外。未来总是不确定的,我上面所说的,是我认为对未来最贴切的评估。我把这些写下来了,但是并不以为我的预测有多准确,只是要把我当前的想法如实地告诉各位。

如何在债券和股票中分配?投资股票的话,要交给谁打理?这些问题,必须由各位自己决定。我觉得,在很多情况下,做决定的时候,你首先要考虑自己有形和无形(性情方面的)的需求,是否需要定期获得收入,是否不想本金出现大幅度波动,然后还要考虑自己的心理需求,是否想享受可能获得超高收益率的兴奋和乐趣。如果你想和我谈谈这个问题,我非常乐意帮忙。

1969年12月5日

我们有关于控股公司的各种年报、审计报告、中期报告、委托书材料、招股书等等。如果需要任何文件,请随时联系我们。

同时,我在此向各位征集关于控股公司的问题,请把问题写信寄给我,我会在年末之前给所有合伙人写一封信进行解答。想到了什么问题就尽管问,要是你不清楚,别人可能也不清楚。只要是我能解答的,各位就没必要自己琢磨。

1969年12月5日

我的个人看法是,多年以后,多元零售公司和伯克希尔–哈撒韦公司的内在价值会实现巨大增长。谁都不知道未来会怎样,但如果它们的增长率达不到每年10%,我会很失望。

股票的市场价格围绕内在价值剧烈波动,但是,长期来看,市场价格总有反映内在价值的时候。综上所述,我认为这两家公司都值得长期持有,我把自己的大部分净资产投入到这两家公司中,很放心。在通过巴菲特合伙公司间接持有这两家公司的股票时,你不在意它们的短期价格波动。当各位直接持有这两家公司的股票时,也不应该在意。在我眼里,它们是公司,不是"股票"。只要公司长期经营得好,股价也没问题。

我想强调一下,将来各位持有这两家公司的股票后,我和各位不存在管理或合伙关系。将来各位可以自由处理自己手里的股票,我也一样。我觉得,在很长的时间里,我会持有我对多元零售和伯克希尔的投资,我这么做的概率很大。但是我不想就此做出任何道义上的承诺,也不想在将来无限期的时间内,始终向别

第十四章 分之智慧

人提供关于这些股票的建议。这两家公司肯定会向所有股东报告经营情况,各位可以收到它们的报告,可能是每半年收到一次。如果我继续持有这些股票的话,我很希望这么做,我还有其他事要做,不一定会在多大程度上参与这两家公司的活动。我有可能会参与重大决策的制定,但是我不想做任何道义上的承诺,就想当一个被动的股东。

1969年12月5日

有需要在3月份向比尔和我咨询购买债券事宜的合伙人,请从1月5日收到的现金中拿出一部分购买3月末到期的美国国债,然后,在2月份的最后一周告诉我们,你希望投入多少资金购买债券,我们会相应地给出建议。

在股票注册到各位名下,我们从过户代理人处了解到具体金额和股份数后,1月中旬,我们会根据各位在合伙公司的权益将多元零售和伯克希尔的股票分配给各位,并随后告知各位的纳税基数以及股票购买日。随信附上一封Monen, Seidler & Ryan律师事务所的函件。如函件所述,这些股票存在交易限制。这些股票凭证很值钱,请妥善保管。

1969年12月5日

我在之前的信中说了,希望巴菲特合伙公司能找到一种方式,允许有需要的合伙人自动将多元零售和伯克希尔的股份变成现金。我找了两家律师事务所,请它们研究合伙公司清算后各位所持有股份的性质,随附的函件中有它们给出的结论(函件应当和股票一样妥善保管)。从函件中可以看出,这个问题没那么简单。虽然我想让合伙人能自动将控股公司的股份变现,但我找不到谨慎的方法把这个想法变成现实。所以说,如果各位要出售自己分配到的股票,请务必遵循律师给出的指导意见。各位应当知道,关于这些股票的后续出售,各位受到一定的限制,但我和苏茜受到的限制更严格(因为我始终是"内部人士")。如律师意见的第三段所述,大量股票的出售往往是通过转让完成的。要是将来有了更清晰或更简单的规则,我肯定会告诉各位。

在分配多元零售和伯克希尔的股份时,我会给出1969年年末两家公司股票的估值。1月末,各位会收到审计报告和税务数据。从目前的情况来看,通过出售蓝筹印花股份,再加上多元零售和伯克希尔价值的大幅提升,我们今年的整体收益率应该略高于6%。

1969年12月26日

我收到了一些关于上一封信的问题:

伯克希尔-哈撒韦的纺织业务资本回报率低,为什么还要继续经营?

第十四章 分之智慧

原因我已经在信里说了。纺织业务为1 100名员工提供就业岗位，管理层非常努力地争取比同行做得更好，只要它的业绩还过得去，而且不必继续投入大量资本，我就不想清算。我不想为了收益率能高几个百分点，让很多人丢掉饭碗。如果我们不得不继续投入巨额资本，或者纺织业务一直亏损，我当然也没办法，只能做出不一样的决定，但是我认为不会出现这种情况。

1969年12月26日

为什么不将伯克希尔–哈撒韦和多元零售公司的股票注册上市？这样的话，合伙人收到股票后，就可以自由在市场上买卖了。

我们考虑过这个方案，但是考虑到可行性和法律因素，我们否决了这个做法。我只说可行性，单从可行性来看，就不能这么做。

目前，多元零售没有公开上市，而我们持有的伯克希尔–哈撒韦的股份数量大概是当前流通股份数的4~5倍。要是有人在市场上立即买卖几千股伯克希尔的股票，一下子就能把这只股票拉升或拉低几个点。我们持有691 441股。如果通过注册而不是承销发行的方式将这些股票分配给合伙人，到时候可能出现许多单独的持有人同时大量卖出的情况，这两只股票会因此陷入一片混乱，特别是在当前的股市环境中。到时候股价会处在什么水平？各位

353

合伙人卖出股票变现的价格难道不会有很大的差距吗？我当时考虑到这些因素，觉得不能这么做，我不想看到合伙人面对这样的情况。有些合伙人比较精明，有的没那么精明，比较精明的会获得更多利益。如果将这两只股票注册，很多合伙人只能在很低的价格卖出股票，远远低于我在年末给出的估值。如果各位合伙人只能贱卖自己的股票，那对你们来说太不公平了，因为我在年末给出的估值会影响1969年巴菲特合伙公司的利润，而我从合伙公司的利润中获得分成。如果这两只股票行情低迷，我可能遭到批评，有人可能责问我，股价这么低，你自己怎么在买或者怎么不买之类的。

就算我们找承销商公开发行上市，让想变现的合伙人立即变现，我觉得之后出现的情况还是好不到哪儿去。从蓝筹印花的发行上市过程就看得出来，在承销上市程序启动后，我们眼看着它的股价从24美元降到16.5美元。我不希望合伙人手里的伯克希尔和多元零售股票也有同样的遭遇。

我们将股票出售限制在非公开配售，与现在通过承销发行上市相比，合伙人要是想卖出的话，可以卖得更值，而且精明的合伙人也不会在市场上比其他合伙人占更多便宜。另外，按现在的做法，股票更容易被有长期投资理念的投资者持有，将来它的价格波动不会那么剧烈。我们接到了几个电话，有几个人打算通过转让的方式卖出自己的股票。我们估计，按照年末的估值，他们

第十四章 分之智慧

可以顺利转让自己的股票。

1969年12月26日

我应不应该持有自己的伯克希尔或多元零售的股票?

这个问题我回答不了。我只能告诉你,我会持有,而且打算买入更多。我非常乐意把自己的大部分净资产长期投资到这两家公司里。显而易见,5年或10年之后,这两家公司会远远比现在更值钱。与大多数股票相比,它们亏钱的风险比较低。我希望它们的价格能紧跟经营业绩,而不是因为投机情绪高涨或低迷而大起大落。

很显然,市场的投机情绪我管不了,但是我也不会效仿近年来金融市场中令人不齿的行为去炒作股票。

1970年2月18日

不管大家是事后批评,说我的结论不合逻辑,还是与我结伴同行,都不会成为我进行操作的负担。你们让我参与这个游戏,没有告诉我去利用什么团体、如何进行支配,或是其他玩家做得有多好。我很感激这点,你们所实现的收益结果很大程度上反映出你们的态度和行为表现。如果你们对此持有异议,那就低估了人类在实现成就最大化过程中个人的激励和认同所起的重要作用。

智 慧 锦 囊

巴菲特结束合伙公司的方式为我们提供了三点宝贵经验。

第一，也是最重要的一点，巴菲特正直的人格和对合伙人的真心关注一直在发光发亮。从为合伙人寻找到一位合适的证券经理，到帮那些愿意听从他的建议的人购买市政债券，再到真诚坦率地建议合伙人继续持有伯克希尔和多元零售公司的股票（尽管他自己特别想持有更大份额），他一直把合伙人放在首位。如果大家都能做到这样，我们整个金融服务行业就会比现在好得多。

第二，在实践方面，我们看到他在挑选经理时考虑的因素，还对市政债券市场的内部运作有了一定了解。

第三，他建议我们把手里的证券组合看成投资工具的集合，我们选择这些投资形式是为了组合起来在尽可能小的风险下获取尽可能高的免税复合收益率。当时股票市场行情和市政债券市场状况的对比对这一观点进行了绝佳的印证。在涉及风险与回报时，又一次说明了传统性与稳健性之间是相互独立的。

# 后　记
迈向更高层次

格雷厄姆会说我现在做的事情挺有用，但是他还会说，对大多数人来说做到我这样太难了。[1]

——2011年6月25日

合伙公司的终结对巴菲特来说只不过是小试牛刀的结束。1970年他接下了伯克希尔公司主席兼首席执行官的头衔。从合伙企业到公司的转型，巴菲特迈向了一个更高层次。在这里，他拥有实质性的控制股权和永久性资本，还可以将这一资本从一家营业公司转移到另一家，同时享受免税待遇，但是在经营合伙公司时候的那种经营理念一点都没变。如果非得说有变化，那就是这种思想变得更强大了。

法人合伙

在巴菲特看来，公司股东就像是巴菲特合伙有限公司中的合伙人，大家把他们的资金和巴菲特自己的混在一起，大家共同拥有公司的资产，恰恰和合伙人拥有合伙企业的资产一样。"伯克希尔所有者手册"的地位等同于合伙制时期的基本原则，把这一点说得再清楚不过了：

虽然我们在组织形式上是公司制，但我们以合伙制的态度来行事。我和查理·芒格把我们的股东作为合伙人，而我们自己则是执行合伙人（因为无论是好是坏，从所占比例来说，我们都是控股合伙人）。我们并不将公司本身看作是资产的最终所有人，而是认为公司仅仅是我们持有资产的一个通道。

巴菲特不仅保持着合伙制时期的经营理念，还进一步在财务方面增强了与公司股东的联系，因为不再有绩效佣金这一支撑方法了。在巴菲特合伙有限公司时，他会从利润超过 6% 的收益中抽取 25% 算作他身为资金管理分配者的服务费。但是接下伯克希尔公司主席的位子后，他只拿一份适当的工资，并没有绩效佣金或是其他形式的收益，这就和他作为公司股东取得的利益没有挂钩了。

快照与电影长片

据传闻，比尔·鲁安曾经说过，在投资方面，格雷厄姆的理念就是《圣经》，巴菲特的理念则相当于《新约全书》。[2] 总结得真是漂亮。巴菲特好比是以旧约学派的终结为开端，然后形成了自己独特的道路。他一直在不断进步，充实自己，以格雷厄姆铺设的那些最初原则为基础构建起自己的理念。这一过程很大一部分发生在经营合伙公司的那些年里，我们早已看到，他愿意给予投资事业越来越多的关注，他从仅仅是价格低的"烟蒂"公司股票到高品质企业的稳健转型，还有他修炼成自己极具特点的资产资本转化能力，这种方式不但打破了两者之间的隔阂，还实现了追求更高回报的目的。

早期刚起步时，他把关注点放在企业资产负债表中的一系列数字上，寻找那些可投资的最便宜的小微净流动资产（net-net）型企业和"烟蒂"型企业。后来，在他从导师那里提炼出自己的投资方法的早年间，他开始关注实现投资组合的高度集中。虽然格雷厄姆喜欢实现投资多样化，也从未有过孤注一掷的情况，但是巴菲特在发现类似桑伯恩地图这种利润锁定的投资项目时，他还是会把 1/3 的资金都放在一只股票上。

巴菲特越来越喜欢运用定性分析法对目标进行估值。格雷厄姆的投资策略使得他把一家公司股票低廉的价格看成拍照一样——在某个特定的瞬间拍下的快照，反映出一家公司的相关数据。回过头来再看巴菲特的定量分析法则更像录制一段视频。[3] 巴菲特把眼光放到当前价值之外，开始越来越注重分析公司价值未来的走向。像华特迪士尼公司或是美国运通这类高品质公司，长远来看会带来内在价值,因为它们在某些方面具有优势。格雷厄姆的那些"烟蒂"公司更像是利润锁定的投资标的,通常不会带来一顿免费的茶点。巴菲特越来越偏好那些高品质公司,其价值可实现长期复利增长。巴菲特称芒格为他的"西海岸哲学家",芒格把巴菲特从"烟蒂"公司中拉走,并竭尽全力搜寻那些免费的"茶点"都是芒格的功劳。

合伙公司关闭20年后,巴菲特终结了自己新阶段的投资理念,他说:"在合理的价位买一家好公司的股票,比在低价买一家差不多的公司的股票更好。查理早就明白了这一点,我领悟得比较慢。但是现在买公司或是买普通股时,我们要找的是一流的公司和一流的管理层。"[4] 这就意味着投资"只是低价"股票的大门永远关上了。从寻找格雷厄姆式的免费茶点跨界到为长雪茄烟支付合理的价格,成为巴菲特投资策略转型进化过程中至关重要的一部分。

尽管这明显和格雷厄姆一直做的事情不一样,但是这两者并不冲突。正如巴菲特说过的:

鉴于我当前的情况,本觉得我现在的投资策略是有意义的。它仍然是以格雷厄姆的思想为基础,但是更多的是从性质角度出发,因为一方面我们管理的资金规模如此庞大,不可能在市场中看看就找到那些规模较小且价格与价值不符的公司。恰恰相反,我们必须得投入更大的筹码,这就涉及更多的选择标准,并非所有都是量化的。但是，格雷厄姆会说我现在做的事情挺有用，但是他还会说，对大多数人来说做到我这样太难了。[5]

从量化分析到定性分析的转变具有进化发展性，而不是革命性。格雷厄姆和巴菲特早期的观点并没有被摒弃，只是被不断丰富了。

审视投资领域

格雷厄姆总是说，像做生意一样去投资才能把投资做到最好，像投资一样去做生意才能把生意做到最好。巴菲特不仅证实了这一观点，还消除了两者间的差别，进一步深化了这一观点。他把股权看作连接股东和公司的桥梁，股东实际上通过股权拥有公司资产的一部分。这些资产本身可以进行买卖，也就是可转换的。资产只不过是给定状态下的一种资本形式——这是公司和投资者共同的责任，他们要以其资本的现有状态实现尽可能高的收益率和尽可能大的产能。

巴菲特把质量差的公司资产转化成资本，然后反过来再转化成产能更大的资产。对登普斯特公司来说，这就意味着把低产能的存货转换为高产能的证券。对伯克希尔来说，这则意味着把低回报的纺织部门资产进行转化，重新在高回报的保险和银行资产上进行投资。

更高层次的基本原则

　　巴菲特的投资策略不断向前发展，并带来新的突破。声名显赫再加上敏锐的投资触觉，巴菲特在过去的几十年里为伯克希尔公司开辟了一块专属的投资天地。最近，在金融危机中，巴菲特又独到地投资于美国银行、高盛集团和通用电气这类高收益投资型证券。他不但能插手操控这些公司，还使得这些公司的购买权只向伯克希尔开放。

　　可能最值得注意的一点是他那一系列信中所体现的内在一致性，尽管他的投资方法有所发展变化。这些投资理念后来没有哪一点被证明是无效的，也没有哪一点是需要修正的。以1957年"致股东的信"为例，信中没有哪一点和其他信的投资观点存在冲突；恰恰相反，这些观点不断被丰富，或者原封不动地保留了下来。随着理解的深入以及环境的变化（资金增加、潜在投资标的减少），那些老观点并没有被替换掉，只是对巴菲特来说不那么有用了。当然，这些理念对我们来说还是很有用的。

　　巴菲特留给我们一张路线图，对他的学生和投资者来说都是无价之宝。这仿佛也是他留给我们大家的一项挑战。他写完这些信，然后公之于众，仿佛在说："信里写了如何进行投资，写了我是怎么进行投资的，我就是找这条路走的。现在我们就来看看你能不能跟着我的脚步走好这条路。"

附录一
巴菲特合伙公司历史收益

年份	道琼斯指数整体收益率[1]	合伙基金收益率[2]	有限合伙人收益率[3]
1957	−8.4%	10.40%	9.30%
1958	38.50%	40.90%	32.20%
1959	20.00%	25.90%	20.90%
1960	−6.2%	22.80%	18.60%
1961	22.40%	45.90%	35.90%
1962	−7.6%	13.90%	11.90%
1963	20.60%	38.70%	30.50%
1964	18.70%	27.80%	22.30%
1965	14.20%	47.20%	36.90%
1966	−15.6%	20.40%	16.80%
1967	19.00%	35.90%	28.40%
1968	7.70%	58.80%	45.60%
1969	−11.6%	6.80%	6.60%

（续表）

年份	道琼斯指数整体收益率	合伙基金收益率	有限合伙人收益率
1957	−8.4%	10.40%	9.30%
1957—1958	26.90%	55.60%	44.50%
1957—1959	52.30%	95.90%	74.70%
1957—1960	42.90%	140.60%	107.20%
1957—1961	74.90%	251.00%	181.60%
1957—1962	61.60%	299.80%	215.10%
1957—1963	95.10%	454.50%	311.20%
1957—1964	131.30%	608.70%	402.90%
1957—1965	164.10%	943.20%	588.50%
1957—1966	122.90%	1156.00%	704.20%
1957—1967	165.30%	1606.90%	932.60%
1957—1968	185.70%	2610.60%	1403.50%
1957—1969	152.60%	2794.90%	1502.70%
年复合收益率	7.4%	29.5%	23.8%

资料来源：《格雷厄姆和多德都市的超级投资者》，摘自"致股东的信"。

注：（1）参考基准是道琼斯指数涨跌变化加上持有这一指数当年理应获得的股利分红。表格中包含了合伙公司经营期间的全部年份。

（2）1957—1961年的收益包括了之前年份全年的有限合伙人除去全部费用外的收益，但是没有除去合伙人分红或者普通合伙人的利润分配。

（3）1957—1961年的收益计算方面，以当前的合伙协议为准，允许对普通合伙人进行分红，但是不包括有限合伙人每月从中抽回的资金，再以最终得到的合伙基金先前的收益为基础计算得出结论。

附录二
巴菲特合伙基金与
著名信托基金及共同基金收益对照

年份	麻省投资者信托[1]	投资者股票基金[1]	雷曼公司[2]	三大陆集团[2]	道琼斯指数	有限合伙人
1957	−11.40%	−12.40%	−11.40%	−2.40%	−8.40%	9.30%
1958	42.70%	47.50%	40.80%	33.20%	38.50%	32.20%
1959	9.00%	10.30%	8.10%	8.40%	20.00%	20.90%
1960	−1.00%	−0.60%	2.50%	2.80%	−6.20%	18.60%
1961	25.60%	24.90%	23.60%	22.50%	22.40%	35.90%
1962	−9.80%	−13.40%	−14.40%	−10.00%	−7.60%	11.90%
1963	20.00%	16.50%	23.70%	18.30%	20.60%	30.50%
1964	15.90%	14.30%	13.60%	12.60%	18.70%	22.30%
1965	10.20%	9.80%	19.00%	10.70%	14.20%	36.90%
1966	−7.70%	−10.00%	−2.60%	−6.90%	−15.60%	16.80%
1967	20.00%	22.80%	28.00%	25.40%	19.00%	28.40%
1968	10.30%	8.10%	6.70%	6.80%	7.70%	45.60%
累积收益率						
	189.30%	167.70%	225.60%	200.20%	185.70%	1403.50%
复合年收益率						
	9.30%	8.60%	10.30%	9.60%	9.10%	25.30%

资料来源:"致股东的信"。

附录三
红杉资本最初 10 年收益与标准普尔 500 指数收益对照

	年收益率				累积收益率（CAGR）		
	标普500	红杉基金	差距			标普500	红杉基金
1970	20.60%	12.10%	−8.50%	1970		20.60%	12.10%
1971	14.30%	13.60%	−0.70%	1970—1971		37.80%	27.40%
1972	19.00%	3.60%	−15.40%	1970—1972		64.00%	32.00%
1973	−14.70%	−24.80%	−10.10%	1970—1973		39.90%	−0.70%
1974	−26.50%	−15.50%	11.00%	1970—1974		2.80%	−16.10%
1975	37.30%	61.80%	24.50%	1970—1975		41.10%	35.80%
1976	24.00%	72.40%	48.40%	1970—1976		74.90%	134.00%
1977	−7.20%	19.90%	27.10%	1970—1977		62.30%	180.60%
1978	6.50%	23.90%	17.40%	1970—1978		72.90%	247.70%
1979	18.60%	12.10%	−6.60%	1970—1979		105.10%	289.60%
				复合收益率		8.8%	17.4%

资料来源：红杉资本、彭博社。

附录四
登普斯特农机公司

登普斯特农机公司		1961		1962		1963	
流动资产	价值折扣比率	账面价值（千美元）	调整后（千美元）	账面价值（千美元）	调整后（千美元）	账面价值（千美元）	调整后（千美元）
货币资金	100%	166	166	60	60	144	144
有价证券	按市值			758	834	1772	2029
应收账款	85%	1040	884	796	677	1262	1073
存货	60%	4203	2522	1634	980	977	586
保单现金价值	100%	45	45	41	41	/	0
预付费用及其他	25%	82	21	14	4	12	3
可抵扣所得税	100%			170	170	/	0
流动资产合计	66%	5536	3637	3473	2766	4167	3835
其他投资	100%			5	5	62	62
固定资产净值	按拍卖价值	1383	800	945	700	872	650
资产总计		6919	4437	4423	3471	5101	4547
负债及所有者权益							
应付票据		1230	1230	/	/	125	125
其他负债		1088	1088	346	346	394	394
负债总计		2318	2318	346	346	519	519
所有者权益		4601	2119	4077	3125	4582	4028
负债及所有者权益合计		6919	4437	4423	3471	5101	4547
流通股		60	60	62	62	62	62
每股账面价值		$76.50		$65.60		$73.73	
调整后每股价值			$35.24		$51.24		$64.81

资料来源："致股东的信"、登普斯特公司年度报告。

附录五
巴菲特的最后一封信
——免税市政债券的运作模式

1970年2月25日

各位合伙人：

在这封信中，我们试图给大家提供一个关于免税债券的基本概念，着重强调我们准备在下个月替大家购买的那些债券的类型和期限。如果大家希望让我们帮忙买进债券，大家一定要仔细阅读（有必要的话就多读几遍）这封信，因为我的具体买进建议是以这封信为背景提出的。如果大家在关于债券或者到期债券方面的结论有不同意见（如果你们在一两年前就不认可我对后者所持的态度，可能你们是对的，而我是错的），很可能你们是对的，但是我们不可能在我们的推荐范围之外协助大家买进。我们就只是全身心地关注那些我们推荐的行业领域，也就是说，在买进可转换债券、公司债券或者短期债券的建议方面我们也无能为力。

我已经尽可能地将这封信压缩得更简短一些。其中有一些可能显得冗长了点儿，也有一些可能显得过于简单了，在这里，我

附录五 巴菲特的最后一封信—免税市政债券的运作模式

先对文中的不足表示歉意。我的一个感觉是我正在试图将一本100页书的内容压缩在10页纸上,以便使大家在读的时候觉得更有趣一些。

我相信,大家都明白,我们帮着大家买进这些债券,但是未来在这些具体债券和整体投资决策方面我们不会再管。此时此刻我希望向大家提供帮助,是因为在这次资金分配中大家刚收到一大笔现金。我自己并不打算从事投资咨询业务,不管是直接的还是间接的都不会,而且在3月31日之后我也不会再讨论财务金融的相关事项。

免税债券的原理

对于希望得到我们帮助的那些人,我们将安排大家直接从遍布全国的市政债券销售商处购买债券,并保证销售商直接向大家销售,交割单将保存起来作为纳税的基本文件。由于销售商会把你所购买的债券连同汇票一同交付给银行,由银行从你的账户上付款给他们,因而你无须付支票给债券销售商。若从二级市场购买债券(已经发行并已售出的债券),交割日通常在成交日之后的一个星期,而对于新发行的债券,交割日期可能要推迟到一个月以后。交割日期要清楚地标于成交单据上(如果是新发行债券,成交单就是第二张和最后一张单子,而不是最初那张标明发行时间的单子），在清算日到来时，你必须在银行里准备好资金以支付债券款。如果你持有国库券，他们可能通知银行在几天内卖掉国库券，因此你必须保证资金不出问题。即使销售商拖延支付债券给银行，只要清算日一到，利息也会自动算到你的账户上。

债券以可流通（所谓的无记名形式，这种形式使其很像通货）附息票形式支付，通常以5 000美元为单位，可转换成记名债券（这种转换视期限长短，有时要收取可观的费用，有时则免费），由于你是过户账册上登记的所有者，因此要是没有你的签字，记名债券就不能流通。债券的交易几乎全部以无记名形式为基础，记名债券如果不转换成无记名形式是不能出售的。因此，除非你想拥有大量的实物形态的债券，我建议你还是以不记名形式持有债券。这相当于你把债券保存在一个很安全的地方，每6个月去剪一次息票，这种息票剪下后能像支票一样存入你的银行账户。如果你有25万美元的债券，可能就意味着你拥有50张纸卡（5 000美元为一个单位），一年6次或8次往返银行之间去存储息票。

你也可以花很少的费用在银行开一个保管账户，银行将为你保管债券，代收并保存各种记录。例如，某银行为你的25万美元的债券提供保管服务，每年收取200美元的服务费。要是你对这样的保管账户感兴趣，你可以就服务和费用问题向你所信任的商业银行官员咨询；否则，你最好还是拥有一个保险箱。

税　费

当然，由免税债券息票得到的利息是免征联邦收入税的，也就是说，假设你的联邦收入税率在30%这一档，购买利率为6%的免税债券和购买利率为8.5%的非免税债券，其收益是相同的。因此，对于我们大多数人来说，包括一些年轻人和一些退休人员，免税债券比非免税债券更具吸引力。对没有或者只有很少的工资或红利收入，但却拥有实物资本的人来说，非免税债券（纳税收入大约达到25%或30%的税率档）加上免税债券的组合投资形式可能会带来更高的税后收入。

关于州政府所得税，情况要复杂得多。在内布拉斯加州，政府所得税是根据联邦所得税的百分比来计算的，因而免税债券的利息是不征收州政府所得税的。按我的理解，纽约和加利福尼亚州的法律都规定，本州内的免税债券不征收州政府所得税，但从其他州购买的免税债券则要征收所得税。而且我认为，纽约市豁免了纽约州发行的免税债券的政府所得税，但对其他州或城市的债券却要征收所得税。因此，我听取了你们的地方税务顾问的意见，但仅简单地谈及上面总的看法，以使你对潜在的问题有所警觉。在内布拉斯加州，计算税后利润时无须再考虑地方税问题。

在州之外则涉及地方税，州或政府所得税的实际成本随着你的联邦所得税的扣减而降低。当然，这会由于个人情况的差异而有所不同。此外，有些州对无形资产征收多种税收，这些税种有可能适用于所有的免税债券，或者仅适用于别的州的免税债券。在内布拉斯加州没有这些税种，但我不清楚其他州的情况。

若债券以折价方式购得，以后卖出或到期兑付时，收益和成本因资本损益处理方式的不同而不同（这种状况很少有例外，但他们很少指出对我们推荐的证券是否会有影响）。使税后净收益减少的因素包括将来资本收益税的总税率和个人所处的特定的税收等级。稍后我们将讨论这种资本收益税在计算折价债券对附全息债券的相对吸引力时的影响。

最后，有一点特别重要，虽然法律不很明确，但如果你拥有普通的银行负债或其他债务，或者打算取得这些负债，你就不可能期望拥有免税债券。法律不允许减少贷款利息，而贷款人却继续购买或持有免税债券，这项法令的解释在年后将更加宽泛。举例来说，我的理解是如果你拥有房产抵押负债（除非负债是为了取得市政债券），即使你同时拥有免税债券，通过联邦税收的返还来降低抵押利率也是没问题的。然而，我认为你要是有普通银行贷款，这时你如果试图降低贷款利率，同时又拥有免税债券，你就会遇到麻烦。因此，在购买免税债券时，我将先付清银行贷款。但是在这里我仅仅提及一下以便你们注意这一潜在问题，问题的细节留给你们和你们的税务顾问考虑。

市场流动性

免税债券与普通股票或公司债务有实质性的不同：其发行量很大，但持有人的数量很少。这无疑抑制了这一封闭、活跃的债券市场的发展。纽约市或费城想筹集资金时，也许要出售几十种不同的证券，即每次发行的债券有多种不同期限。1980年到期的利率为6%的纽约市债券与1981年到期的6%的市政债券是不同的品种，两者不能互换，出售者必须寻找特定的买者才能卖出持有的债券。当考虑到纽约市每年可发行好几次债券时，就会很容易地看出为什么仅在纽约一个城市就可以有近1 000种公开发行并销售的债券。内布拉斯加的格兰德岛有75种债券，每期的平均发行量可达10万美元，平均持有人达6~8人。这样，随时为所有各期债券建立报价市场是绝对不可能的，债券在买卖者报价之间的差额可能非常大。你不会在清晨出发去购买你选中的格兰德岛债券，它不可能在任何地方以任意价位出售。如果你真的发现某销售商把这种债券与任何其他相同性质的债券相比较，也并不奇怪。此外，像在俄亥俄州收费公路专项债券、伊利诺伊州收费公路专项债券等有一次发行数量可达2亿美元甚至更多的债券，持有相同的债券的投资者成千上万。很显然，这种债券有很高的流动性。

以重要性为顺序来排列，可流通性通常是以下三条的一个功能表现：此次发行的规模；发行者的规模（俄亥俄州的一次10万美元的发行比俄亥俄州的无名小村同样规模的债券流动性要大得多）；发行者的素质。平均每周有超过2亿美元的新债券用来出售，每种债券的分配机制使其或者适合大规模销售，或者适合小规模销售。我的看法是，初次销售结束后，由于流动性的不同，通常会使债券在发行时产生不适当的收益差异。我们通常进入的债券市场，出价和要价之间的价格差异可达到15%，无须费尽心机地在这样怪异的市场上去购买债券（尽管提供这种债券的销售商的利润差额比流动性很强的债券还要大得多）。我们不会为投资者购买这种债券，我们希望购买的债券通常是有2%~5%的差价（随着投资者在同一时点愿为购买这种债券付出的净额和卖出这种债券得到的净额的不同而波动），如果你进行这种债券的交易，价格差额会逐渐消失，但我不认为对于长线投资者来说这是一个障碍。真正的要点是远离那些流动性很差的债券，这些债券通常是那些地方债券销售商靠大量的金钱刺激来进行推销的。

购买特定领域的债券

我们大概集中在如下领域购买债券：

附录五　巴菲特的最后一封信——免税市政债券的运作模式

（1）有巨额税收的公共行业，如收费公路、电力设施、供水系统等，这些领域债券的高流动性需经定量分析进行确定，有时这些债券还具有有利的偿债基金或其他因素，但在市场上却往往低估了它的价值。

（2）当一个公共组织拥有租借给私人公司的财产的所有权时，工业开发局的债券将上涨。例如，俄亥俄州的洛雷恩拥有美国钢铁公司一个8 000万美元的项目所有权，开发局发行债券来支付项目资金，并把项目完全租赁给美国钢铁公司以偿还债务，债券背后并非是市政府或州政府的信用，而是承租的公司的费用。虽然由于税法的变化而使以这种发行的债券数目在减少（每个项目500万美元甚至更少），但许多顶级公司的背后承担了数十亿美元的偿债义务。一段时期以来对这种债券有一种不正确的认识，使它们在出售时的收益远远高于那些固有信用支撑的同类债券。这种认识偏差已有减少趋势，从而使该类债券的溢价收益减少很多，但是我仍然认为这是一个相当有吸引力的领域，我们保险公司拥有大量的这种债券。

（3）公共住房部门为投资者提供了一种等级很高的免税债券，实际上，这些债券有美国政府担保，所以信用都达到AAA级标准。在那些由于地方税收使得必须溢价购买本州发行的债券的地方，我无法从前两项中满足你们的要求。我倾向于让你们购买公共住房部门发行的债券，而不去选择我不理解其信用关系的那些债券。如果你要直接购买你的家乡所在州的债券，你最好是大批量地购买住房部门的债券。由于它们都是最高信用级别的，无须在它们当中进行多样化组合。

（4）直接或间接性质的州政府债券。

你们可能注意到我不买大城市发行的债券，我不知道如何分析纽约、芝加哥、费城等地发行的债券（一个朋友有一天提到当纽瓦克市想以一个很诱人的利率销售一种债券时，黑手党感到非常不安，因为纽瓦克市给债券起了一个很坏的名字）。你们对纽约市债券的分析将与我一样好。我对债券的研究与我对股票的研究一样：如果我不理解某件事情，我倾向于干脆忘掉它，放弃我不懂的一个机会，即使有人有足够的洞察力分析它，并能从中收到很好的回报，也不会影响我这么做。我确定的一点就是，对于我认为自己有能力掌控的东西，我能够从中获得不错的回报。

我们打算为大多数投资者购买大约5~10只债券。但是，如果大家希望我把投资范围局限于州内，可能这一数字会更小——我们的投资可能将仅限于住房债券。我们不打算买25 000美元以下的债券，而尽可能买进比较合适的大批量的债券。小批量的债券在转售时通常不太有利，有时这一因素甚至至关重要。当你从销售商那里购买10 000美元的债券时，他通常不会向你说明这些，但当你日后想向他出售10 000美元的债券时，他就会向你解释。从二级市场购买小批量的债券可能是个例外，但只有在对方由于提供小规模的债券而使我们在价格上得到优惠时才这样。

可赎回债券

我们不会购买那些带有可赎回条款的债券，看到有人购买期限为40年，但发行者却有权力以一个微小的溢价在5年或10年后回购的债券，我感到很可笑。赎回条款意味着如果对发行者有利（对你不利）时，你可以持有债券40年，但如果初期条款变得对你有利（对发行者不利），你只能持有5年时间。这种条款真是令人无法容忍，它的存在一方面是由于投资者没有弄明白条款中所隐含的东西，另一方面是因为债券销售商不打算为客户着想。有意思的是，这种带有可赎回条款的债券竟然与无此条款的债券以同样的利率出售。

必须指出的是，大多数内布拉斯加州债券带有极高的不公平回购条款，尽管带有很严重的不利条款，但其利率并不比其他债券高。

避免这一问题的一种做法是购买完全不可赎回的债券，另一种方法是折价购买可赎回债券，以使赎回价格远高于你的成本，而使得回购条款对于你变得无关紧要。如果你以60美元购买债券，而赎回要103美元，则回购条款（一种你不曾拥有过的权利）

变得并不很重要。但投资者如果购买一种洛杉矶水利电力部门的100美元债券,这种债券在1999年到期时偿还100美元,或者可用104美元在1974年赎回,采用任何方式取决于哪种对发行有利而对你不利,而同时市场上可以购买到相当收益、相同信用的不可赎回债券,那么购买这种可赎回债券是非常愚蠢的做法。然而,这种债券1969年10月还在发行,并且相同的债券每天还将继续发行。我这里仅大概地描述了这一问题,许多投资者并没有意识到这种仍在不断发行的债券中的掷骰子游戏对自己的不利之处,而销售商又不向他们说明。

债券的到期和计算

许多人在购买债券时,是根据他们打算持有这种债券的时间和他们的生活安排来选择债券的期限的,当然这是一种不错的办法,但却没必要这么做,债券期限的选择应该主要依据以下几点:一是收益率曲线的形状;二是你对将来收益水平的期望值;三是你能承受的行情波动程度或希望从中获得的可能收益。当然,第二条是最重要的一条,但要解释清楚很困难。

我们先讨论一下收益率曲线。当其他方面的条件相同时,期限的不同将导致债券利率的不同。例如,一种最高等级的债券,如果其期限是6个月或9个月,它的利率可能是4.75%,两年期的利率为5%，5年期的为5.25%，10年期的为5.50%，20年期的为6.25%。当长期利率高于短期利率时，利率曲线称为正斜率曲线。在美国政府债券市场，近来的利率变成了负斜率曲线，也就是说，长期政府债券的收益率比短期的低。有时，利率曲线是水平的，有时某一期限之内是正斜率，例如10年期，然后又变成水平方向的，你需要明白的是这种曲线实质是变化不定的。在目前，收益率曲线的斜率比原来变得更陡峭了，这并不意味着长期债券更值钱，它只意味着与分段持有相比，要延长期限只有付更多的利率。如果收益率连续几年保持不变，投资者将更愿意持有长期债券而非短期债券。

不管投资者打算持有多长时间，决定债券期限选择的第二个因素是未来的期望收益率。谁若在这方面做过很多预测，很快便会发现是很愚蠢的，一年前我认为现在的利率很吸引人，但这几乎立即被证明是错误的；现在我认为目前的利率没有吸引力，这或许又是很愚蠢的想法。然而，你必须做出抉择，如果你现在购买短期债券，很可能就是一次错误决定，几年后的再投资利率可能非常低。

最后一个困扰投资者的因素是行情波动。这包含了债券的定量计算问题，这一问题对你来说理解上有点困难。然而，重要的是需要掌握一个基本原则。我们假定一种水平利率曲线的不可赎回债券，再假定目前的利率是5%，投资者买了两种债券，一种两年到期，另一种20年到期，现在假定一年后新债券的利率降到了3%，此时你想出售债券。

不考虑市场差价和佣金等，以1 019.60美元卖出两年前的1 000美元债券（现在已过去一年），1 288.10美元的价格卖出两年期的债券（原来期限为20年），以这些价格计算，摊销溢价后，购买者正好取得了3%的收益，是花1 288.10美元购买19年期的5%的债券还是花1 000美元购买新发行的3%的债券（我们已经假定一年后的利率为3%），对你来说是无关紧要的。同时，假定一年后利率上升为7%，我们还是忽略佣金、折扣中的资本利得税等，现在购买者只需花981美元买还剩下一年到期的债券，791美元购买还剩下19年到期的债券，既然他能够买到7%利率的新债券，他当然只愿意折扣购买你的债券，以使从5%债券折价中所得经济收益与1 000美元7%新债券的收益相等。

原理很简单，利率的波动范围越大、期限越长，在到期前的一段时间内，债券价格的波动幅度越大。需要指出的是，在第一个利率降为3%的例子中，如果长期债券5年后可赎回，则其赎回价格只有1 070美元。虽然利率上升为7%时其赎回价格也下降相同的幅度，这仅仅说明了回购条款所包含的固有的不公平性。

在过去的20年里，免税债券的利率几乎在不断地提高，长期债券的购买者不断遭受损失，这并不是说现在购买长期债券就是坏事，它只意味着在相当长的时期内上一节的例子仅在一个方面成为现实。人们更多地意识到由于利率上升而使债券价格下跌的风险,并没有体会到利率下降而使价格上升。

如果将来利率水平升降的概率各为50%,收益率曲线为正斜率的话,则购买不可赎回的长期债券比短期债券的机会要好得多,这反映了我现在的观点。因此,我主张购买10～25年期限的债券。如果你决定购买一种这一期限区间内的债券并一直持有,我们会尝试着帮你从中选一只出来,但如果你青睐于期限更短的债券,我们就不能帮你了,因为我们选择债券的范围不包括那些。

在你决定买进20年期的债券之前,返回去重新读一下介绍基于利率变化的价格是如何变动的那段话。当然,如果你决定购买一种20年期的债券并一直持有,你将享有固定的利率,但如果你提早出售,你的收益率将按上面的方法计算,有可能更好,也有可能变坏。债券的价格也随着几年后债券质量的变化而变化,但免税债券中,相对于利率结构的变化产生的影响来说,这一因素显得越来越微不足道。

折价发行附全息债券

你可能已注意到在上面的讨论中,如果想要购买一种回报率为7%的19年期的债券,你有机会在两种债券之间选择:一种是购买新发行的19年期的7%附全息债券,另一种是花791.60美元购买

5%的19年期债券，到期支付1 000美元给你。两种债券按半年复利计算收益都是7%。数学计算上，这两种是一样的，然而免税债券的情况比较复杂，实际上70美元的息票是完全免税的，而以折价方式购买的债券每年给你50美元的免税收入，10年到期时，你得到的208.40美元的资本收益，在目前的税法下，如果从折扣中获得的利润是在19年后你唯一的可能收入，在那个时候资本利得达到很大数目，使税收超过70美元（税法规定资本利得税率为35%，在1972年及以后，对那些巨额的资本变现，税率甚至更高），你将因此失去一些收益。除此以外，你还要支付一些州所得税。

显然，在此种情况下，你不会用791.60美元购买5%的附息债券，你不会认为它与价格为1000美元的7%债券是一样的，任何人都不会这么做。因此，具有相同期限的同质债券，当它们的息票利率低，在折价销售时，必须使其总收益比现期高利率息票的债券高。

有意思的是，对于大多数纳税人来说，这种高的总收益是足够补偿付出的税收的。这缘于以下几个原因：首先，无人能知道债券到期时的税法情况，假定税率比现在更高是自然的和可能的；其次，即使19年期债券相同，人们也宁愿眼下得到更多的现值回报，5%债券的所有者，在到期时获得208.40美元的额外收益，仅相当于6.3%的现值收益；最后，影响折价债券的价格的最重要因素（这一因素还将持续影响其价格）是1969年的税收改革

附录五　巴菲特的最后一封信—免税市政债券的运作模式

法案改变了银行的税收处理后，银行不再以折价债券购买者身份出现在市场上。银行是最大的免税债券的买者和所有者，任何把它们排除在某一市场之外的做法都将极大地影响这一市场的供求状况。这可能给免税折价债券市场上的个人投资者提供了优势，特别是那些在兑付或出售债券时其收入水平不会进入高税收档次的人们。

如果我能获得比较高的税后收益（对未来的税率要有比较敏感的预测），我打算为你们购买折价发行的债券。据我所知，一些合伙人更倾向于购买全息债券，尽管其有效收益率更低，因为他们更愿意实现当前现金收益率的最大化。如果他们向我提这样的建议，我们就帮这些合伙人购买全息债券或是极其类似的投资项目。

步　骤

我打算3月一直待在办公室里（包括除3月7日之外的每周六），欢迎各位合伙人来找我，也可以打电话给比尔。为了方便进行日程安排，请大家提前联系格拉迪丝或者我进行预约。

我向大家提出唯一一项要求，就是在谈话之前大家要尽可能吃透这封信。显而易见，如果非要我把每一项再跟大家解释一遍的话，这就成了一个大问题。

如果你决定让我们来帮你买进债券，以下几项需要让我们知道：

1.出于对当地的税收因素考虑，你是否准备把债券范围限制于自己所在州。

2.你是希望把投资标的局限于全息债券，还是想让我们自行决定以为你实现最大化收益。

3.在10～25年期到期债券中，你是按自己的偏好进行选择还是让我们在这一范围内自行决定。

4.你准备投资多少资金——最后的实际投资额可能比你给出的数少百分之几，但是绝对不会多于这个数目。

5.你准备在什么银行账户里登记这些债券。

我们买入债券的时候会通过电话或者信件通知你们。比尔和约翰会完成大部分日常工作。不用说，我们几个在任何交易中都不会获得任何经济利益。如果大家对这一机制存在任何疑问，请直接向约翰或者比尔提出来，因为我可能会忙得团团转，而且他们对具体的交易更加熟悉。3月31日之后，我应该有几个月都不会在办公室里，因此，如果大家有什么想谈谈的，在这之前来找我。真正完成全部买进操作可能要到4月份，但是比尔会管理好这些事，把整个体系机制建立起来。

大家应该会发现，由于上面提到的所发行的债券的多样性，你可能认为决定购买哪种债券并不重要。有时候免税债券市场更

附录五 巴菲特的最后一封信—免税市政债券的运作模式

像房地产而不是股票市场,有成千上万种可变因素,有的没有卖家,有的有比较勉强的卖家,有的是愿望很强的卖家,最好的购买是建立在所提供债券的质量、是否适合你的需要、是否符合卖家的意愿等基础上。比照的标准通常是平均每周必须售出几亿美元新债券的地方。然而,某些特定的二级市场机会(已售完债券)可能比新债券更有吸引力。当我们准备出价时,我们仅仅能够指出其吸引力是如何之大。

尽管市场会发生变化,但是看起来我们要在20年期债券上取得6.5%的税后收益率(除政府住房债券外)似乎没什么困难。

沃伦·E.巴菲特敬上

致　谢

我的全家一直以来都是我坚实的后盾，给予我支持和鼓励。

尤妮斯，我的好太太，你把一项不可能完成的任务变为可能——你全职工作的同时几乎承担了全部的家务，对我来说这就是恩赐，所以我才能投身于工作。奥利维亚还有戴维，我的两个出色的宝贝，你们在无数个夜晚和周末牺牲掉与爸爸相处的时间，我也特别感谢你们。这本书是我的，也是你们的。

巴菲特先生是我心目中的精神英雄，也是我最心仪的导师，当他真正同意我发表他的"致股东的信"时，很难描述当天那种深深的责任感带来的冲击。我备感荣幸，同时又诚惶诚恐，差不多从那以后一直持续着这种状态。巴菲特先生把关乎其精神遗产这么重要的任务委托给了我，获知他本人对此决定很满意，没有什么比这更令我高兴的了。

出于这一原因，我更多地把自己的角色看作是一名管家或者项目经理，尽己所能接受更多的资源。我有幸能够接触到一些真正不一般的人，他们从各个方面对本书的完成带来重要的促进作用。史蒂夫·特罗哈（Steve Troha）说服我在摘录时加进那些文字。布鲁斯·韦克斯勒（Bruce Wexler）对文中犀利的语言的运用带来很大影响，使我专注于这项工作。霍利斯·辛波（Hollis Heimbouch）激励着我，让我保持在正常的工作轨道上完成写作，她知道这是我们两个的共同期望。

当然，还有很多其他朋友和同事也很重要，他们一直在物质上支持着我。我尤其想感谢扎克·哈伯曼（Zack Haberman）和马克·洛夫吉（Marc Lovci），他们最先带我接触了写作领域，之前我就是个门外汉；感谢我的"贡佐博士团队"中的迪伦（Dylan）和田边·马特斯（Tanaya Mattes），他们花费了很多时间来仔细看合同和那些信；感谢谢莉什·阿普特（Shirish Apte）、克里斯·布莱克（Chris Blake）、奥马尔·卡拉（Omar Kara）、汤姆·科勒法斯（Tom Kolefas）、汤姆·麦克马纳斯（Tom McManus），以及丹尼尔·罗伯茨（Daniel Roberts），他们给予我友情和专业的指导；感谢布莱恩·柯尼希斯贝格（Brian Konigsberg），他认真阅读了我的早期手稿；感谢艾瑞克·韦尔曼（Eric Wellmann），他热情欢迎我参加了他们的传统年会；感谢我在垂直研究所的所有同事，感谢他们给予我支持和鼓励。

注 释

免责声明

1. Lawrence Cunningham, *The Essays of Warren Buffett: Lessons for Corporate America* (Boston: Lawrence A. Cunningham, 2001), 25.

导 言

1. Anthony Bianco, "Homespun Wisdom from the 'Oracle of Omaha,' " *BusinessWeek*, July 5, 1999.
2. Alice Schroeder, *The Snowball: Warren Buffett and the Business of Life* (New York: Bantam Dell, 2008), 202.
3. Warren Buffett, "Warren Buffett's $50 Billion Decision," *Forbes*, March 26, 2012.
4. Warren Buffett's Partnership Letter, January 18, 1963.

第一章 本书用意

1. Warren Buffett's Partnership Letter, July 12, 1966.
2. Alice Schroeder, *The Snowball: Warren Buffett and the Business of Life* (New York: Bantam Dell, 2008), 126–27.
3. Warren Buffett, "The Superinvestors of Graham–and–Doddsville,"*Hermes*, Columbia Business School magazine, 1984.
4. Joe Carlen, *The Einstein of Money: The Life and Timeless Financial Wisdom*

of *Benjamin Graham* (New York: Prometheus Books, 2012), 231.

5. "Warren Buffett's $50 Billion Decision," *Forbes*, March 26, 2012.

6. Warren Buffett's Partnership Letter, July 12, 1966.

7. Ibid.

8. Warren Buffett's Partnership Letter, January 24, 1968.

9. Myles Udland, "Fidelity Reviewed Which Investors Did Best and What They Found Was Hilarious," *Business Insider*, September 4, 2014, http://www.businessinsider.com/forgetfulinvestorsperformedbest20149.

10. Benjamin Graham and David L. Dodd, *Security Analysis: The Classic 1951 Edition* ([New York]: McGrawHill,2005), Chapter 8.

11. In the current edition of *Intelligent Investor*, this is now Chapter 8.

第二章 复利增值

1. Warren Buffett, "Warren Buffett's $50 Billion Decision," *Forbes*, March 26, 2012.

2. While this quote is widely attributed to Einstein, there is some controversyas to whether he actually made this statement.

3. Warren Buffett's Partnership Letter, January 18, 1964.

4. Alice Schroeder, *The Snowball: Warren Buffett and the Business of Life* (New York: Bantam Dell, 2008), 249.

5. Michelle Fox, "Here's How a Janitor Amassed an $8M Fortune," CNBC, February 9, 2015, http://www.cnbc.com/2015/02/09/.

6. Warren Buffett's Partnership Letter, January 18, 1963.

7. Warren Buffett's Partnership Letter, January 18, 1964.

8. Ibid.

9. Warren Buffett's Partnership Letter, October 9, 1969.

10. Warren Buffett's Partnership Letter, January 18, 1965.
11. Sam Ro, "CHART OF THE DAY: The Average Person Is Absolutely Horrible at Investing," *Business Insider*, December 4, 2012, http://www .businessinsider.com/chartaverageinvestorreturns201212.
12. Warren Buffett's Partnership Letter, January 18, 1965.
13. Warren Buffett's Partnership Letter, July 10, 1963.

第三章 市场指数：坐享其成的基本原理

1. Warren Buffett's Partnership Letter, January 24, 1962.
2. Warren Buffett's Partnership Letter, July 6, 1962.
3. Warren Buffett's Partnership Letter, January 18, 1964.
4. Warren Buffett, Chairman's Letter to the Shareholders of Berkshire Hathaway Inc., 2013.
5. Warren Buffett's Partnership Letter, July 8, 1964.
6. Warren Buffett's Partnership Letter, January 18, 1965.

第四章 设定标准：无用功与有用功

1. Warren Buffett's Partnership Letter, July 9, 1965.
2. Warren Buffett's Partnership Letter, January 24, 1962.
3. Warren Buffett's Partnership Letter, November 1, 1962.
4. Ibid.
5. Warren Buffett, Owner's Manual for the Shareholders of Berkshire Hathaway Inc., 1996.
6. Warren Buffett's Partnership Letter, January 30, 1961.
7. Warren Buffett's Partnership Letter, January 20, 1966.

8. Warren Buffett's Partnership Letter, July 6, 1962.

第五章 合伙公司：精妙的体系构造

1. Warren Buffett's Partnership Letter, July 2, 1961.
2. Charlie Munger, "Charlie Munger on the Psychology of Human Misjudgment," speech delivered at Harvard University, Cambridge, Mass.,June 1995.
3. Ibid.
4. Warren Buffett, "Warren Buffett's $50 Billion Decision," *Forbes*, March26, 2012.
5. Warren Buffett's Partnership Letter, January 30, 1961.

第六章 低估值型投资

1. Warren Buffett's Partnership Letter, January 18, 1964.
2. Warren Buffett's Partnership Letter, January 24, 1962.
3. Author's interview with Thomas Graham Kahn and Andrew Kahn, NewYork City, July 2015.
4. Warren Buffett's Partnership Letter, January 24, 1962.
5. Ibid.
6. Warren Buffett's Partnership Letter, January 25, 1967.
7. Ben Graham, 1945 Letter to Stockholders of Graham Newman, February28, 1946.
8. Warren Buffett's Partnership Letter, January 18, 1965.
9. Alon Brav et al., "Hedge Fund Activism, Corporate Governance, and Firm Performance," *Journal of Finance* 63, No. 4 (August 2008).
10. The author gives thanks to the Kahn Brothers for highlighting this idea.
11. Warren Buffett's Partnership Letter, October 9, 1967.

12. Ibid.
13. "A Lesson on Elementary, Worldly Wisdom as It Relates to Investment Management and Business," April 14, 1994.
14. Roger Lowenstein, *Buffett: The Making of an American Capitalist* (NewYork: Random House, 2008), 92.
15. Tobias Carlisle, *Deep Value: Why Activist Investors and Other Contrarians Battle for Control of Losing Corporations* (Hoboken, NJ: JohnWiley & Sons, 2014), 191.
16. Author telephone interview with Tom Gayner, July 24, 2015.
17. Sham Gad, "Permanent Value: The Teachings of Warren Buffett," buffettspeaks (blog), January 28, 2007, http://buffettspeaks.blogspot .com/2007/01/permanentvalueteachingsofwarren.html.
18. Ibid.

第七章　合并套利型投资

1. Warren Buffett, Chairman's Letter to the Shareholders of Berkshire Hathaway Inc., 1988.
2. 1967 Yearend Letter, January 24, 1968.
3. Warren Buffett's Partnership Letter, January 18, 1965.
4. Warren Buffett, Chairman's Letter to the Shareholders of Berkshire Hathaway Inc., 1988.

第八章　控股型投资

1. Warren Buffett's Partnership Letter, January 20, 1966.
2. Alice Schroeder, *The Snowball: Warren Buffett and the Business of Life*(New

York: Bantam Dell, 2008), 223.

3. Ibid.

4. Warren Buffett's Partnership Letter, January 20, 1966.

5. Warren Buffett's Partnership Letter, July 9, 1965.

6. Warren Buffett's Partnership Letter, January 24, 1962.

7. Warren Buffett's Partnership Letter, November 1, 1966.

8. Benjamin Graham and David L. Dodd, *Security Analysis: The Classic 1951 Edition* ([New York]: McGrawHill,2005), 560.

9. Joel Greenblatt's Special Situation Investing Class at Columbia Business School, September 7, 2005.

10. Author's notes from 2015 Annual Meeting.

11. Benjamin Graham & David L. Dodd, *Security Analysis: The Classic1951 Edition* ([New York]: McGrawHill,2005), 581.

12. January 24, 1968

第九章　登普斯特农机公司：资产转型之路

1. Warren Buffett's Partnership Letter, January 18, 1964.

2. Warren Buffett's Partnership Letter, January 24, 1962.

3. Alice Schroeder, *The Snowball: Warren Buffett and the Business of Life* (New York: Bantam Dell, 2008), 244.

4. Andrew Kilpatrick, *Of Permanent Value: The Story of Warren Buffett* (Birmingham, AL: AKPE, 2014), 92.

5. Ibid.

6. Alice Schroeder, *The Snowball*, 245.

7. Warren Buffett's Partnership Letter, January 18, 1963.

8. Warren Buffett's Partnership Letter, December 26, 1969.
9. Tobias Carlisle, *Deep Value: Why Activist Investors and Other Contrarians Battle for Control of Losing Corporations* (Hoboken, NJ: JohnWiley & Sons, 2014), 189.
10. Ibid.
11. Warren Buffett's Partnership Letter, January 18, 1964.
12. Warren Buffett, "To the Stockholders of Dempster Mill Mfg. Co.," July20, 1963.
13. Andrew Kilpatrick, *Of Permanent Value*, 92.

第十章　保守与传统

1. Howard Marks, "Dare to Be Great II," Memo to Oaktree Clients, April8, 2014, https://www.oaktreecapital.com/memotree/Dare%20to%20Be%20Great%20II.pdf.
2. Warren Buffett, Lecture at the University of Florida Business School,October 15, 1998.
3. Stanley Druckenmiller, speech delivered at the Lost Tree Club, North Palm Beach, Fla., January 18, 2015.
4. Stanley Druckenmiller, speech delivered at the Lost Tree Club, North Palm Beach, Fla., January 18, 2015.

第十一章　税收费用

1. Warren Buffett's Partnership Letter, January 18, 1965.
2. Warren Buffett's Partnership Letter, July 10, 1963.
3. Warren Buffett's Partnership Letter, January 18, 1965.

4. Warren Buffett's Partnership Letter, July 10, 1963.

5. Warren Buffett's Partnership Letter, January 18, 1965.

6. Ibid.

7. Whitney Tilson, "Notes from 2004 Annual Meeting," http://www.tilsonfunds.com/brkmtg04notes.doc, accessed June 11, 2015.

8. Warren Buffett's Partnership Letter, January 18, 1965.

第十二章　规模vs绩效

1. Warren Buffett's Partnership Letter, January 18, 1964.

2. Anthony Bianco, "Homespun Wisdom from the 'Oracle of Omaha,'" *BusinessWeek*, July 5, 1999.

3. Warren Buffett's Partnership Letter, January 24, 1962.

4. Warren Buffett's Partnership Letter, January 24, 1962.

5. Warren Buffett's Partnership Letter, January 20, 1966.

第十三章　投机还是投资

1. Warren Buffett's Partnership Letter, February 20, 1960.

2. John Brooks, *The Go-Go Years: The Drama and Crashing Finale of Wall Street's Bullish 60s* (New York: Allworth Press, 1998), 135.

3. John Brooks, *The Go-Go Years: The Drama and Crashing Finale of Wall Street's Bullish 60s* (New York: Allworth Press, 1998), 135.

4. "Fidelity timeline," https://www.fidelity.com/static/dcle/welcome/documents/Timeline_fid_092709fla.swf, accessed June 11, 2015.

5. Warren Buffett's Partnership Letter, December 27, 1956.

6. Warren Buffett's Partnership Letter, July 11, 1968.

7. John Brooks, *The Go-Go Years: The Drama and Crashing Finale of Wall Street's Bullish 60s* (New York: Allworth Press, 1998), 160.
8. John Brooks, *The Go-Go Years: The Drama and Crashing Finale of Wall Street's Bullish 60s* (New York: Allworth Press, 1998), 154.
9. Warren Buffett's Partnership Letter, July 11, 1968.
10. Warren Buffett's Partnership Letter, May 29, 1969.
11. John Brooks, *The Go-Go Years: The Drama and Crashing Finale of Wall Street's Bullish 60s* (New York: Allworth Press, 1998), 131.
12. Warren Buffett's Partnership Letter, July 6, 1962.
13. John Brooks, *The Go-Go Years: The Drama and Crashing Finale of Wall Street's Bullish 60s* (New York: Allworth Press, 1998), 136.
14. John Brooks, *The Go-Go Years: The Drama and Crashing Finale of Wall Street's Bullish 60s* (New York: Allworth Press, 1998), 145.
15. John Brooks, *The Go-Go Years: The Drama and Crashing Finale of Wall Street's Bullish 60s* (New York: Allworth Press, 1998), 24.
16. Carrie Coolidge, "Jerry Tsai's Smart Timing," *Forbes*, January 10, 2000.17.
17. Warren Buffett's Partnership Letter, July 11, 1968.
18. Alice Schroeder, *The Snowball: Warren Buffett and the Business of Life* (New York: Bantam Dell, 2008), 327.
19. Warren Buffett's Partnership Letter, January 25, 1967.

第十四章 分之智慧

1. Warren Buffett's Partnership Letter, July 8, 1968.
2. Alice Schroeder, *The Snowball: Warren Buffett and the Business of Life* (New

York: Bantam Dell, 2008), 334.
3. BRK Annual Meeting 2003 Tilson Notes (Buffett FAQ).
4. BRK Annual Meeting, 1999.
5. Dr.Zen,"William J. Ruane,The Making of a Superinvestor," gurufocus, May 19, 2011, http://www.gurufocus.com/news/133912/williamjruanethemakingofasuperinvestor.
6. Joe Carlen, *The Einstein of Money: The Life and Timeless Financial Wisdom of Benjamin Graham* (New York: Prometheus Books, 2012), 285.
7. Whitney Tilson, "Notes from 2005 Annual Meeting," http://www.tilsonfunds.com/brkmtg05notes.pdf, accessed June 11, 2015.
8. Steve Forbes, "Steve Forbes Interview: Author Joel Greenblatt," *Forbes*, July 5, 2011, http://www.forbes.com/sites/steveforbes/2011/07/05/joelgreenblattinterviewtranscript/.

后记　迈向更高层次

1. Joe Carlen, *The Einstein of Money: The Life and Timeless Financial Wisdom of Benjamin Graham* (New York: Prometheus Books, 2012), 244.
2. Dr. Zen, "William J. Ruane, The Making of a Superinvestor," gurufocus, May 19, 2011, http://www.gurufocus.com/news/133912/williamjruanethemakingofasuperinvestor.
3. Author telephone interview with Tom Gayner, July 24, 2015.
4. Warren Buffett, Chairman's Letter to the Shareholders of Berkshire Hathaway Inc., 1988.
5. Joe Carlen, *The Einstein of Money*, 244.